李鸿章 与 左宗棠

徐志频 —— 著

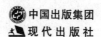

中国出版集团
现代出版社

左宗棠与李鸿章同为晚清重臣，是举时代轻重的历史人物。

左宗棠嘉庆十七年农历十月初七（1812年11月10日）出生，生肖属猴；李鸿章道光三年农历正月初五（1823年2月15日）出生，生肖属羊。

左宗棠诞生地在湖南湘阴县左家塅，李鸿章诞生地在安徽合肥肥东乡，两人不但论年龄相差十一岁，出生地也相隔千里。如果不是同时出任朝廷大员，合作共事，原本不大可能存在交集。

晚清的时势与政局，将从学问到政见到外交几乎反道而行的两位能人，逐步笼进朝堂同一片屋檐之下。从左宗棠咸丰二年（1852年）10月8日进入湖南巡抚衙门主持军事时算起，到李鸿章签订《辛丑条约》不久后的光绪二十七年（1901年）11月7日去世结束，半个世纪里，支撑起风雨飘摇的大清王朝的顶梁柱人物，舍左、李再无他人。

目录 /Contents

前言　大变局里的左宗棠与李鸿章……………1

楔子：朋党之争？……………1

大清国十任皇帝，先后八次错过农耕中国变工业中国的机会。晚清大变局里，左宗棠、李鸿章为争夺国家办事权，各抱地势，坚持己见，甚至剑拔弩张，却从未撕破脸皮，大打出手。两大重臣毕生究竟是怎样一种关系？令人疑窦丛生。

内外鼎沸 / 3

针锋相对 / 8

第一章　求学与理想：起点决定道路……………13

左宗棠是生在湖南湘阴没落读书人家庭的勤奋少年，李鸿章是生在安徽庐郡望族的聪敏公子。左氏写"身无半亩，心忧天下"，李氏称"八千里外觅封侯"。二十岁前后，两人不约而同，立志要"拜相封侯"，目标虽然一致，道路却彼此相反。

名师高徒 / 15

舍我其谁 / 22

第二章　团练：各自领兵的开始……………29

被时势影响的个人职业之路：乡下举人左宗棠突然被推上主持一省军政的位置，大权在握；京城翰林院编修李鸿章骤然被拉回乡下学打仗，"翰林变绿林"。会干的人，成绩越干越大；不会干的人，学着干，还可以边干边等待机遇。

··

相向独行 / 31

机遇丛生 / 41

第三章　幕僚：不同的晋升路……………59

左宗棠凭杰出的个人才干，在湖南省"军政秘书"的位置上干得风生水起。李鸿章凭借与曾国藩的师生关系，在湘军"政治秘书"的职位上起伏跌宕。历年的起伏升沉，并不妨碍左、李并肩同时崛起。人既可以大器晚成，也可以是最年轻的封疆大吏。

··

水涨船高 / 61

青胜于蓝 / 70

鹤立鸡群 / 78

第四章　建军：不同的将官，不同的军纪……………91

"军政秘书"出身的左宗棠懂军事，于是以法家严明军纪，楚军无往不胜。"政治秘书"发迹的李鸿章，坚持以"实用主义"带兵打仗，淮军利弊并现。要达到胜利的目标，道路不止一条。李鸿章选择的道路，有固有的光环，也有等待他的陷阱。

··

藏拙避短 / 93

义利激争 / 100

第五章　治军：三面分歧……………115

如何让洋人为大清国所用？左、李各取一种：左宗棠选择以道理说服，以权势震慑；李鸿章选择以承诺应允行军事欺诈之事，以计谋成功。国家之上的争斗，只有利益，无关道德。但成功不是大人物的唯一主题。成功之上，有天理良心，还有绝对的人道主义。

黑白人心 / 117

借刀杀人 / 127

人而无信 / 138

第六章 剿捻：公开矛盾……………145

左宗棠、李鸿章接力挂帅，联手剿灭捻军。两人相同的战略是"以动制动"。不同之处是：左宗棠笃信"长圈围剿"，李鸿章坚持"扼地兜剿"。左、李合作一年，居然办成了前面十五年内十八名统帅也没有完成的任务，但成功让左、李冲突也骤然剧烈。

临危受命 / 147

各用其长 / 152

公怨私恨 / 158

第七章 外交：刚与柔的角力……………163

大清国"海防""塞防"全面出现危机之际，李鸿章高举"海防"，左宗棠却亮出"海塞并防"。左宗棠因政治策略高出一筹，压倒李鸿章，成功出兵，收复新疆。慈禧开始密谋以勋臣左宗棠加醇亲王奕譞，取代权臣李鸿章加恭亲王奕䜣，宫斗揭幕。

教案争端 / 165

海塞激辩 / 171

春风玉关 / 179

扬左抑李 / 193

第八章 洋务：冲突总爆发·················201

　　洋务跟商务，内政与外交，左宗棠、李鸿章彼此各行其是。相互有团结，也有分裂；有合作，也有争夺。左宗棠朝着名臣的路艰难寸进，李鸿章朝着权臣的路高歌猛进，慈禧太后则坚持以乾隆为学习榜样，有事时忙制衡重臣，无事时忙大清国体面。

··

　　南洋北洋 / 203

　　海防海战 / 210

　　割台护台 / 224

　　和戎战戎 / 237

　　重臣权臣 / 243

　　官办商办 / 258

　　秋风孤臣 / 268

第九章 不同的志节，不同的人生·················277

　　左宗棠以孔孟儒学立身，李鸿章以纵横术应世。左宗棠将才气、学识、阅历、血性融会一体，李鸿章凭才气、阅历两把撒手锏拼杀于官场、商场、洋场。左宗棠全部遗产仅三万五千两白银，李鸿章身后资财超过千万两。个人终有死，千秋留节名。

··

　　学问何处 / 279

　　血性学识 / 289

　　李肥左瘦 / 295

　　尾声 / 299

附录一 清史稿·左宗棠传·················301

附录二 清史稿·李鸿章传·················310

后记 人到中年论"左、李"·················317

前言

大变局里的左宗棠与李鸿章

每个人最容易看清的是已经发生的历史，最难看准的，是正在发生与将要发生的"历史"。

这句话对李鸿章来说并不适用。处身晚清大变局之中，他以非凡的洞见看到了自己所处的时代方位。

"三千余年一大变局"一语，最早出自李鸿章。同治十一年（1872年），他在给朝廷上报的奏折里，对晚清时局作出如上清醒的描述。

晚清大变局究竟指的是什么？

李鸿章在书信、奏折中曾多次写到这句话，广为后世引用的地方有三处。

第一处："地球东西南北九万里之内的外国官员、军队、商人，纷纷大量地聚集到中国的土地上来了，这是中国三千多年来遭遇的一个大变局。"①

第二处："中国一班守旧的官员，至今仍沉迷在四书五经里寻章摘句，对正遭遇的几千年来从未发生过的大变局蒙昧不知，每天照样因循守旧，苟且偷安，对第一次鸦片战争被英国打得遍体鳞伤的前事好像忘记了，对为何遭遇惨败的原因也从来不去深想，更懒得去考虑中国将来如何办好内政、外交，这种现状是一班守旧官员建议停办左宗棠在同治五年（1866年）创立的福州船政局的观念根源。"②

---

① 同治十一年五月十五（1872年6月20日），李鸿章《筹议制造轮船未可裁撤折》："合地球东西南朔九万里之遥，胥聚于中国，此三千余年一大变局也。"

② 同治十一年五月十五（1872年6月20日），李鸿章《筹议制造轮船未可裁撤折》："士大夫囿于章句之学而昧于数千年来一大变局，狃于目前苟安而遂忘前二三十年之何以创巨而痛深，后千百年之何以安内而制外，此停止轮船之议所由起也。"

以上两处，作于同治十一年（1872年）年6月20日。

第三次用到这句话，已是同治十三年（1874年）12月10日。

他说："中国东南海疆线长达一万多里，各国的商人、传教士，通过强行与中国签订的条约规定，就像进自己家门一样，在中国出出进进。这些外国人在北京及中国各主要城市的租界内聚居，口头上说是中外友好，暗地里都在想方设法吞并中国，只要有一个国家跟中国发生冲突，其他国家便集体站在边上煽风点火，唯恐不乱，这实在是数千年来中国从来没有遭遇过的变局。西方国家的轮船、电报的传输速度，转瞬千里；他们的武器、机械设备的工作效率是手工的百倍。炮弹所到之处，无坚不摧。中国现有的水陆关隘，对他们形同虚设。他们才是中国数千年头一回碰到的货真价实的真正强敌。"①

这里所称的晚清大变局，第一处指世界人口大流动，中国被动纳入"全球化"；第二处指国人观念大变动，大清一班传统官员观念落后，不识时务，竭力抵制洋务自强运动；第三处指国防大危机，依靠近代科学技术武装起来的西方对中国的领土安全、内政、外交已经构成全面严重的威胁。

今天再回放百年前的这些话，李鸿章虽然看到了大变局给大清国带来的现实威胁，却没有洞察到背后更加深层的历史转机。

事实上，大清朝立国之初，就面临来自西方的文化与制度的双重挑战。处身幽暗深邃的时代风浪之中，晚清大变局事实上既预示着传统文化需涅槃新生，也意味着帝国制度将要除旧布新。

三千年未有的新旧转型之际，作为在大清国里以军功显身的朝廷重臣，以办理洋务、外交、军事而主导国运的左宗棠、李鸿章，在长达半个世纪的时间里，始终是主导晚清大变局历史走向的时代风云人物。

后面的内容，我们将以左宗棠、李鸿章生平的交往作为主线，以曾国藩、慈禧太后作为对照坐标与参照辅线，通过正史来还原纷纭时局的斑驳现场，穿

---

① 同治十三年十一月初二（1874年12月10日），李鸿章《筹议海防折》："今则东南海疆万余里，各国通商传教，来往自如，聚集京师及各省腹地，阳托和好之名，阴怀吞噬之计，一国生事，诸国构煽，实为数千年来未有之变局。轮船电报之速，瞬息千里！军器机事之精，工力百倍；炮弹所到，无坚不摧，水陆关隘，不足限制，又为数千年来未有之强敌。"

插轶史来点缀丰富残缺的真切细节，以当代人的眼光来全面比较左李二人在求学、立志、团练、幕僚、建军、办企、剿捻、海防、洋务、志节等十大方面的不同之处。

站在2021年回看，左宗棠去世已经一百三十六年，李鸿章离开人世也有一百二十年了，我们有足够的历史长度作为判断准线。

意大利历史学家克罗齐说："一切历史都是当代史。"

在全球第四次工业革命到来之时，回望曾经肩任过时代重任的左宗棠与李鸿章，他们在百年前那场大变局面前，过程中的是非对错，成败得失，依然能够给予我们当下以诸多启迪。

无论你处在哪个阶层，或者从事何种职业，只要瞥一眼那段波澜壮阔、潮流涌动的岁月，大概都会禁不住想走进去看看，一辨其中曲直究竟。

朋党之争？

大清国十任皇帝，先后八次错过农耕中国变工业中国的机会。晚清大变局里，左宗棠、李鸿章为争夺国家办事权，各抱地势，坚持己见，甚至剑拔弩张，却从未撕破脸皮，大打出手。两大重臣毕生究竟是怎样一种关系？令人疑窦丛生。

内外鼎沸

|一|

左李之间既然学问、政见、外交大为不同，却又同朝共事，难免要发生争斗。

遍观历代王朝，官僚集团争斗的结果，无非出现两种情况：一是派系，二是党争。

左李之争到底属于哪一种？今天不妨从这里切入，来逐页翻开两人生平的交集往事，从一个个还原的历史场景中去探寻答案，追问得失。

"党争"是历代帝国官僚集团内部分化的一种极端现象，它的结果是出现"朋党"。

"朋党"是历代朝廷忌讳的现象。关于它的是非、褒贬，历数代悬而未定。

宋代时，欧阳修写了一篇《朋党论》，认为朝廷内出现"朋党"是好事，理由是，"君子有党，小人无党"。

清代体制与宋朝已经有所不同，最核心的差别是"相权"逐渐缩小。清朝的雍正皇帝设立军机处后，"宰相"一职事实上已经不复存在。军机大臣名义上是"宰相"，事实上只是皇帝的"高级秘书"。

清朝"朋党"现象较宋朝为烈。早在康熙时期，"朋党"竞争已十分激烈。以索额图为主的"太子党"和以明珠为主的"阿哥党"，两党互掐，明争暗斗。争斗的结果，直接导致太子胤礽两度被废，最终出现"九子夺嫡"乱象。如果不是康熙皇帝以莫测天威诱导、分化"阿哥党"，四阿哥胤禛不可能如愿登基。

雍正惧于前朝"朋党"之祸，登基后便敲山震虎，针对宋朝欧阳修的《朋党论》，写了一篇《御制朋党论》，明确反对"国内有党，朝内分派"。

虽然苦心防范，但收效甚微。雍正在位时，不但"八王党"在朝势力庞大，便是他宠幸的川陕总督年羹尧，同样现出"朋党"的影子。年羹尧极盛之时，民间传言出现"年选"。

3

乾隆执政之后，"党争"更是五花八门，朝堂之内百花齐放。随便放眼看去，有自命清高的"文学派"；有贪赃枉法的"和珅派"；有军功显赫的"将军派"；有无所事事的"老爷派"。各派各行其是，各取所需。

以农耕文化、儒家学说为基石的传统帝国制度里，卷身"党争"的大臣虽然经常被习惯性贴上"忠臣""奸臣"这样简单的道德标签，但事实不完全是这样。官僚集团内部之所以发生"党争"，不外主政大员彼此间治国理念出现分歧，或为所处官僚集团利益而激烈争夺。

撇开皇帝专制独裁的大前提不谈，如果大臣之间仅因治国理念分歧而起冲突，相互争夺治国理政的主导权，倒可以看作官员内部民主的有限表达。

与历朝历代比较，清朝皇帝有一个特别的现象，没有出现一个昏君。十二任清帝，逐一归类，大致可分作"明君""庸君"两类。

但凡国家政事荒废，人们习惯指责皇帝昏庸。"昏庸"两字连用，其实是各有所指。"庸君"不是"昏君"，"庸君"只是才干短缺，"昏君"却是头脑迷糊。一般地说，"庸君"只是误国，"昏君"导致亡国，两者究竟不同。

乾隆皇帝之后，如嘉庆、道光、咸丰，都可以归入"庸君"之列。他们才干虽然平庸，但无一例外勤政，比起明朝任性的正德皇帝、长年罢朝的万历皇帝，他们均可以拿到及格分。但清朝发生了另外一个特别的现象，它所遭遇的危机，是三千年来前所未见的。

| 二 |

前所未有的危机究竟是什么？易中天先生在《帝国的终结》引言部分的文字，给我们提供了一个参照。他说："殷之亡是文化之亡，即人文文化战胜了巫鬼文化；周之亡是制度之亡，即帝国制度替代了邦国制度；清之亡，则兼二者而有之，既是文化之亡，也是制度之亡。"

意思是说，商朝被周朝推翻，表面看是周朝取代商朝，是常见的朝代更替，背后的实质，是商朝的巫鬼文化被周朝的人文文化所取代。周朝被秦朝灭亡，表面看是秦朝取代东周，是正常的朝代更替，背后的实质，是秦朝的帝国制度取代了周朝的分封制度。而清朝的灭亡，同时兼有商朝灭亡跟周朝灭亡的特点，它既是文化的涅槃新生，也是制度的除旧布新。

从这个角度观察，大清朝立国之初，就面临来自西方文化与制度的双重严峻挑战。

挑战起源于英国工业革命。工业革命不是一场仅限于经济领域的革命，而是牵一发动全身的系统化社会革新，它以经济革命为切入口，对应催生出全新的人民权利观念、国家制度观念，可以说是人类文明史上一次质的飞跃。站在当代去看，工业文明是比农耕文明高出一个维度的文明形态。工业文明挑战农耕文明，属于降维打击。降维打击的残酷性在于，我消灭你，与你无关。

以英国人瓦特发明蒸汽机为标志的第一次工业革命，发生在康熙皇帝执政时期。康熙是清朝入关之后的第二任皇帝，其人雄才大略，心强气壮，经营八旗，高度自信。但中国有句古话，叫"形势比人强"。再是雄霸之主，如果不能顺应时势潮流，即使能够开创盛世伟业，也有"始作俑者，其无后乎"之虞。康熙三代之后，应验了这点。

站在后世去看，我们很清晰地发现，清朝立国之初的历史使命，应是顺应第一次工业革命的世界历史大潮流，将农耕中国适时转型为工业中国。

这当然只是三百年后清晰的历史判断。与康熙皇帝身处其中，判断完全不同。原因是，历史最难判断的是当下。因为过去是固定的，而当下却有无数的可能，每一种可能，都有它的道理。历史人物身在庐山，要准确看清时代大势，找准自我历史方位，从一些原本朦胧隐约、变动不居、不起眼的小细节里预见几十、几百年后的趋势，从中做出应对策略，但这往往是历史学家做分析总结时的观点，躬身入局者从来没有历史预言家。

这其中更深层的道理在于：当下正在发生着的一切，究竟是对是错、是好是坏，因缺乏标准参照系，难于判断，只好通过事后去校验。而一旦可以借助事后校验，历史就已经固定下来，不可能再作出选择或修改。何况，大国文明的成功转型，不是朝夕之间可以完成的。在农耕文化中浸淫了五千年之久的传统中国人，对天朝上国曾经带来的荣光格外留恋，留恋到近乎完全迷恋的程度。由此造成的直接后果，是在康熙其后的二百余年里，历任皇帝居然先后八次错过学习西方、将农耕中国转型为工业中国的机会，直至永坠暗夜，万劫不复。

清史专家阎崇年先生对这八次机会，有过一段系统的总结，引述如下：

第一次在清朝入关之初，皇太后和顺治皇帝礼遇外国传教士汤若望，为了解西方开启一扇窗户。但随着顺治皇帝病故，汤若望被讦告，下狱而死，这扇中西文化交流的窗户刚打开便被关上。

第二次在康熙朝，西方耶稣会士将西方科学技术最新成果送到皇宫，康熙由此对欧洲国家的社会、地理、人文、科技等有所了解，组建了被西方誉为清朝皇家科学院的"蒙学馆"，但康熙死后，人亡政息，没有使之成为国家政策和政府行为。

第三次在雍正时期，天主教与儒家传统发生冲突。雍正驱赶天主教徒、废除天主教堂，在维护中华传统文化的同时，也把通往西方科技文化的窗户关上了。

第四次在乾隆朝，英国使臣乔治·马戛尔尼使团访华，乾隆帝看不到世界发展的潮流和工业科技的进步，拒绝了英国的要求，造成马戛尔尼使团访华失败，再次堵塞了中西交流的渠道。

第五次在嘉庆朝，英王第二次派遣以罗尔·阿美士德为正使的访华使团，向中国提出通商的要求，再遭拒绝，清朝皇帝主动堵塞了中西交流的渠道，又一次失去了向西方借鉴、学习的机会。

第六次在道光朝，清政府在鸦片战争中吃了败仗，但不从失败中总结教训、奋发图强进行改革，继续封闭，狂妄自大。

第七次在同治朝，恭亲王主持总理各国事务衙门，实行同治新政，向欧美派出留学生，但不久却遭节制，致使同治新政夭折，再次梗塞了中西交流的渠道。

第八次在光绪朝，光绪帝实行戊戌变法，但由于统治集团内部矛盾，以慈禧为首的顽固派为了争权，将这场轰轰烈烈的维新变法运动遗憾葬送。

放进这一大历史的方位图中观看，分别出生在清朝由盛转衰的嘉庆、道光时期的左宗棠、李鸿章，处在第六次错失机遇阶段。

左、李其时，大清国由于自身落后，人口急遽膨胀，社会活力缺失，官僚整体陷入琐细、颟顸，国家已经处于严重失控状态。

官僚集团不作为，社会发展严重落后，直接导致内忧激化、外患凸显，时势在酝酿急遽大变局。嘉庆皇帝登基之初，便遭遇声势浩大的白莲教起义，即是内忧激化的明证。

到了道光一朝，执政思路非但没有与时俱进，在第一次鸦片战争失败后有所反思，急起追赶工业化的世界潮流，反而继续固守农耕文明，导致与欧美各国差距进一步拉大。

第一次鸦片战争发生在道光皇帝执政的第二十年，大清的失败固然有历史大趋势的原因，比如已经连续错失发展工业文明的机会，但跟道光皇帝个人才能素质十分平庸，也有着很大的关系。道光皇帝可以说是自努尔哈赤开创大清以来最为庸懦的一代君主，其才干平庸到让他无法像先祖康熙、雍正、乾隆那样，以帝王权术驾驭群臣。这直接导致官僚集团整体惰政，大清帝国如百病缠身的负重老牛。

帝国体制"以一天治天下"，皇帝能力决定国家活力。道光本人无论智术、精力皆力不从心，国家活力跟着大幅消减，比较康熙、雍正、乾隆作为，能直观地看出这点。到道光末年，吏治腐败，官员颟顸，国内治理得一塌糊涂。彼时国库空虚、民生凋敝，各地起义此起彼伏，从道光末年，全国一年最多便发生一百余起起义，可见一斑。

内政满目疮痍，外交风雨欲来，飘风骤雨之中，大清帝国如一位面朝大海的泥足巨人。

皇帝敬天法祖，家国世代沿承。列祖列宗在前，千秋史册在后，前任皇帝治理的果，是下任皇帝继承的因。因果承接，祖先走过的每一步路都算数。

终于，历代欠下的历史旧账，经六七代相因叠加，在西方国家的眈眈觊觎之下，大清国已经危若累卵。到咸丰皇帝登基时，大清国面临的危机，已不再是林则徐所据实指出的"若犹泄泄视之，是使数十年后，中原几无可以御敌之兵，且无可以充饷之银"这样单纯的军事与财政危机。

军事、社会、内政、外交全面衰败，尤其是自道光二十二年（1842年）中英《南京条约》签订后，内忧外患同时鼎沸，急需能臣来破解。

左宗棠、李鸿章在道光衰世的时势中从传统教育里差不多同时成长起来了。两人凭借杰出的才能，自信的资质，并肩从时代诸多的英杰中脱颖而出。两人均以肩负家国与历史使命的大臣自居，且当仁不让地以各自的学问、识见、方法，来解答时代问卷。

针锋相对

|一|

时代是出卷人，摆在左宗棠与李鸿章面前的，不是选择题，而是问答题。

问答题没有标准答案，解答起来难免带有个人色彩。后世只能站在当下的历史节点，通过比较两人百年前曾经作出的答卷，去判定其高下、得失，总结历史的经验，得出现代的启迪。

我们先来看左、李其人的个人色彩。

从价值观到方法论，两人无疑是存在诸多分歧的。

左宗棠与李鸿章均以军事起家，以军事为例，左宗棠并不赞成李鸿章治军的方法。他多次跟朋友公开批评说：

> 淮军以诈力相高，合肥（李鸿章）又以牢笼驾驭为事，其意在取济一时，正虑流毒无底。

在左宗棠看来，李鸿章固然有才干，能办事，但他偏好凭借个人超常的洞察力与铁血手腕，以欺上瞒下作为个人升迁的策略，又兼以"忽悠"加"套路"的"痞子手段"来带兵打仗，虽然能够取得显著一时的成功效果，但不利于国家和人民的长远利益，同时埋下许多隐患。

常言道，对手就是最了解自己的"朋友"。这句话放到这里，应该是比较准确的。后面我们可以详细看到。

李鸿章对左宗棠的基本看法，又是怎样的呢？

对于左宗棠治军的思想、观念，李鸿章倒没有多少公开的反对。他主要是对左宗棠的个性以及具体办事方法，存在诸多不满。翻开李鸿章的书牍、奏章，他多次跟朋友在书信中发牢骚，暗地指责左宗棠像个翻开书本对照来办事的人，办事方法失之圆融，刚直正派到令人无法接受。他有时甚至不惜以晋朝文学家左思的字"太冲"来隐喻嘲讽左宗棠，埋怨左宗棠在自己面前说话、办事"过于冲动"。

两人最极端的第一次不愉快，发生在合作"剿捻"成功那年（1868年）。针对左宗棠向朝廷举报李鸿章，称他谎报消灭了捻军首领张宗禹，李鸿章大为光火，不惜以《三国演义》中民间口碑极差的曹操小名"阿瞒"，来喻指左宗棠跟自己争斗时表现出来的令他愤懑的"奸雄"风格。

左宗棠与同事的合作方法是否恰当？这多凭合作共事者的个人观感。当事人的观感最为真切，体验最为直接，所以具有一定的准确度，但因观感究竟属于个人感受，同时也不可避免带有较强的主观色彩。查验左宗棠与当时诸贤交流的方式、方法，李鸿章此言大致不诬，左宗棠确实不是一个令合作者始终感到愉快的合作伙伴。比如，他在曾国藩节制曾国荃打下天京后，向朝廷举报曾国藩放走了幼天王洪天贵福；他在发小郭嵩焘不能胜任广东巡抚职事时，毫不客气地予以弹劾，换上他栽培的部将蒋益澧，可以侧证。

俗话说，"谁人背后无人说，哪个人前不说人？"对为国家办事者而言，朋友私谊跟家国大义，在道德评判上不能采用同一个标准。比如，左宗棠在国家公义层面无可指责，但为了公事据直不让，几次伤害朋友，导致后世有人批评他，当然，也有不少人赞许他。何况，作为手握国家办事权柄的能臣、重臣，彼此分歧一经发生，每个人都习惯站到自己的角度，将自己的标准当作尺子，去丈量别人，将凡是不适合自己要求的地方，一概当作别人的缺点，这就更加不能随意听信。

因此，历史当事人的批评，尤其是对立双方的批评、攻击，后世仅能当作一家之言看待，可以作为参考，不能当作定评。

这倒不是说，对立双方看问题失准。正如前文所说，对手就是最了解自己的"朋友"。他们站在对立面，能一眼看到历史当事人的盲点，一般都能删繁去简，一语中的。但又因为彼此立场不同，观点往往暗藏了私人利益，裹挟了个人情绪，因此又都失之偏颇。

也就是说，来自对立双方的批评，对后世最主要的价值，是为研究者提供一个全面观察判断历史人物的反向视角跟多维度的素材依据。

左、李从咸丰八九年起便开始同朝共事，两人日常批评、指责，因事而别，见于书信、文牍。数量之多，屈指难全。

抽筋取要，李鸿章对两人关系的总结，集中体现在光绪十一年（1885年）挽左宗棠一联中：

> 周旋三十年，和而不同，矜而不伐，惟先生知我；
>
> 焜耀九重诏，文以治内，武以治外，为天下惜公。

我们今天不妨就从李鸿章的总结入手，将挽联当作一个视角的切入口，去探寻左宗棠与李鸿章毕生分歧的究竟，并由此潜回到历史现场，还原导致两人发生分歧的历史事实、时代场景，剖析其中是非得失。

|二|

李鸿章对左李毕生关系的定位，总结为八个字："和而不同，矜而不伐。"

"和而不同"四字，语出《论语·子路》。子曰："君子和而不同，小人同而不和。"意思是，君子在人际交往中能够与他人保持一种和谐、友善的关系，但在对具体问题的看法上，则不一定同于对方。

"矜而不伐"一句，出自《尚书·大禹谟》。原话是："汝惟不矜，天下莫与汝争能；汝惟不伐，天下莫与汝争功。"矜，古代指矛柄；伐，攻打。就是说，朋友双方都坚持己见，彼此怒目相视，但还没有到撕破脸皮、大打出手的地步。

用"和而不同""矜而不伐"总括左李之交，符合历史事实吗？后面我们将照应史实，逐条去辨别、分析。

这里，我们先来看李鸿章总括两人关系的另一个极为关键且敏感的词："周旋"。

历朝历代，用"周旋"方法管控与政敌的分歧，是处理"派系之争"与"朋党之争"的惯用手段。李鸿章这句话，已经隐约透露出左李之间"党争"

的痕迹。

　　俗话说，一个巴掌拍不响。矛盾得以成立，必须存在对立的双方。如果左宗棠同样以"周旋"来管控左李分歧，"左李之争"无疑可以看作是前朝见惯的"朋党"争斗在晚清的延续。

　　有了本节的历史大布景，我们便有了大视野的观照。

　　为了进一步弄清两人毕生争端的实质，我们从现在开始，潜回到两人共同经历的风云往事，从中去寻根探源，一问得失。

求学与理想：起点决定道路

左宗棠是生在湖南湘阴没落读书人家庭的勤奋少年，李鸿章是生在安徽庐郡望族的聪敏公子。左氏写"身无半亩，心忧天下"，李氏称"八千里外欲封侯"。二十岁前后，两人不约而同，立志要"拜相封侯"，目标虽然一致，道路却彼此相反。

名师高徒

左宗棠出生在嘉庆十七年（1812年），李鸿章出生在道光三年（1823年）。

如果以应对西方的时代使命为历史节点观照，第一次鸦片战争发生时，左宗棠已经是二十八岁的青年，李鸿章也是十七岁的挺拔少年。而如果以解国家内忧作为两人生平事业的起点，则太平天国运动在咸丰元年（1851年）爆发时，左宗棠已是三十九岁的沉稳中年，李鸿章正是意气风发的二十八岁青年。

可以看出，虽然相差十一岁，但左、李与历史时势的匹配程度基本一致。换个角度比较去看，左、李不同家境给彼此日后带来的影响，可能要大得多。

嘉庆、道光两朝，社会治理基本荒废。嘉庆朝爆发白莲教起义，道光朝的河运、盐政、币制全面出现危机，略见一斑。

大清国采用帝国体制。帝国体制有三个基本特征：一是皇帝中央集权，二是官员代理皇权，三是郡县制。官员代理皇权是否实行得力，是决定帝国盛衰的根本。官员一旦集体惰政，皇帝与群众便完全隔膜。朝政一旦上下隔膜，朝廷不但施政失当，而且执行乏人，国家自然逐渐衰落。国家一旦衰落，首当其冲的是底层群众。大清国靠天吃饭的农耕百姓家庭，在天灾人祸中只能听天由命，随意沉浮。

左宗棠出生在湖南湘阴一个七代秀才的家庭。在左宗棠出生之前，湘阴左家因国家持续强盛，始终殷实富足。道光衰世导致社会经济普遍下降，能够请得起私塾先生的家庭日少，以教书谋生的秀才之家收入锐减。加之湘阴处在湘江进洞庭湖的入口，湖南洪灾连年泛滥，当地防洪基础设施薄弱，财产损失严重。左家从原本小康富足的乡绅世家，急遽跌落成贫寒人家，成为比较典型的没落乡绅之家。

与左宗棠家世没落的境遇刚好相反，李鸿章家境基本没有遭受衰世与天灾

15

的冲击，因为其父李文安功名正蒸蒸日上。在乡绅自治的大清国，一部分读书人掌握着地方主要的资源，其中包括最重要的经济资源。衰世对这类读书人家庭冲击极少。安徽李家是衰世时局中不常见的逆时势潮流而升的发达地主家庭。

家庭决定一个人的成长起点，成长起点往往影响到一个人的未来路径。祖辈积累的资产，尤其是父辈奠基的家境基业，决定一个人幼年阶段的成长环境。因此，左宗棠、李鸿章求学起点一开始便不同。

早年的区别还不限于此。两人的出生地域、家世背景、人事经历，事实上也大为不同。

左宗棠自小家境衰落。从五岁那年起，他跟从以教书为生的父亲左观澜读四书五经，并依靠父亲积累的人脉关系，辗转长沙、湘阴两地，历时八九年，才得以完成小学学业。

左宗棠的天资无疑是不错的，十四岁那年，读完小学，他第一次参加湘阴县童子试，考取全县第一名。其后，他继续参加长沙府试，只是节骨眼上，母亲病重。大清国"以孝立国"，《论语》有言，"孝悌也者，其为人之本欤"，对父母心怀敬意，是人之为人的根本。左宗棠主动选择放弃府试，回家在病床前服侍母亲。

五个月后，母亲病逝。

十七岁那年，守母孝期满，父亲又不幸因病去世。儒家古制规定，父母其中一个去世，儿子需在坟前守孝三年。名义上是三年，事实上只需满二十七个月（另说二十五个月）。左宗棠先后为父母守孝满六个年头。

根据古制，子女守孝期间，可以读书学习，但不能饮酒，尤其不宜参加娱乐活动，当然，也不能参加考试。

直到二十岁，守双亲孝完毕，左宗棠才有机会再次入场应试。因为在守孝六年里可以读书学习，左宗棠抓紧自学，自主研读了考取举人的课程。其间，他还慕名前往长沙，向在家守孝的原江苏布政使贺长龄请教学问，其后，又拜贺长龄之弟、长沙名师贺熙龄先生为师，跟从他研读《皇朝经世文编》，并系统地读过舆地、农学、水利等课外书籍。

再次参加考试，左宗棠借来一百零八两银子，买了个"监生"功名。凭借监生资格，他越过秀才考试，直接去考举人。在四十八人中榜的名单里，他最终考取湖南省第十八名举人。这是一个可以用"优异"来形容的成绩了。

左宗棠乡试能够中榜，经历过一番跌宕的曲折。他作的《选士厉兵，简练俊杰，专在有功》，因内容侧重军政，与当时流行的八股考文大异其趣，副考官胡鉴读不太懂，阅后打入遗卷。恰这年是道光皇帝五十大寿，为显皇恩浩荡，道光对湖南格外开恩，从遗卷中增录六名举人。主考官徐法绩收集遗卷，首次读到左宗棠文章，击节赞叹，预备录为遗卷人头名。

胡鉴跟徐法绩杠上，死活不通过。节骨眼上，胡鉴突然暴病身亡。徐法绩邀来湖南巡抚吴荣光品鉴，吴荣光拊掌叫好。拆开密封条一看，才知道考生是左宗棠。吴荣光曾在湘水校经堂教过左宗棠的课，左宗棠曾七次考取过全校第一名。有了平时成绩参照，再加上考卷实力，左宗棠顺利地被增录为本届乡试举人。左宗棠二哥左宗植中了本届乡试头名（解元），兄弟俩同时中举，这在左氏五百多年的家族史上还是头一回。

获得秀才功名，便有设馆招生、教书育人的资格，秀才通过收取学费养家糊口；摘得举人功名，便可保举进县级单位从事文秘、抄写等事务性工作，或者像秀才一样教书育人，成为当地的"中产阶级"，以学问影响道德教化，维持世道人心。

比较之下，李鸿章家境相对显得殷实、富足，其家族在安徽省内属于庐郡望族。六岁那年，他跟从父亲进入李氏家族内设的私塾（棣华书屋）学习四书五经。二十岁那年，父亲李文安为求取功名，连续三届去北京参加会试，已经无暇教子，便安排李鸿章相继改拜堂伯父李仿仙、塾师徐明经为师。

李鸿章跟左宗棠早年相似之处，同属天资较高的少年。因没有被丧葬之类的礼事耽搁，十七岁那年，李鸿章便一举考取秀才。

二十岁那年，李鸿章跟从父亲来到北京，住安徽会馆学习，预备参加举人考试。在这里，他有幸见到了改变他日后命运轨迹的恩师曾国藩。

李鸿章跟曾国藩是怎么结上关系的呢？

其父李文安与曾国藩同为道光十八年（1838年）进士。根据古制，两人属科场"同年"，含义接近现代的"同届同学"。"同年"是古人十分看重的情谊，堪比现代家人、兄弟、同窗。李鸿章规规矩矩按照父亲的要求，以"年家子"身份，拜曾国藩为师。

经过曾国藩耳提面命的一番点拨，天资高妙的李鸿章学业日见进步。第二年，他去北京参加乡试，一举考中第八十四名举人。成绩排名虽然有点靠后，但足以证明底子不虚。李鸿章祖籍安徽，本应在安庆参加乡试。他之所以去北京考试，是因为北京举人录取率全国最高。父亲李文安是京官，所以李鸿章跨省考试，符合清朝规制，算是合理利用规则。曾国藩越发赏识其才，更加用心栽培，安排他到自己在北京的宅邸里接受教导，在这里，曾氏耐心传授他经世学问。

中举之前的这些不同经历及人生顺逆，让左宗棠与李鸿章在价值观形成阶段的差异初步显现。

其间的差异究竟是什么？

| 二 |

十七岁前，左宗棠读的是先秦儒学，主要包括四书五经；十七岁后，他接受云贵总督贺长龄、城南书院山长贺熙龄两位恩师的引导，系统读完《皇朝经世文编》，以及魏源的《圣武记》、顾炎武的《天下郡国利病书》、顾祖禹的《读史方舆纪要》、齐召南的《水道提纲》。

也就是说，左宗棠在童年阶段接受系统的传统儒学训练，打好扎实的文化根底之后，在青少年时代又接受了系统的理工技术"实学"训练。

他读过的这些理工技术类书目，都是当年科考从不涉及的内容，全日制的科场读书人，单纯学习四书五经的道德、义理，视技术类学问为旁门左道、细枝末节，没有时间跟兴趣来读这些"闲书"。左宗棠在城南书院私读上述理工技术书籍时，被同学发现后掩嘴偷笑，以为此人不着边际，可以侧证。

也就是说，二十岁前，在科场上离经叛道的左宗棠形成了在当时中国少年学子中十分罕见的"儒学"加"实学"的独特知识结构。

李鸿章早年所受教育形成的知识结构大有不同。不只是因为他没有像左宗棠那样，在少年时代为父母守孝而中断学业，闲云野鹤读那些仅在民间私下流传的"课外"著作。他自始至终专心致志地听从塾师的教导，规规矩矩攻读"时文"（八股文），因为"时文"枯燥乏味，李鸿章凭着过人的天资，博闻强记下那些考试的内容，以应付科场，至于儒学所谓"诚意、正心"的教导，入耳而实未入心。他后面的经历，可以证实这点。

除此之外，左、李早年价值观念的差异，还因为两人所在省的地域文化存在差异。李鸿章的家乡安徽跟湖南文脉有所不同。

湖南是理学鼻祖周敦颐跟唯物主义哲学家王船山的家乡，安徽则是开创桐城派文学的大家姚鼐的故乡。

两地文脉的不同表现在，周敦颐、王船山等湖湘学派大家传导的传统儒学，其核心表述是"忠、孝、廉、节"四面，强调"经世致用、知行合一、行胜于言"；姚鼐开创的"桐城派"学问，核心是讲求"义理、考据、辞章"。

所谓"义理"，是指普遍适应性的道理，即讲求经义、探求名理的学问。

所谓"考据"，是指研究文献或历史问题时，根据资料来考核、证实和说明。

所谓"辞章"，是诗词、文章等的总称，或者指文章的修辞、写作技巧。

将三点合起来看，"桐城派"培养人才的目标，就是写得一手学术文章，做得一部文学作品，学子追求成为学者、作家。科场路阻则居乡为绅，传承先贤研究的道德、义理学问；入仕为官，则可以做皇帝的文学侍从，向社会传播朝廷的道德教化。

湖湘学派传承的儒学不同，它将修身、实践结合起来了，目标是引导读书人追求"内圣外王"。

所谓"内圣"，就是运用儒学的"诚意、正心"，将自我言行修炼得无限接近圣人的境界；所谓"外王"，则是将学问的道理运用到社会实践与实际生活中去，按照孟子的"王道"去教化群众，改变不合理的现实，以建立人民满意的大同之世（和谐社会）。

合起来看，"内圣外王"的培养目标，志在培养学者、作家、事功家。

比较之下，安徽的传统儒学则只是集中注重"内圣"，在学问通达与文采风流上下尽功夫，而不大在意学问的现实应用，因此缺失了事功的一面。

当左宗棠在"忠、孝、廉、节"的湖南民间文化氛围里颠沛流离地度过了

19

他的童年跟少年时光时，李鸿章在安徽老家优裕富足的环境里凭借"义理、考据、辞章"打好了学问的根底。

跟左宗棠二十五岁后从比自己大三十三岁的亲家、两江总督陶澍那里学来系统的经国济世的学问本领不同，李鸿章拜曾国藩为师后，曾国藩又给他加了一点"经济"。清朝人字典里的"经济"，是"经国济世"的意思，大致可以理解成现代人说的治理国家的行政方法、技术手段。放进湖湘学派中看，就是经世致用。

因为曾国藩的耳提面命，李鸿章逐渐形成了以"义理、考据、词章、经济"为骨架的知识结构。

关于这一知识结构与传统儒学的渊源到底是什么关系，曾国藩本人有过一番最为详细的权威解释。他说：

> 有义理之学，有词章之学，有经济之学，有考据之学。义理之学即宋史所谓道学也，在孔门为德行之科；词章之学在孔门为言语之科；经济之学在孔门为政事之科；考据之学即今世所谓汉学也，在孔门为文学之科。此四者阙一不可。

这段话大致可以理解为："义理"就是宋朝的理学，追溯源头，是孔子当年开设的思想品德科；"词章"是儒学的言语科，主要学习表达、演讲、辩论；"经济"就是儒学的政事科，基本内容是学习如何运用政府的一套行政机构来治理国家；"考据"相当于儒家的文学科，主要研究纯粹的学术文献、诗文技法。

清朝的"桐城派"属于儒学，更确切地说，可以归类为宋明理学范畴。"经济"则指经世致用的行政技术学问。因为曾国藩是一代理学家的缘故，李鸿章的学问结构，总括起来看，是当时中国官场开始时兴的"理学"加"经济"的知识结构。

在曾氏"理学"加"经济"的学问结构中，"义理之学"处于首要地位，"经济之学"则包括在"义理"之内。"义理之学"讲求"明礼""遵礼""守礼"，"经济之学"则是以礼经世治民，实行的是"礼治"。

古代的"礼治"，遵从儒家的礼制。礼制即礼仪制度，相当于法律，名曰"礼法"。"礼法"是朝廷规定的一整套礼仪法律制度，跟现代宪法在作用上事实上等同，只是形式跟内涵大为不同而已。

这时再比较去看，左、李虽然同以广义的"儒学"奠定"童子功"，但细看之下，已有着明显的区别：左宗棠接受的"儒学"，是"先秦孔孟儒学"；李鸿章接受的"儒学"，是"宋明程朱理学"。左宗棠接受的"实学"，是理工技术类的"实学"；李鸿章所接受的"经济"，是"宋明程朱理学"框架内的以"经世致用"为目的的人文知识。

如果上述文字还是过于学理，不方便通俗理解，那么不妨换用一个现代通俗形象的比方，便一目了然：左宗棠相当于在北大文科毕业后，又读了清华的工科研究生；李鸿章则从头到尾是北大本硕博连读的文科博士。

从左、李的家庭出身、求学经历、学问结构的差别可以看出，早年经历的不同，知识结构的不同，对两人的价值观念、个人理想以及日后的发展轨迹，都起到了决定性的影响。两人后面发生的系列故事，大多可以从这里找到原因。

事实上，两人在步入弱冠那年，已经表现出鲜明的不同。

左、李二十岁前后所作的诗赋，可以清晰地看出其中的分别。

舍我其谁

二十一岁那年，左宗棠首次进京参加会试。

也许是理工技术影响到思维、眼界的原因，他对考卷上的典故、辞章不甚在意，甚至也并不关心考试成绩，反而更忧虑考场之外的民生，他将进京沿路见闻写成《癸巳燕台杂感八首》。

这八首诗歌，不但题材、内容已偏离科场官学主题，而且越过了朝廷的思想"禁区"，开始不自觉地关注社会现实，试图通过技术手段来解决国家困境。

清朝入关后，为了防止读书人议论时政，朝廷禁止学生关心时务。在"以德治国"的清朝，左宗棠这种"以才能治国""以技术治国"的价值观念，已经严重偏离了大清帝国固有的政治原则，显得十分另类。

大清国的逻辑，考生考取进士是为了做官，官员的职责是以"道德、义理"教化群众，使人心归于纯朴；至于以技术手段解决现实问题，是吏员的事情。在官、吏分离的大前提下，会试考生思考吏员之事，已经严重跑题。

这里试录《癸巳燕台杂感八首》中的两首，可见端倪：

其一：

世事悠悠袖手看，谁将儒术策治安？
国无苛政贫犹赖，民有饥心抚亦难。
天下军储劳圣虑，升平弦管集诸官。
青衫不解谈时务，漫卷诗书一浩叹。

这首诗传达出来的核心意念是，左宗棠眼看国家民生凋敝，老百姓衣不遮体、食不果腹，萌发了用孟子"王道"思想来为国家解决国计民生陷于困顿的难题。

其三：

> 西域环兵不计年，当时立国重开边。
> 橐驼万里输官稻，沙碛千秋此石田。
> 置省尚烦它日策，兴屯宁费度支钱？
> 将军莫更纾愁眼，生计中原亦可怜。

这里更明确地表达了青年左宗棠试图通过发展新疆经济，增强边疆地区自主"造血"功能，来解决当地民生困苦、边防不稳的国家难题。

这首诗是我们今天所能见到的青年左宗棠最早萌发在新疆建省的想法。

古人有以诗言志的传统。这两首诗，不是左宗棠一时的冲动之笔，而是一颗心念的种子。一个人在青少年时代里有过的念头，或者存过的心念，日后一旦碰上合适的机会，总会想方设法去将它实现。四十二年后，身为东阁大学士兼陕甘总督的左宗棠，便正是照着这首诗表达的中心思想去做的。

知识结构决定思维方式，思维方式决定志趣理想。再看李鸿章，同样是在中举前一年，满怀建功立业冲动的李鸿章，也写下过若干首《二十自述》。

这里同样摘录《二十自述》中的两首，比较可以看出左、李志趣的不同：

其一：

> 蹉跎往事付东流，弹指光阴二十秋。
> 青眼时邀名士赏，赤心聊为故人酬。
> 胸中自命真千古，世外浮沉只一沤。
> 久愧蓬莱仙岛客，簪花多在少年头。

李鸿章在诗中说，我今年已经二十岁了，以前留恋乡下自由自在的惬意生活，耽误了不少宝贵时间。好在我正青春年少，前程无限广阔。我将来一定要做命世的大才，天下苍生忙忙碌碌，在我看来不过是一艘泡在水中的船，激起了一轮波纹而已。我要做他们的领航人。

其二：

> 丈夫事业正当时，一误流光悔后迟。
> 壮志不消三尺剑，奇才欲试万言诗。
> 闻鸡不觉身先舞，对镜方知颊有髭。
> 昔日儿童今弱冠，浮生碌碌竟何为。

这是李鸿章迈进成年的宣言书。其年的李氏，意气风发、志在必得，表达欲借"三尺剑"平定天下、借"万言诗"领时代风骚的时代大志。与左宗棠写言志诗提前剧透日后的人生轨迹一样，李鸿章后来确实也是照着这个心念去做的。只是，他下笔作诗时还处在太平时世，持"三尺剑"平定天下，大概只是文人胸臆的模拟，当不得真。这跟曾国藩曾预言江忠源"其人必立名天下，然当以节烈死"一样，很可能只是一种凭个人感觉脱口而出的观感，而不是真的对个人命运、国家历史路径拥有未卜先知的能力，像"事前诸葛亮"那样。

每个人笔下的文字，其实就是内心一幅最直观的图画。

李鸿章这两首诗，论文采明显超过了左宗棠。单就文气而论，左宗棠沉稳，李鸿章飘逸。如果说不同之中有相同，两人完全相同的地方，均心强气盛，舍我其谁，以安邦定国者自居。

放进几千年的历史传统中比较去看，李鸿章的言志诗最接近数千年来中国传统读书人建功立业的人生抱负。从他身上，我们很容易看到李白飘逸、大气的影子，"以布衣直取卿相"的壮志豪情。

青年时代的李鸿章，确实是位文采风流、胸襟阔大的人物。他自己对此也不加掩饰，因此言谈间常露峥嵘。他另一首诗中更是有"三千年来谁著史，八千里外觅封侯。丈夫只手把吴钩，意气高于百尺楼"的句子，将他这种阔大的传统抱负抒发到淋漓尽致。

左宗棠则明显有所不同。受理性、严谨的工科技术思维影响，他早年的诗，只是眼光大，关注的事情大，文字则偏向平实。比起李鸿章，左宗棠文采方面明显有所欠缺，这大概也是理工技术思维过强的人写作文学作品时很难规避的一大缺陷。

平实的诗文风格，跟左宗棠独特的求学经历，大约也有一定关系。"儒学"加"实学"的学问结构，在科举时代属于"异类"。"实学"作为一门理工技术，集中关注社会现实民生，侧重应用。而这些均属于"吏员"的学问，朝廷从未当作对"官员"的要求。

换个角度去看，左宗棠的心气与人生理想，则要远比他"质胜于文"的诗文激动人心得多。他童年时代被村人传作"牵牛星下凡"，青年时代以"今亮"（当代诸葛亮）自称，人生目标是"拜相封侯"。二十四岁那年，他虽然寄居在湘潭周家，但仍然自信地题联于家门之侧："身无半亩，心忧天下；读破万卷，神交古人。"

比较之下同样还可以看出，左宗棠早年的心念，偏重在事，以人成事；李鸿章心念偏重人，以事成人。也就是说，左宗棠在意的是按照自我意志改变世界，改变世界后所获得的巨大成就感，是他追求的至高目标；李鸿章则对自己改变世界后所获得的物质跟声誉，抱有莫大的期待。

左宗棠言志诗"质胜于文"，是他作诗文最为独特的地方，他并没有几千年来文人士大夫那种纸上风光，笔底豪情。加之他试图通过技术的手段，来解决国家困境的理想，将这些内容写成文学作品，这在中国历史上几乎找不到先例。毕竟，在"以德治国"的环境里，官员看重道德教化，具体办事靠吏员，官员普遍轻视技术实干。道德水准高调而办事能力低下，是清朝主流官员的普遍风气，当时流行一句诗，十分传神地概括了清朝文官这一具有普遍性的特点："无事袖手谈心性，临危一死报君王。"

回头再看，左宗棠步入青年时代移心"实学"，文章缺乏文采，这跟他会试三试落第，应该说不无关系。笔者将左氏三次会试近五十篇文章逐一读完，能明显感觉出这点。

李鸿章则矢志不移地潜习"时文"，辞章文采焕然夺目，科举路上由此一路畅达，比起左宗棠要顺利得多。

【二】

左宗棠文采不及李鸿章，这从两人的会试成绩不难看出。

清朝的进士考试总体还是比较客观、公正的，能够比较准确地检验出一个读书人真实的文学水平。

道光二十七年（1847年），二十四岁的李鸿章会试中榜，居二甲第十三名（全国排第十六名），考入翰林院庶吉士，三年后，被授翰林院编修。

道光十五年（1835年），二十三岁的左宗棠参加第二次会试，成绩在湖南籍考生中排第十五名。这已是他三次进京会试的最好成绩，结果仅够上榜的录取线，在全国考生中排到了三百名左右。

在全国考生中排前三百名，放到今天至少是"市状元、省学霸"，但清朝的"精英教育"不同于现代的"大众教育"，考生远不如今天多。当年全国有秀才文凭且能读书作文的，不过二百万人左右，远比今天高考每年千万左右的录取规模要小得多。

左宗棠这唯一的一次上榜，又因为运气太差落第。朝廷放榜前一天核对，发现湖南多录了一人，湖北少录了一人。左宗棠的名字生生地被湖北考生替代，被改为"誊录"。

也就是说，按左宗棠真实的文章水平，即使高中进士，也将排到三甲末尾，得个"赐同进士出身"，跟曾国藩在道光十八年（1838年）考取的三甲第四十二名差不多。

出生在大户人家，少年时代天资过人，李鸿章比曾国藩、左宗棠早年事实上都要顺利，文章水平也确实高出一筹。如果说，文章水平高低，能看出一个人的天资高低，能反映一个人的办事能力高下，将这句话放到曾、李师徒身上，大致不差。放到左、李合作公事时比照，也有一定的参考作用。后面我们将多次看到。

少年得志、意气风发的李鸿章，因为科场畅通无阻，所以无须经历左宗棠在民间所遭遇的困顿与挫折。他按照千百年来传统文人士大夫建功立业的人生抱负，在为学入仕的路上，继续一路朝前，高歌猛进地走下去。

道光三十年（1850年），李鸿章以翰林院庶吉士身份从翰林院散馆，朝廷授翰林院编修，充武英殿编修，其时不过二十七岁。

二十七岁便进入国家权力核心机构担任基础性业务工作，在乡下读书人看来，李鸿章就是榜样、方向跟动力。但正如俗话所说，没有哪一条人生道路会更加容易。青年李鸿章志得意满，却同样有他难为人言的苦恼。初入官场，而且是在京官如云的首善之区，在安徽家乡说起来是无限风光，但身边的同僚个个都是天子门下的骄子，没有几个人真拿他当回事，除非他能迅速升迁，或者有过硬的靠山、后台，能够凭借关系加实力在精英圈内迅速鹤立鸡群。

每天生活在皇城根下，青年官员个个心怀热望，为升迁而钩心斗角是日常的事。那段经历与感受并不令他感到愉快，青年李鸿章经历了官场"愣头青"必然要经历的郁闷跟困顿期。

如果不是咸丰三年（1853年）太平天国运动骤然改变了安徽省的官场生态与权力结构，体制内优秀青年李鸿章仍将按大清帝国官员固有的升迁程序，按部就班，边做边看，等待时机，一步一步熬下去。

按照大清国官员正常的升迁流程，他在北京翰林院清汤寡水熬上几年，不出意外，将被朝廷当作"才堪治民"的官员，外放到地方某省做官，运气好，在四十岁前可以做到学政，或者道员，这几乎是承平之世里几任清朝皇帝用人的惯例。

这里不妨以比李鸿章大十六岁的大清官员叶名琛比照，可以推测出李鸿章人生的另一种可能。叶氏为官机灵，且善于逢迎，四十一岁便升迁至广东巡抚，四十五岁又做上两广总督，中年便成为大清王朝风华正茂的正二品高官之一。李鸿章论为官机灵不输叶名琛，其办事能力又高出一筹，只要机遇降临，可以想见，即使按照体制内正常升迁，李鸿章也完全有可能在中年做上督抚。

因此，只要没有太平天国运动，大清国优秀的青年官员李鸿章与在湖南乡下鼓捣学问的"民间科学家"左宗棠，人生轨迹就如井水与河水，彼此不可能存在交集。

但人生的道路固然由自己的实力跟选择来决定，对优秀的人才而言，比个人职业规划跟人生选择更重要的决定因素是时势。

洪秀全高举义旗，营造出一种大清王朝行将覆灭的态势。这种骤然席卷的时势，无意间同时扭转了左、李两人的人生轨迹，将原本天高地远的两人，逐渐拉拢到一起。

团练：各自领兵的开始

被时势影响的个人职业之路：乡下举人左宗棠突然被推上主持一省军政的位置，大权在握；京城翰林院编修李鸿章骤然被拉回乡下学打仗，"翰林变绿林"。会干的人，成绩越干越大；不会干的人，学着干，还可以边干边等待机遇。

相向独行

咸丰元年（1851年）是咸丰皇帝登基的第一年。其年，他二十岁，意气风发，跃跃欲试，思图成为一代圣主。他做梦也不会想到，摆在前面的路，将是电闪雷鸣，地动山摇。他也将因此成为大清建立以来第一位倒大霉运的皇帝。

他这边龙椅还没坐热，急风暴雨式的太平天国农民运动便来夺位。他疲于应付，心力交瘁。

如果皇帝可以找人诉苦，咸丰会说世界待他不公平。谁帮他想过，皇帝这个悬系亿万国民身家忧乐的大位，是一个十分辛苦且古怪的职业，没有见习期，没有经验积累期，端坐其上固然洪福齐天，但灾祸也堪比凡间地狱，世上没有比当皇帝更高危的职业。

咸丰皇帝当然有权利诉苦，因为他主要是在代替历代祖宗背锅。比如，太平天国造反，根子在乾隆那儿。

追溯源头，自乾隆朝往后，清朝问题已经蜂起。嘉庆皇帝刚在乾隆身后接班，四川便爆发了气势汹汹的白莲教起义，教徒闯进紫禁城，差点让嘉庆做了刀下鬼。其后，天地会、哥老会等各种地方帮会组织此起彼伏。朝廷尽举国之力虽然镇压住，但作为威胁帝国安全的不稳定因素，一直在交替中暗流涌动，从不消停。

咸丰的爷爷嘉庆无疑是一个才能平庸的皇帝。乾隆后期积累的各种社会矛盾，他并没有能力去化解。"和珅跌倒，嘉庆吃饱"，依靠反腐抄家，勉强维持帝国体面二十余年。不妙的是，嘉庆在承德避暑山庄休假时骤然遭遇雷劈，当场死亡。

一声巨雷彻底打蒙了皇室。原来，嘉庆粗心到忘记雍正定下的秘密立储的家规，没有将下任皇帝的名字提前写进秘密诏书，存放于"正大光明"匾额之后。道光皇帝便是在嘉庆的皇后临时点将下才突然被确定为继承人，匆促登基的。

咸丰的父亲道光，终生节俭，经常穿带补丁的衣服，个人私德远胜常人，几乎无可挑剔。但私德好的皇子却不见得一定能当好皇帝。因为帝国体制需要高度集权，天赋基因属强人政治。要扭转几代祖宗贻误造成的举国危局，需要的是铁面无情敢行霹雳手段的明强之君，而不是有事六神无主、无事抱怨群臣的庸懦之主。恰好，道光属于典型的温和、畏葸的好好先生。他因循守旧、击鼓传花，在皇帝宝座上待到第二十年，不幸迎来举国张皇的第一次鸦片战争。

温和、畏葸的道光在选择皇位继承人的问题上，眼光再次出现问题。他用满怀慈爱的目光，选中了跟他一样性格偏柔弱的咸丰继承皇位。对于那位无论才能还是胆魄都要高过咸丰的皇六子奕䜣，道光皇帝狠心舍弃，但又不舍垂爱，改立为亲王。

咸丰治国才能论平庸程度，比爷爷嘉庆、父亲道光更甚。史实为证，他登基第一年力图振作，便广开言路，征求大臣对自己的批评意见。刚强、倔强的曾国藩据实上奏，指出他有三大缺点：其一，见小不见大，小事精明，大事糊涂；其二，"徒尚文饰，不求实际"；其三，刚愎自用，饰非拒谏，出尔反尔，自食其言。应该说，曾国藩总结得比较客观准确，咸丰皇帝之后的事迹，基本可以对应。

但一旦真有大臣站出来批评自己，咸丰皇帝不免暴怒，声称要杀掉曾国藩以泄愤。如果不是祁隽藻等大臣以"君圣臣直"为他找到挽回颜面的台阶，曾国藩有可能因这次直谏已经送命。

在帝国体制的大前提下，几代皇帝所选非人，导致治国代代延误，国家矛盾积压，终于喷发。

太平天国运动之所以在咸丰元年骤然爆发，主要基于以下三大原因：

其一，道光二十年（1840年）鸦片战争失败，清廷将赔款的压力转嫁到劳动群众身上，苛捐杂税日益增加，农民不堪重负，被逼造反。

其二，中国沿海通商口岸开放后，欧美工业产品大量涌入中国市场，东南沿海地区的传统家庭副业、手工业者遭遇西方现代工业挤兑，大量破产，失去生计，被迫铤而走险。

其三，几代皇帝治国能力平庸，无力以智术驾驭群臣，大清官僚集团出现整体的惰政、荒政，社会糜烂到无法收拾。举国之内政以贿成，刑放于宠，文恬武嬉十分普遍。无人理政的后果，国家基础建设设施吹弹即破，蝗灾、水灾、旱灾等自然灾害频发，大量中产阶层从富裕之家跌落为平民阶层，大量农民因此破产，流离失所、家破人亡，他们成了起义烈火中的干柴。

至于西方基督教传入广东，太平天国借基督名义造反，只是外因。洪秀全终其一生，并不懂得真正的基督教，他借基督的名号成立"拜上帝教"，这是有鲜明个人特色的"洪氏基督"，它杂糅了西方宗教与中国传统文化，且多处自相矛盾。

当社会矛盾积聚到临界点，洪秀全居乡间振臂一呼，广西山区的贫苦农民、矿工应声而起，有清以来第一场最大规模的底层群众大暴动发生了。

镇压农民起义，需要国家军队。

清朝入关之初，拥有八旗军十五万人。统一中国后，朝廷拥有正规军队多达八十万人。太平军金田起义时人数不过数千。为何八十万吃军饷的正规化国家武装部队，却对付不了区区几千执刀挥矛的农民义军？

要弄清这一问题，得先弄清清朝的军队设置。

清朝的军队分八旗、绿营两部分。八旗兵约二十万人，绿营兵约六十万人。绿营兵以镇为基本单位，作为全国各大镇戍区的基础，设总兵一员，为镇的主将。比方湖南永州镇，主将是总兵樊燮。在总兵之上，则设有提督，用以节制一省或数省的各镇总兵。

此外，又有巡抚，兼提督者有权节制各镇；在巡抚、提督之上，又设有总督，用以节制一省或数省内的巡抚、提督和总兵，为该区域的最高军事长官。

清朝军制规定，自提督以下，各位将官仅有统兵权，而无调兵权，其军令寄于总督和巡抚，兵权则归于中央。遇有征伐大事，皇帝另挑选经略、参赞大臣统兵，调集各地绿营出战，事毕即解除大臣兵权。

这一军事设置的初衷，是为了吸取前朝的教训，防止地方军事势力坐大，导致"外重内轻",威胁朝廷安全。但正如俗话所说,堵了东墙穿西墙,按下葫芦浮起瓢。大清朝廷不曾料到,"统兵权"与"指挥权"分离,造成的直接后果是"兵不知将,将不知兵;将不知帅,帅不知将"。战斗力大幅度下降。

冲锋陷阵的将士与负责指挥的统帅,平时毫无感情基础,上了战场无不消极怠工,这是第一点弊端。

更关键的问题还在于,最高军权归皇上,指挥则靠将官,钦差大臣、总督、巡抚、提督和总兵,调遣兵士都需要请示皇帝,而清朝中后期皇帝对军事的了解大多停留在书本,实践了解机会甚少,更无可能御驾亲征,一切只能根据臣属的报告,召集军机大臣商定。这不但导致钦差大臣、总督、巡抚、提督和总兵权力分化、令出多门、消极怠工,更严重的是,内部关系严重不和,任事大臣相互之间扯皮、掣肘,各部军队"胜则争功,败不相救"。

因为大清帝国军事制度设置存在这一根本性的缺陷,所以虽有六十万绿营兵,规模声势虽然浩大,仍全是银样镴枪头,中看不中用。

万般无奈之下,咸丰皇帝只好病急乱投医,将目光转向地主自卫武装的团练兵。咸丰二年(1852年),咸丰皇帝一口气在全国任命了四十三名团练大臣,曾国藩是其中之一。

追溯团练,最早源于周朝时的"保甲制"。"保甲"的本义,是使民"相保相受""相及相共"。就是说,用军事方法将群众组织起来,让他们在危急时相互保护,结成一个小的"命运共同体"。这是中国民兵最初的雏形。

春秋时,齐国宰相管仲严行"什伍法":"辅之以什,司之以伍,伍无非其人,人无非其里,里无非其家",使"奔逃者无所匿,迁徙者无所容,不求而约,不召而来"。

到五代后晋时期,又发展出民壮、弓手、团练等各类乡兵。历千余年发展,民兵从队伍的数量设置到管理规章都日益完善,开始走向精细化、专业化。

到唐代,朝廷开始设有专门负责的"团练使"一职,类似民间的自卫队队长,专门负责管理团练事务。宋代则设置了诸州团练使,如北宋著名的词人苏轼,就曾出任黄州团练副使。

清朝最早倡办团练的人,叫龚景瀚。嘉庆元年(1796年),龚景瀚加入总督宜縣军幕，从征教民起事。在合州知州任上，他上了一道《坚壁清野并招抚议》奏折，建议朝廷设置团练乡勇，令地方绅士训练乡勇，清查保甲，坚壁清野，地方自保。其办团经费均来自民间，且由练总、练长掌握。这是清朝最早的团练由来。

| 二 |

因为左宗棠"文人带兵"在李鸿章之前，我们先来看左宗棠初办团练抵御太平军的经历，看一个与拯救旧王朝原本八竿子打不着的乡下小举人，如何因为时势造成的偶然机缘，从主流社会群体的边缘阶层（没落乡绅），迅速步入主流社会（巡抚幕僚），并快速成长为主导一地沉浮的中流砥柱式人物。

太平军高举义旗时，非官非民的"湘上农人"左宗棠，身份是湖南普通乡绅，平日里自食其力，靠教书卖知识、文化赚钱，不仰仗任何官方权势，因此无论朝廷百官还是农民义军，都跟他完全不搭边。也正是这个两边不靠的独立身份，有学者称左宗棠出山前曾与洪秀全有过密谈。

太平军杀进湖南后，左宗棠为什么迅速向官方靠拢，成长为对抗太平军的中坚人物？

一切源于考了四次秀才也没能中榜的洪秀全有一个不健康的情绪：他本人考不中秀才，便对中华传统文化产生切骨的仇恨。他高举自己发明的"洪氏基督"大旗，宣布与一切儒家读书人为敌，对地方秀才、举人沿路搜罗，实行剿尽杀绝政策。

一首当时流行的顺口溜，真实地再现了其时太平天国运动对儒学、儒生的敌对态度：

搜得藏书论担挑，行过厕溷随手抛。

抛之不及以火烧，烧之不及以水浇。

读者斩，收者斩，买者卖者一同斩。

书苟满家法必犯，昔用撑肠今破胆。

左宗棠因为是大清小举人，既研究儒学，身份又是儒生，被太平军不分青红皂白划进敌对阵营，举家面临被屠杀的危险。

咸丰二年（1852年）初秋，左宗棠被迫将一家老小及亲戚、邻居迁徙到湘阴东山，隐居白水洞。举人左宗棠其时在白水洞内看书，突然听到一个令他十分吃惊的消息，太平军在他的家乡四处搜查，要将他捉拿归案。

惊惶未定之际，突然又接到新任湖南巡抚张亮基盛情发来的邀请函，请他入幕协助长沙军事。

张亮基如此看重左宗棠，源于贵州道员胡林翼不遗余力地逾格褒扬跟全力举荐。他评价左宗棠是中国一等一的大才，评语为"横览九州，更无才出其右者"，令张亮基心仪不已。

作为科场失意者，左宗棠本来无意出山挽救朝廷。接到张亮基从湖南常德派人专门送来的邀请函，他看后随手搁到一边。后经朋友郭嵩焘、二哥左宗植等人反复劝勉，左宗棠最终同意出山，做张亮基的军事高参。

此时的左宗棠，虽有名人举荐，但其实人微言轻，论身份不过是个乡下举人，论才学也只是没有官方认证的"民间科学家"。他除了答应做巡抚的小跟班，实在也开不起价。

如何保证既能办事称心快慰，又不受位卑人微的牵制？

以"今亮"自称的左宗棠，在乡下生活了四十年，此时不但通人情世故，而且精于计算。他懂得抓住时机，替自己争取话语权。他借张亮基主动邀请之势，以"个性难与人合"为借口，以不受"关聘"（巡抚衙门正规合同聘书）的合作方式，出任湖南巡抚幕僚，以独立办事权来指挥湖南全省军事。

其时，洪秀全自广西金田乡誓师，一路过关斩将，势如破竹，太平军除了在广西全州蓑衣渡遭遇楚军①首领江忠源重创损失了南王冯云山，基本没有遭遇到真正有力的抵抗，八旗、绿营皆望旗而逃。

长沙是太平军北上攻打的第一座省城。洪秀全欲竭尽全力拿下，作为北上的一个据点。谁料初战失利，西王萧朝贵在长沙妙高峰被张亮基指挥炮兵用大

---

① 江忠源于1844年创办楚军。1860年，楚军旗号被左宗棠沿用，属"借壳上市"。

炮打死。太平军强行攻城，几次已经炸开城墙数丈，不料又被左宗棠指挥的绿营官兵血拼肉搏，生生给挡到城外。洪秀全不惜亲自督战，历八十余天仍未能攻下。进退不能，军事陷入胶着。

权衡之下，洪秀全选择绕过长沙城墙，沿湘江直下湖北武昌城。

湖北省城武昌并没有张亮基这样懂军事、善用人的巡抚，也缺乏像左宗棠这样能干的幕僚，一班玩忽循吏，文恬武嬉，完全无力抵抗太平军的猛烈进攻。仅仅一个星期，武昌城被攻占。太平军乘胜东进，打进安徽省城安庆。

太平军攻打湖北、安徽两省的具体时间表是：咸丰三年（1853年）2月9日，太平军自武昌沿江而下，进军金陵①，湖北巡抚常大淳举家自尽；2月18日，太平军攻克九江；2月24日，顺利占领安徽省城安庆，杀死巡抚蒋文庆。

安庆失守的消息传到京城，咸丰皇帝惊慌失措，临时做出系列重大军事调整：任命周天爵署理安徽巡抚，收拾安徽残局；严谕江宁将军祥厚坚守金陵，江苏巡抚杨文定、镇江都统文艺死守镇江；漕运总督杨殿邦据守扬州，以保护长江、运河交通枢纽；催令向荣从江南驰援金陵、琦善从江北追击太平军，驰援金陵和扬州。

咸丰最终任命两江总督陆建瀛为钦差大臣，总揽各路会剿太平军全局。

谁料这次用错了总指挥，因为陆建瀛根本无心抵抗。

陆建瀛统帅诸军不力，根源在于咸丰本人存在严重的满汉偏见。作为汉官，陆建瀛战前曾备受满官排挤，地位几起几落，他已经心灰意懒，对朝廷甚至生出某种不满。有学者干脆称，此时的陆建瀛已经"把自己变成了太平军的同情者和支持者"。任命他统帅三军阻挡太平军，无异抱薪救火、为渊驱鱼。咸丰识人乏智、用人乏术，在此严重暴露出来。

陆建瀛心态如此，后事不问可知。被后世称作"迎贼将军"的军事统帅陆建瀛，在阻敌关键时刻临阵脱逃，跑回金陵。清军水师派出九条大船迎战太平

---

① 金陵，南京旧时俗称。1853年太平天国建都后，改江宁为天京；1864年曾国藩收复后，改回原名江宁。本书根据实际情况署名，读者可对照查看。

军先锋师船。太平军损毁三只师船，且战且退，诱敌深入。清军果然中计，追击太平军先锋师船，逐渐远离梁山防线，直抵安徽芜湖江面。千余艘太平军师船用炮火猛烈轰击清军船艇，清军未经迎战便望风而逃，通往金陵的水路交通线全被打开。

太平军包围金陵城后，城内百姓组织民兵猛烈抵抗。城内官员派人到城外请求两江总督陆建瀛发兵支援，陆建瀛知道局势已不可挽回，为发泄对咸丰积压已久的怨愤，不分青红皂白，指挥军队对着百姓炮火轰鸣一通猛打，回头上报朝廷打死太平军多人。

太平军其时锐气正盛，四面环攻城门，同时选定在北城仪凤门旁由静海寺开掘地道，穴地攻城。3月19日，城墙地雷轰发，太平军蜂拥而入。陆建瀛当场阵亡，金陵全城被占领。

咸丰三年（1853年）3月29日，洪秀全在杨秀清与文武百官、黎民百姓的跪迎欢呼声中，神清气爽进入金陵城，暂住藩习衙署。不久，他命人将两江总督衙门修缮一新，改作天王府。同日，改金陵名为天京，作为太平天国首都。

5月8日，将首都安顿妥帖的洪秀全开始盯上紫禁城内的咸丰皇帝。他命林凤祥、李开芳率师二万余人北伐。北伐军一度逼近天津城附近，北京城内上下震动，咸丰皇帝惊慌失度，寝食俱废。

这一时期，响应朝廷"金革变礼"号召而暂停居家守孝的曾国藩，已经同意出任湖南帮办团练大臣，正在长沙成立湖南省审案局，以霹雳手段惩腐打黑，与以湖南巡抚骆秉章为首的湖南官场集体交恶。

长沙既然无法立足，曾国藩开始考虑移师衡阳，另起炉灶。

这时回头再看安徽省情形。

安徽省城安庆被攻占之后，安徽举省官员危如累卵。

在京城做翰林院编修的安徽籍人士李鸿章，首次进入安徽籍官员的访求视线。

此时，安庆失守的消息，仍依靠快马传递，还没有传到北京。直到3月1日，朝廷依然没有接到蒋文庆巡抚殉职的奏报。但咸丰皇帝从长沙、武昌两城遭遇的战况，分明感觉出形势已经间不容发。不待接报求助，他便紧急任命工部左侍郎吕贤基前往安徽，会同蒋文庆、周天爵办理团练防剿事宜。

太平军北上两湖期间，周天爵正侨居安徽宿州，其时身份为钦差大臣。临时接到朝命，偕同安徽巡抚蒋文庆共同组织军事防务。代理安徽巡抚职事的钦差大臣周天爵[①]四顾无助，赶紧向朝廷求援。

吕贤基当即以李鸿章"籍隶安徽，熟悉乡情"为由，向咸丰皇帝奏请"随营帮办一切"。

李鸿章骤然结束了奉旨填词的文臣岁月，开始打点行装，随同吕贤基星夜取道，奔赴家乡安徽，开启随后"宛转随人盖九年"的幕僚生涯。

咸丰三年（1853年）6月初，新任安徽巡抚李嘉端到达庐州（今合肥）。

李嘉端是顺天府大兴人，道光九年（1829年）二甲第三名进士出身。因李鸿章乡试在顺天府参加，两人在文化出身上兼有乡谊，加之李鸿章数年的京官背景，李嘉端将他从周天爵处调到身边，随同自己协办团练。

周天爵对李鸿章的离开，无话可说。他老家在山东东阿，嘉庆十六年（1811年）考取的进士，与李鸿章之前全无交往。两人既无世俗情缘，也无情谊可连，李嘉端要调离他，当然也就是一句话的事儿。

李嘉端新官上任，当即除旧布新。他明确安徽全省的军事战略定位为"靖内变而御外侮"。

所谓"靖内变"，指镇压境内以捻军为主体的地方动乱；所谓"御外侮"，指堵截太平军，将之赶出安徽省境。

客观地说，这一战略布局大体上是得当的，理论上也无可挑剔，但在推诿成风的安徽官场风气里，他没有想到，执行其实无人。

大清国官场糜烂，不是从现在开始。事实上，自乾隆后期起，官场腐败已经相当严重，政以贿成，刑放于宠，不独社会治理一塌糊涂，军队战斗力也基本丧失。八旗兵、绿营兵平日里提笼遛鸟，经商养家遍地皆是，数十万人马早不堪一战。

---

① 周天爵接替已故巡抚蒋文庆，1853年1月、2月在职。继任巡抚李嘉端，任期为1853年3月至9月。

战略方案作得再好，离开绿营兵的执行，等于零。

咸丰三年（1853年）11月，太平军趁锐气正盛，乘胜追杀，在将领胡以晃的督导下，奋力攻占了舒城。官军处大军包围之中，遭遇血腥屠杀，吕贤基走投无路，投水身死。

12月，胡以晃挥师，直取庐州（合肥）城。

在北京城遥控全局指挥作战的咸丰皇帝接到快报，临时换帅，授命楚军首领、湖北按察使江忠源为安徽巡抚。江忠源到任前，由刘裕短暂代理安徽巡抚一个月。

其时，李鸿章率领一支安徽本省团练兵，正驻扎在合肥冈子集待命。

正在湖南省境内统率"湘勇"奋勇抗敌的帮办团练大臣曾国藩得知江忠源即将赴安徽出任巡抚，及时抓住机会，从中穿针引线，为李鸿章接触江忠源做好铺垫。

机遇丛生

| 一 |

江忠源是湖南省新宁县人，湖南团练的最早创办者。

道光二十四年（1844年），为镇压湖南宝庆府新宁县地方乱民，江忠源开始在家乡办团练，名号楚军，这比道光二十九年（1849年）在贵州安顺府办团练以靖地方的胡林翼还要早出五年。

江忠源跟左宗棠同岁，且同是举人出身，彼此情义相投，是知交好友。江忠源在办团练之前，曾几次进京会试，遗憾均告落榜。会试期间，他通过朋友郭嵩焘的引荐，跟曾国藩因湖南同乡之缘结识，两人交往融洽，结为莫逆之交。

曾、江虽然投缘，但气质、禀赋究竟大为不同。江忠源尚武，曾国藩偏文。在京期间，两人都爱好助人，且喜欢抛头露面，因此同时成了京城文化圈内的名人。

北京城内逐渐传开一句话："包送灵柩江岷樵，包作挽联曾涤生。"意思是说，出门在外，谁家死了人，江忠源包你送回家；家里死了人没有名人作挽联，曾国藩可以帮你包揽。

岷樵是江忠源的字，涤生是曾国藩的字。

怎么会有如此一说呢？原来，江忠源为人行侠仗义，颇有古风，碰上有谁在外地去世，一旦得知，他必自带一口棺材送人，并负责将死者遗体护送回家，直至入土为安。曾国藩没有江忠源那样的体魄跟行动力，但擅长作文章，尤其爱好题词作诗。大概文人写诗、作文跟老百姓打牌一样，次数多了会上瘾。曾国藩对联写多了，一天不写像被猫爪挠心，逢有朋友或熟人去世，他必赶在第一时间题赠挽联，以表达哀戚之情，兼对死者一生作出评定。

轶史传闻，那段时间，曾国藩替人写挽联上了瘾，趁空闲时间，将活着的朋友逐个提前做好挽联，单等其人去世后再用宣纸誊抄相赠。这事被来家做客的朋友意外发现而穿帮，消息传出，朋友圈震惊，一些朋友愤然宣布跟曾国藩绝交。

这些早年旧事，是朋友之情的见证。昔年好友江忠源如今做了安徽省的父母官，湖南帮办团练大臣曾国藩认为，这是自己利用人脉广泛联结、团聚人才的好机会。他开始有意布局，考虑将早年的得意门生李鸿章纳入官场朋友圈中来。

在写给李鸿章的信中，曾国藩这样极力撮合：

> 岷樵（江忠源）到庐，求贤孔殷。足下及鹤翁（吕贤基）、午翁（袁甲三）如有所知，幸尽告之。

在写给江忠源的信中，曾国藩又这样力荐李鸿章：

> 李少泉编修大有用之才，阁下若有征伐之事，可携之同往。

曾国藩知道，江忠源行侠仗义，平日里心气刚烈，谋事有余而谋人不足，在安徽不但没有人脉根基，甚至没有一个得力的助手，巡抚新地，急需得力的事业参谋。李鸿章虽然十分合适，但青年人心高气傲，万一见面不和发生冲撞，后面就难了。考虑到这些，曾国藩在信中同时谨慎嘱咐，寄望江、李能够"针芥契合"。针芥，即细针和小草，意思是希望两人能够同心协力，无论大小事，都能够做到完全信任。

细心的读者可以看出，这是一段很不寻常的话。李鸿章其时只是安徽巡抚的幕僚，而江忠源已是堂堂新任巡抚，两人无论年龄还是地位，都完全不匹配。清朝礼制森严，不能随便称谓。曾国藩在书信中将江、李同列并论，足见他跟江忠源私交之深，深到可以撇开官场等级，单纯以友事公的程度。

江忠源确实是一个赤胆忠心的人，他遇事敢于担当，以行动力超强著称后世。在当时朝内所有的官员中，他是咸丰皇帝唯一破格信任的官员。还在他做湖北按察使期间，咸丰皇帝便授命他可以根据自己的计划决定打仗，事后再汇报给朝廷即可。这在朝廷新任命的四十三名团练大臣中，是绝无仅有的孤例。

江忠源骤然升格巡抚，固然因为他本人才干超群，功劳卓著，但根本上离不开咸丰皇帝的额外赏识跟破格提拔。这从他两年内的快速的升迁轨迹可以看出来：

咸丰二年（1852年）8月，江忠源率楚军一路追赶太平军到长沙，新任湖南巡抚张亮基得信，用篮车将江忠源装载，用绳索吊进天心阁，倚楚军为剿敌先锋主力部队。

咸丰三年（1853年）初，张亮基奉命调离湖南巡抚，出任代理湖广总督，当即向朝廷保举江忠源为湖北按察使。这是江忠源继解桂林围而由县令升为知府、援助长沙有功而升任道员之后的再次升迁。

到咸丰三年（1853年）9月，楚军历百战而所向披靡，声名已经如日中天，朝廷更加倚重，破格提拔江忠源为安徽巡抚。

办团练不到十年，江忠源便由布衣举人升任安徽巡抚。对朝廷如此地逾格提拔，他自然莫名感激，时刻记念于心，惦念报答。

他没有料到，这个急于报恩的想法最终却害了他。

咸丰三年（1853年）11月，接到安徽巡抚任命，他不计个人安危，匆促之间只带了二千楚军，火速奔赴庐州（合肥）驰援，其余人马留待固守湖北省城武昌。

江忠源一腔热血，赤胆忠心，他没有看到，大清国吏治已经自根子上糜烂了，官军抗敌能力虚弱到不能自持，作为巡抚统带这种由绿营兵改编而来的团练军作战，跟他从湖南民间招募的楚军健儿单独迎敌，完全是两回事。

事实很快得到印证。安徽省官场原班人马在太平军强劲的打击下，已经乱成一团。江忠源带领楚军走到六安，正欲整军拼杀，庐州知府胡元炜突然遣使前来告急，请求紧急驰援。

这原本是一场骗局，也是当年大清国各州府地方官惯用的小伎俩，稍有体制内经验的巡抚，听他张口就已经识破。但举人江忠源属破格提拔的官员，对大清国的官场潜规则基本两眼一抹黑。

为了骗得江忠源出兵营救，胡知府谎称庐州"城中兵力、军饷充足"。江忠源信以为真，也不顾六安军民涕泪挽留，只留下一千兵马守卫，其余军队悉数跟从，前往庐州救援。

楚军一路疾驰，很快抵达庐州城下，到后才发现，上当了。庐州城内总共不过三千人马，不独粮草、军火严重短缺，城内仅有的三千官军，还被过十万的太平军重重围住，动弹不得。

既缺兵力，又缺粮饷，根本不足以守住城池。

事已至此，明知庐州城根本难以保全，江忠源仍不肯弃城退守。他认为，胡元炜不能布置防务，又谎言贻误战机，多次当面予以斥责，并亲自驻守水西门，击退太平军的进攻。

咸丰皇帝收到战报，及时嘉奖忠源，赐他"霍隆武巴图鲁勇"称号。

江忠源既已身陷重围，前来救援的陕甘总督舒兴阿畏惧太平军兵威，不敢率兵前进。江忠源之弟江忠濬与刘长佑所部也被阻拦在庐州城外五里处，难以救援。

更要命的是，胡知府为了苟全性命，背地里做了内奸。他一方面向江忠源搬救兵，另一面却派人私通太平军，将城中虚实全部泄露出去。太平军探得底细，更加猛烈地攻城，用大炮炸毁水西门，杀入庐州城中。

太平军一路掩杀，官军遭无情碾压。江忠源见大势已去，拔刀出鞘，准备自刎以殉朝廷。左右亲兵赶紧阻止，都司马良勋不由分说，将他扛起来就逃。江忠源猛咬马良勋耳朵，顺势从背上奋力挣脱下来，继续与太平军交战。战斗到水闸桥时，江忠源已身被七处创伤。为免落太平军之手而辱君主，江忠源效仿湖南古代的高洁志士屈原，纵身跳进古塘自杀，时间在咸丰四年（1854年）1月25日，时年四十二岁。

江忠源死讯传到北京城，咸丰皇帝深感悲痛。朝廷以总督规格进行追悼，赐谥号"忠烈"，即忠诚、刚烈。这些已是后话。

就在江忠源投塘自杀之时，李鸿章正带兵急速援救庐州，预备将援兵当作赠给新任巡抚江忠源的第一份见面礼。

江忠源身死，期望瞬间落空。结交新任巡抚不成，李鸿章不无落寞。

李鸿章掐指一算，回安徽办团练已经半年多了，自己依然无功无名，每天疲于奔命，不知事业前途在哪里，与太平军奔忙作战，也看不出何日才是尽头。

困扰青年李鸿章的问题，还远远不止这些。

| 二 |

令李鸿章更加懵懂恐惧的是，时间虽然过去半年多了，他对到底应该如何办团练，仍然感到一脸茫然。

文人带兵，自古以来，既缺乏经验，也没有传统。这也是开创晚清团练模式的探索者必然要遭遇的实践困境。曾国藩、左宗棠走在前面是这样，李鸿章现在同样困惑于此。

但中国有句俗话，"草鞋没样，边打边像"。曾国藩与左宗棠此时就是这么认为的，但李鸿章不这样想。在李鸿章看来，咸丰皇帝撇开朝廷体制内正规军八旗、绿营，试图用乡下民兵来挽救朝廷，这有点病急乱投医，是死马当活马医的心理。他不相信这些跟太平军起点差不多的乡间团练兵，真的能镇压声势规模已达五十余万众的太平天国起义军。

之所以会有这个想法，主要因为"文人带兵"的困难，一开始确实超出了李鸿章的想象。

比较去看，已经战死的江忠源虽也没专门学过军事，但他本是乡下举人，天天跟农村壮士生活在一起，没吃过猪肉也见过猪跑，办团练之前，多少有些打仗的实践经验。

贵州团练统领胡林翼其人聪敏过人，他在道光二十六年（1846年）便预感到天下将乱，花一万六千两银子买官，主动向朝廷申请先后去贵州安顺、镇远、黎平三地当知府，在全国最穷的地方先办成团练，拿打土匪来练手，到太平天国真正发难时，他已经积累了不少实践经验。加之左宗棠在湘阴乡下有充足的时间看书，积累了丰富的团练理论知识，帮他想具体的操办方法，所以办起来不累。

最亏的人，第一要数曾国藩。他三十七岁已经做上了大清的礼部侍郎，一个从二品的朝廷高官。礼部的职事是用圣贤定下的礼制、规矩，教化官民，大致相当于今天的教育部副部长。教育部官员不用笔墨春风化雨育人，而用刀枪大炮直接取人首级，跨界之大，无异南北两极。曾国藩本人每次想到这里，都感到心气不顺。办团练七八年后，他在给其弟曾国荃的信中仍不忘这样说："吾家兄弟带兵以杀人为业，择术已自不慎。"

李鸿章比起恩师曾国藩情况稍好，虽然他同样不懂，但他的职位低，责权利相对应要小，不像曾国藩，一出山就做主帅，要对所有部下负责。因没有相关的军事知识、作战经验储备来应对，加之官场同事推诿成习，李鸿章由京官入乡，深受恶习感染，有如白沙在涅，很快选择了随波逐流。

这段时期，官方记载他多为"惶怯逃跑"与"专以浪战为能"。以李鸿章那时心高气傲的年龄，以及白纸一张的经验，这些记录，可以看作由外行入门必交的学费。

人都有路径依赖的心理，办团练之初这段不可描述的经历，对李鸿章日后影响颇深。

以州府道员的头衔办民间团练，名义上说是办团练，李鸿章事实上带的仍是体制内的绿营兵。绿营兵是国家正规军队，跟八旗兵的区别主要在于，前者的将士是汉人，后者的官兵属满人。将国家正规军改名团练，也算是老黄瓜刷绿漆，新瓶子装旧酒，味道基本不会变，不过好看一些罢了。

安徽的团练始终没有起色，除了上述原因，还因自雍正后国家承平日久，官僚积弊深重，实心忙事的官员极少，虚意暗中结纳关系、任用私人仍是官场主流潜规则。

新任巡抚李嘉端没有例外。为了笼络李鸿章，将这个青年才俊纳为私人，李巡抚展开"讳败为胜、掩人耳目"的惯技，向朝廷如此奏称：

> 编修李鸿章自四月带勇驻守东关，正当炎热之时，弹压巡防不辞况瘁。此番运潜击贼，虽未大挫凶锋，而数月勤劳，亦堪嘉奖。现仍分守要隘，与镇臣玉山互为声援。合无仰恳天恩，赏给六品顶戴、蓝翎，以示鼓励。

这段文字换成现代白话，就是说，李鸿章没有功劳也有苦劳，朝廷看在他这份苦劳的面上，应奖给他六品官衔。

这种保举无功受禄下属的惯例，明眼人一看就知是乾隆盛世之时遗留的积习。朝廷风气一旦形成，要改变非一朝一夕之事。好风气形成是这样，坏风气改变同样如此。

在这种无功亦受表扬与自我表扬相结合的环境里，李鸿章回籍督办团练晃眼过去五年有余。

李鸿章这五年多的主要经历，其功绩用以下文字可以基本概括：

咸丰五年（1855年）春，因克复安徽含山县之功，被朝廷赏带知府衔。秋末，因率团练收复庐州之功，"奉旨交军机处记名以道府用"。也就是说，三十二岁那年，李鸿章已经从正处级官员提升为正厅级官员。当然，朝廷只是奖励他正厅级官衔，没有对应实职。

咸丰六年（1856年）10月，随同安徽巡抚福济先后攻克巢县、和州等地，11月叙功赏加按察使衔。

按察使为从三品官员，主管一省的公检法，相当于副省长职位。李鸿章没有料到，这次骤然提拔，引来如潮争议。一时间，安徽官场谤言四起，令他几至不能自立于乡里。

咸丰七年（1857年），父亲李文安去世，巡抚福济向朝廷奏报李鸿章归家丁忧，为父亲守孝。李鸿章第一阶段的团练活动暂告段落。

咸丰八年（1858年），太平军再陷庐州，在家为亡父守孝的李鸿章携带家眷出逃，辗转逃到南昌，寓居在大哥李翰章处。

五年多来，李鸿章官阶已晋级为道员，加按察使衔。三十五岁便获得副省长的官衔，与前文提到的大清官场"火箭干部"叶名琛几可比肩。

对体制内官员来说，这种升迁不可谓不迅速。换了一般人，难免沐猴而冠，弹冠相庆。但李鸿章并不感到顺心。此时的他，仍是有追求、有抱负的青年，混迹在一班绿营将官里，每天靠推诿塞责、编织谎言混日子，无论顺逆、沉浮，总令他在麻木中感到一阵空虚、一些不安。

三十五岁的李鸿章内心深处仍在梦想"八千里外觅封侯"，他并不愿随波逐流，更不想混官求荣。他对自己洞察时局的过人眼光与带兵打仗建不世功业的能力，仍有着足够的自信，他相信只要机遇到来，他可以乘势而起，一飞冲天。

这段焦躁、抑郁、矛盾交混的感受，李鸿章后来自嘲为"从翰林变绿林"。他有一段袒露心迹的文字，记录下五年里的困扰："战场受挫，仕途维艰，昨梦封侯今已非。"即是说，战场上无功可彰，官场内多方掣肘，拜相封侯梦眼看无望。

| 三 |

此时，我们再去看指挥湖南军事的幕僚左宗棠。

比李鸿章早半年出山办团练的左宗棠，这段时期在湖南的遭遇，比起李鸿章来反倒要顺畅得多，成就感也大得多。这是什么原因呢？

主要因为左宗棠没有接受巡抚"关聘"，仍然属于体制外人士。没有政府编制，也无须纳入政绩考核，所以他无须顾忌官场文法，更不受同僚之间潜规则的约束，可以放开手脚去干。

左宗棠此时的身份虽然与李鸿章一样，同为巡抚幕僚，但他的实际权力无疑要大得多。作为巡抚的高级军事秘书，左宗棠可以代表湖南巡抚直接指挥全省军事。

左宗棠的军政才干在咸丰三年（1853年）第一次得到酣畅淋漓的施展。这年，他不但协助张亮基成功守住了长沙城，而且岁末时将湖南的成功经验复制到湖北，替新晋湖广总督张亮基守住了武昌城。

虽然左、李此时身份不同，处地不同，但大清国的官场风气是一样的。在炙手可热的帝国体制里，办事之人，从来福祸倚依。中国文化注重阴阳，讲求平衡，即所谓"法于阴阳，和于术数"。一个人成功太多，必然木秀于林，有不虞之祸。

左宗棠第一次幕僚生涯，因张亮基在湖广总督任上遭遇官场倾轧，朝廷临时将他调任山东巡抚，其本人不愿同往，而宣告结束。

咸丰四年（1854年）春，左宗棠再度应湖南巡抚衙门三次之邀出山，代表湖南巡抚骆秉章主持全省军政。

这次出山的直接原因是，太平军在湘阴四处搜捕左宗棠，加之曾国藩对左宗棠女婿陶桄逼捐，骆秉章以绑架陶桄为借口，设计将左氏从隐居的白水洞里请进了巡抚衙门。

左宗棠前面已经为张亮基做了一年幕僚，为什么第二次出山他仍让骆秉章三次礼贤下士，盛情相邀？到底是真心不想再出山，还是故意在自抬身价？真实的原因，只有左宗棠本人最清楚。在笔者看来，二者兼而有之。

骆秉章"三顾左庐"，左宗棠姗姗来迟，主动权到了左宗棠手里。

左宗棠首先要考虑的是怎么跟骆秉章具体合作？

用理工技术思维做理性分析，左宗棠很快想清楚了："虚抚实幕。"

作为民间草野书生、乡下举人，左宗棠之所以敢于应诺骆秉章再度出山任事，除了在张亮基幕府期间通过实战积累了经验，办理军政内心有底，更关键还在于，在入骆秉章幕府之前，他与贵州安顺知府胡林翼配合办团练，已经积累了二三年的理论知识。通过与张亮基一年的合作，他心里清楚，自己已经具备担当一省安危的能力。

但有能力是一回事，能否与人相处共事，又是一回事。到底常年隐居乡下民间，道家隐士的自由风气，民间乡人的草野习气，让天性独立的左宗棠难听他人指挥。

但以幕僚身份与巡抚平等合作，不说清朝没有先例，查遍中国历史，也鲜见同类故事。

骆秉章之所以敢于突破时俗，满口应允左宗棠开出的如此奇怪的条件，最根本的原因，还是左宗棠与张亮基已经有过一年的合作经验，他放得下心。何况，骆秉章心里清楚，乱世检验人才不须通过文章、考试，只需要看战绩。即使左宗棠真是志大才疏的夸夸其谈者，骆秉章也只需承受某次具体战役的挫折，太平军一次性会让他永久消音。

作为在中央与地方已经工作了二十二年的大清王朝的高级官员，骆秉章此时对左宗棠表面上看似无以复加地信任，充分授权，但事实也有节制、分寸。他充分地表现出一个合格政治家积极、稳妥的用人风格。左宗棠后来的自述，可以充分证明这点：

自入居湘幕，骆文忠公初犹未能信，一年以后，但主画诺，行文书，不复校检。

经过一年的军事实战检验，左宗棠完全胜任了军政重责。此后，骆秉章对左宗棠的信任真正达到极点，接近于完全授权。即是说，从咸丰五年（1855年）起，左宗棠成了湖南巡抚实际的替手、代言人。

曾国藩幕僚薛福成在《庸庵笔记》里记述过一则逸闻，侧面见出骆秉章信任之深：

一日，骆秉章听到抚署辕门传来炮声，赶忙问身边人怎么回事。答："是左师爷在拜发军报折。"骆秉章点点头说："要不把折子拿来给我看看？"

根据规制，清朝的文职官员，仅有巡抚、总督才有权上折向皇帝奏事，而作为皇权代理人的巡抚、总督，最重要的礼事是拜折。

所谓拜折，指巡抚、总督将奏折写好，外加以封套、固封，装进专用的盒子，供放在大堂香案之上。上报朝廷前，督抚率领部属官员，如当面朝向皇帝，对着奏折盒行三跪九叩大礼；其间，属员站班，步兵排队，放炮奏乐。待所有礼事完毕，巡抚才能将奏折盒恭恭敬敬交付折差。折差将奏折盒高捧于头上，从中门而出，策马直奔京师，中间不许停留，直递军机处。

根据这一规制再深入分析，《庸庵笔记》所述逸闻，情节大概有所夸张。左宗棠单独拜发奏折肯定是有过，但内容一定先让骆秉章过目了的。骆秉章再忙，不至于忙到连奏折也没看就同意左宗棠拜发的地步。不说奏折内容巡抚不知，下次向皇上对答不能圆说，要犯欺君之罪，即使奏折文字表述稍有差池，也是欺君罔上，责任无从推诿。骆秉章在湖南官场既以深沉、老谋著称，不大可能在身为巡抚最重要的礼事上如此轻任。

因为骆、左能力上的互补、配合中的默契，"骆左配"逐渐发挥出空降湖南的广东籍官员与坐地湖南的本土籍民间文化名人相得益彰的配合作用。

这一干就到了咸丰十年（1860年）。六年里，两人联手，主要干成了以下四个方面的大事。

其一，政治上正本清源，扳倒庸懦、畏葸的湖广总督杨霈，代以"橡皮图章"的新总督官文，为湘官其后大量地崛起，营造了宽松有利的政治环境。

　　骆、左、曾、胡联手对抗太平天国之际，杨霈是主持湖广两省的一把手。其人庸懦，凡事掣肘迁延，成事不足败事有余，是正在迅速崛起壮大的湘官集团需要尽快打穿的一块天花板。

　　事件缘起是咸丰五年（1855年）武昌城再次被太平军占领，总督杨霈不思正面迎敌，却打起湖北巡抚胡林翼的主意，要求他带兵扼守住汉川一带，以保卫荆襄。其真实用意，是让他带兵将自己先保护起来。

　　置身乱世，人人每天提着脑袋吃饭，哪里容得下吃闲饭的总督？由左宗棠主笔、骆秉章把关，曾、胡隔空呼应的"倒杨"行动，经湖南巡抚衙门上奏朝廷，发出生猛的第一炮：

　　　　杨霈始终坚执防贼北窜，然以现在形势论之，江西、湖南尚称完地。若使湖北水陆两军移驻汉川，长江千里，尽委之贼，其将置东南于不问乎？未解者一也。

　　　　移驻汉川，只能御上窜襄阳之路，其于荆州并无轻重。若贼水陆并进，荆州门户，其孰当之？未解者二也。

　　　　水陆两军相为依附，胡林翼既驻汉川，则水军非退守监利，即移泊岳州，为湖南门户计，尚未为失。然武汉门户岂能度外置之乎？未解者三也。

　　　　若谓贼众兵单，不思广济失利之初，以总督万余之兵，不能当千余之贼，乃退守黄州，未一日即退汉川，由此而德安，而随州，今又退至枣阳。北窜者贼也，引之北窜者谁欤？未解者四也。

　　　　扼贼北窜，必固荆襄，欲保荆襄，必守武汉，此一定之局。汉阳未复，不能绕至汉川，况武汉均为贼屯，胡林翼纵至汉川，以孤军驻四面皆贼之地，又能为荆襄门户计乎？未解者五也。

　　胡林翼、曾国藩随即上奏，接力弹劾，呼应骆秉章的"五未解"。咸丰皇帝斟酌后予以采信，以官文取代杨霈。

　　官文初来乍到，胡林翼运用智术，将湖广实权掌控于手心，名义上是官、胡联手合规武汉，事实上是胡林翼一人在指导全局。湖南、湖北实权被左、胡联手掌控，这是湘勇团练兵其后能在满洲贵族主宰的政局里迅速崛起，成功取代八旗兵与绿营正规军的关键一步。

其二，军事上全面外援，举全省人力、财力援助湖北、四川、贵州、广东、江西五个邻省，并一举挫败太平天国劲敌石达开。

咸丰五年（1855年）是湘勇军事全面"外援"之年。外援的直接原因是，太平天国翼王石达开派秦日纲、陈玉成率大军进攻湖北，于4月3日再度攻占武昌。到这年下半年，石达开率师突入江西，半年内连克七府四十七县。湖南与湖北、江西两省相邻，唇亡而齿寒，湖南方面感受到巨大威胁。

左宗棠站在全国战略一盘棋的角度，建议骆秉章举全省之力驰援江西。理由是：

> 贼不得志西北，欲且逞于东南。江西一有蹉跎，则江、浙、闽、广皆为贼有，而湖南亦危，东南大局不可不问矣。以时局论，固无有急于援江西者。

即是说，江西省是连接湖南、湖北与江苏、浙江、福建、广东诸省的关节与枢纽，江西一旦丢失，则全局一败涂地。

在这样的大局势下，曾国藩率湘勇主力全面进击江西。也因此，四十四岁的曾国藩与二十四岁的石达开在江西湖口战场摆开阵势，展开殊死角力。曾国藩由此迎来了一生军事中的至暗时刻。石达开水师三战三胜，曾国藩被迫投水自杀。

骆、左见江西军事不妙，为支援曾国藩，先后派出老湘营将领王鑫、湘勇偏师刘长佑前去助攻。

由骆秉章负责后勤配合，左宗棠负责战略指导的湖南本省防御战，则捷报频传。骆秉章与左宗棠联手在湖南打的最大的一场胜仗，发生在咸丰九年（1859年）春。其时，石达开所部太平军经安徽、江西、浙江、福建等省杀入湖南。

战前，左宗棠向骆秉章申请亲临宝庆府，以指挥这场恶战，增加一些现场军事指挥经验。入幕五年，左宗棠常年在幕后指挥，湖南军界开始嘲笑他是

"白面书生"，只懂在幕后指挥，上不得战场，左宗棠受不了这种嘲笑。

但骆秉章最终顾虑到左宗棠人身安危，没有批准。

左宗棠坐镇长沙指挥，太平军连连失利。石达开被迫从宝庆撤退，冲出湖南，进入广西。遭此惨败，石达开其后一蹶不振，散兵游勇，四处流窜，直至后来在四川被其时已改任四川总督的骆秉章活捉。

其三，全面整顿湖南吏治，刷新湖南官场，重新培植元气。

左宗棠治民行儒家"王道"，治吏、治军则以法家"霸道"。

法家"霸道"治吏、治军的精髓是奖与惩、赏与罚。

奖赏官员，莫过于提拔；惩罚官员，根本在于开除。

左宗棠以法家"霸道"整顿湖南官场，对贪惰庸官，行霹雳手段。

咸丰四年（1854年）9月，左宗棠祭出严格治吏第一刀，"劾奏失守镇道以下十八人，与属吏更始"。

对于符合"廉干"（不贪钱、能办事）标准的官员，左宗棠则不拘小节，大胆向骆秉章荐举，奏报朝廷予以任用。

左宗棠提拔他们的理由是"虽清浊有别，皆敢于为政"。左宗棠将敢于担当作为提拔官员的第一标准。

法家"霸道"治吏，因严刑峻法，往往阻力重重。湖南之所以能够畅通，关键在巡抚骆秉章做到了以身作则，"以廉俭率下"，"故威行于府县，贪靡之风几革"，最终"公生明，廉生威"，让政令无阻。

左宗棠本人来自乡野民间，他对"非官非民"的社会中间阶层十分看重，注重起用乡绅，不断扩大绅权，通过这个独特的群体，来激发民间社会的活力，让社会中产阶层积极主动参与进来，投入支持剿灭太平军的事业。

其四，推行罢大钱、废部钞，剔漕弊、开厘局的经济财税改革。

随着骆、左合作持续深入，两人职事上存在一定分工。左宗棠年富力强，全力在一线主持军政；骆秉章年老力衰，但也无须闲着，他将主要精力用于湖南的财税改革。

左宗棠告诉骆秉章，"筹兵不难，难在筹饷"。骆秉章听进去了，在后勤供给方面，针对朝廷原来经济的弊端，大刀阔斧予以改革。

朝廷当时在全国各省推行大钱，长沙宝南局专设开炉鼓铸部门，负责制造。长期下来，官局偷习成风，所制大钱含银量大幅缩水，成色缩水近百分之九十。加之乡绅私铸成风，市场流通领域劣币泛滥，百姓开始抵制，商民不堪其害，甚至以罢市来抗议。

骆秉章一面发告示宣布停铸，一面派人去清查私铸府仓。左宗棠查实后将长沙府仓守予以撤任，管局委员予以革职，同时将私铸大钱的家丁与炉头各处决一名，目的为杀鸡儆猴。经过左氏一番霹雳手段的处置，发行大钱造成的通货膨胀，终于逐渐平息下去。

部钞则是朝廷户部发放的纸钞。因没有任何含金量的纸币推行起来困难，户部搭配在军饷中发放。军人拿以国家名义发行的钞票去市场购买东西，哪个卖家敢不收钱？但骆秉章顶住朝廷压力，以"湖南无官钱铺，不能用钞"为由，将部钞当作废纸库存起来，让其在市面上无法流通。

主管湖南民政的副省级官员前来催促左宗棠落实发行。左宗棠答："当百大钱尚有铜一两五钱，且不能行，以尺幅之纸当银三两，其能用耶？"意思是铜钱本身有价值含量，老百姓还嫌含铜量少，在湖南难得流通开，朝廷印张纸就说值三两银子，老百姓怎么敢当真拿去用呢？当时，全国通货膨胀已经延续了十余年之久，各省扬汤止沸，别无良策。左宗棠釜底抽薪废用部钞，湖南的通货膨胀仅仅出现几个月就制止了。此举为湖南经济在乱世仍能正常运行提供了保障。

剔漕弊则是受湘潭举人周焕南一项呈请的启发而作出的重大财税改革。清朝的田赋中有一项名曰漕粮。所谓漕粮，就是各省通过河运向朝廷每年上缴的皇粮。因湖南运途遥远，粮运不便，朝廷颁布规定，漕米可以折算成银两上缴。每石漕米，折银一两三钱。这项政策本为便民，但帝国官僚体制的弊端，让湖南地方官府有机可乘，经中间层层盘剥，最后居然涨到六两银子。百姓不堪重负，怨声载道。

周焕南建议，湖南巡抚衙门"以助军为名，定丁粮两加四钱，减于前三钱；漕折石银三两，减于前四两；南折石一两，减于前二两。凡减浮收银四万，实增正纳三万余两"。骆秉章及时采纳，不但有效地阻止了地方官吏的盘剥，还增加了湖南省库的税收。

咸丰五年（1855年）12月，左宗棠又建议骆秉章及时设立湖南厘金局，整肃地方厘金征收。此举开了湘勇收取厘金抵作军饷的先河，也成为中国现代税收制度的开端。

湖南厘金局由本省盐法道员为总办，本地士绅为会办。其基本方法是，在各地交通要道设关卡，对交易货物就地收税。左宗棠绕开州县的官僚体系，要求办事人员将厘金税直接送到藩库，避免地方政府截留挪用。因税收全部取自商人，并没有增加平民百姓负担，而湖南征收第一年厘金税便多达一百四十万两，单这笔钱便足以养活一支二万人的军队。

经过左宗棠与骆秉章的一番辛勤经营，湖南气象为之一新，军事上有实力援助邻近湖南的四川、湖北、江西、贵州、广东五省。时人将这种局面概括为"内清四境，外援五省"。

|四|

在骆、左的用心经营与默契配合下，湖南省终于形成了"国家不可一日无湖南，湖南不可一日无左宗棠"的局面。

但清朝官场毕竟弊病甚深，湖南与安徽基本相似。大刀阔斧革新者要承担舆论压力、报复风险。尤其是那些被打掉的有背景跟后台的贪官污吏，他们报复起来也足以令人心惊肉跳。左宗棠以白衣之身在湖南办成了数件大事、实事，对湖南军政大局自然见实利，但对于个人来说，他已经得罪了盘根错节的两湖官场。

咸丰九年（1859年）下半年，湖南永州镇总兵樊燮因被左宗棠举报"贪纵罪"而丢官，他恼羞成怒，当即反手还击，向朝廷反告左宗棠"劣幕把政"。左宗棠差点为此掉了脑袋。

关于左宗棠卷身樊燮案的故事，一直存在轶史与正史两个版本。

轶史的说法，左宗棠因打了樊燮一个耳光，或踢了樊燮一脚，并骂他："王八蛋，滚出去！"樊燮记恨，遂反过来在官文面前举报左宗棠是湖南"著名的劣幕"，咸丰皇帝密令官文查实，"如果有不法情事，可就地正法"。

但据湖南巡抚衙门上奏弹劾樊燮的奏稿及左宗棠给胡林翼等人的书信，正史中对樊燮案的叙说大有不同。

梳理正史的记录，得出的基本情况是：官文带病提拔永州镇总兵樊燮做湖南提督，左宗棠跟骆秉章反复沟通权衡，断定必须上奏朝廷告知樊燮贪纵真相，将他从湖南提督的职位上拉下马来，于是拜发奏折。朝廷接报之后予以采信，罢免樊燮湖南提督之职，交部严加议处。樊燮断定举报奏折出自左宗棠之手，于是反过来举报左宗棠与道州游击、代理永州镇总兵侯光裕是亲密朋友，在樊燮一案中涉嫌"通知"：贺炳翊同侯光裕商量，侯光裕通知左宗棠，左宗棠告知骆秉章，骆秉章弹劾樊燮。

樊燮指控左宗棠是"著名的劣幕"，当然有事实可以印证。涉嫌"通知"便是幕友把政，是"劣幕"的铁证。

但最终的结局，樊燮翻身下马，左宗棠平安无事。这究竟又是什么玄机呢？

左宗棠弹劾樊燮得以成功，除了举报事实清晰，铁证毋庸置疑，还在于他在举报时巧妙地将樊燮与官文进行了切分：

> 该总兵劣迹败露，均在去任之后，臣近在一省，尚始知觉，督臣远隔千数百里，匆匆接晤，自难遽悉底蕴，陈奏两歧，实非别故。

即是说，樊燮的贪纵案证据暴露，是在离开永州镇总兵职位去北京面圣述职的路上，骆秉章近在长沙，也才刚刚发现证据，湖广总督官文远在湖北武昌城，相隔甚远，突然接到湖南方面的举报，对前因后果全然无知，一下子没反应过来，所以，如果官文上奏樊燮的内容跟湖南方面出入很大，也是很正常的事，不是官文有意包庇。

这是奏折中极其毒辣的一句。樊燮的湖南永州镇总兵官职是湖广总督官文举荐任命的，是他任用的私人。如果此时牵扯出官文，朝廷不说投鼠忌器，即使考虑总督官文体面，也会大事化小、小事化了。将官文、樊燮切分，则不但可以各个击破，而且可以堵了官文的口，让官文的辩驳折完全失去力量。咸丰皇帝会说，不知者不为罪，有什么大不了的。

樊燮狗急跳墙时反举报左宗棠，有一句话从反面救了左宗棠。他称骆秉章提审自己，是大宋朝廷以"莫须有"的罪名杀害岳飞。

樊燮的贪纵事实既已确证，咸丰皇帝看到这里，恐怕已经在冷笑，大清朝怎么有这么奇葩的"当代岳飞"！岳飞受害的幕后指使人是宋高宗赵构，这岂不是说，将樊燮打进牢狱的是爱新觉罗·奕詝？咸丰皇帝好名且自负，臣下竟然将他与一代昏君宋高宗作相似联想，发现这点，他对樊燮的反感与排斥可想而知。

樊燮不懂历史而引喻失义、画虎类犬，反而在关键时候保全了左宗棠。

樊燮案表面看，是左宗棠与樊燮两人的私人恩怨，背后其实是骆秉章、左宗棠一般能员干吏与官文、樊燮一般贪纵污吏的权力地盘争夺。其实质是"湘官集团"与"满官集团"的正面较量。湘军正处于上升期，朝廷必须依靠它支撑中部数省，这种时代大势，是左宗棠最终因祸得福的根本原因。

营救左宗棠的活动中，从中央到地方，从台面到幕后，从军事到政治，"湘官集团"的能员大吏都依次亮相。他们都是国家军政的实际主宰者，咸丰皇帝根本不可能离得开他们，他们的声音在不同的地方经过不断的传播、放大，单是形成的声场便足以改变朝野的舆论。这就是俗话说的，形势比人强。

樊燮案很快发生戏剧性逆转。左宗棠不但保住了性命，反被咸丰皇帝破格提拔，以"四品京堂候补"官衔，全力"襄办曾国藩军务"。

为什么朝廷会有这个一百八十度的大转弯？咸丰皇帝即使能力再过于平庸，也不傻。他从身边信任的秘书潘祖荫那句"国家不可一日无湖南，而湖南不可一日无左宗棠"的话里，已经掂出左宗棠的重量。朝廷危难之际，用人才比杀人才对自己有利，这是常识。

作为戴罪问斩之身，一夜间竟然变成全国湘军副统帅（"襄办曾国藩军务"），此时，左宗棠无论职权还是势头，都称得上是青云直上，甩出李鸿章已经几条街了。

这种眼花缭乱到令人无从预判的生死福祸事情，大概也只有在乱世才可能发生。乱世稳定混乱时局，仅需凭才能说话，机遇最先垂青具有才气且实心做出了成绩的人，而不是有学历跟背景、擅长关系的人。

左、李既然已经同朝为官，且品级同时升到了正厅级，彼此天地已经不远。毕竟，大清国金字塔社会，越往上人越少，交集越多。

左宗棠幕府生涯后期，因为曾国藩一次偶然的粘连，左、李这对原本天各一方的路人，终于戏剧性地变成了工作中开始相互交道的事业朋友。

事业朋友有公有私，在走进因私交道的左、李交往场景之前，我们先去看作为搭档因公交往中的左、李。

幕僚：不同的晋升路

　　左宗棠凭杰出的个人才干，在湖南省"军政秘书"的位置上干得风生水起。李鸿章凭借与曾国藩的师生关系，在湘军"政治秘书"的职位上起伏跌宕。历年的起伏升沉，并不妨碍左、李并肩同时崛起。人既可以大器晚成，也可以是最年轻的封疆大吏。

水涨船高

李鸿章与曾国藩自京师告别之后，历年只有书信往来，并未再见面。

入安徽办团练五年，"战场受挫，仕途维艰"，青年李鸿章将这些困惑，通过书信向恩师曾国藩如实倾吐。

曾国藩有意栽培他，便将自己在湖南衡阳办湘勇水师的成功经验详细介绍给学生，并写信鼓励他，不妨仿效湘军，"束以戚氏之法"。具体做法是："精练淮勇，尽募新勇，不杂一兵，不滥收一弁，扫除陈迹，特开生面，赤地新立，庶收寸效。"

在这封信里，曾国藩及时点醒李鸿章，告诉他当务之急，是打破旧观念的束缚，抛开安徽省现有绿营，仿照湘勇的做法，到安徽民间挑选一批来自底层的朴实农民做士兵，组建一支全新的"淮勇"。

在昔日门生面前，曾国藩老师试图告诉他这样一个至为朴素的成功学道理："我的经验，可以复制。"已经成功的人话虽是这么说，但人人都知道，说来容易做来难。听起来容易的事，一旦要自己动手，也会犹疑不决，即使恩师在前，也不例外。

李鸿章到底对湘军阵容没有亲见，故而不敢轻信，加之历年战场失败，已经给他造成严重的心理阴影，思虑再三，他仍不敢贸然付诸行动。

李鸿章此时最真实的想法是，静观其变，看看再说。他另有成见在心：国家既然有正规的八旗、绿营，团练只是帮衬，干成了，人家吃肉，自己可以分点汤；失败了，自己五年多来遭遇的挫折，就是提前剧透的活教材。何况，自己眼下也没有能力"特开生面、赤地新立"。

但随后一次偶然的契机，让这对分别十多年的师生又见面了。这次见面交谈下来，李鸿章脑洞大开，直接改变了他其后的道路。

事情缘起是，咸丰八年（1858年）下半年，曾国藩守父孝近一年半后，被朝廷再度征调出山，奉朝命移湘勇营援助安徽军事。

居家闭门反思一年余的曾国藩，再度出山后，已不再是"千秋邈矣独留我"式的一腔孤勇，他一改之前为官的"申韩法家"霹雳手段，而改取"黄老无为"的优容姿态。但问题是，再次出山带给曾国藩的现实困境，丝毫不比第一次出山时少。毕竟，胡林翼与骆秉章联手主持两湖军事期间，胜仗打得比较多，曾国藩再次参与后，反而连吃了一年多败仗，无功可述。

曾国藩的前路依然迷茫，且旦夕莫测，此时的他，已经四十八岁了。论官衔依然只有钦差大臣虚职，其帮办团练大臣职务，是个民间身份。就是说，比起三十七岁时获得的从二品侍郎，统率湘勇五六年辛苦战斗下来，他的官衔、实职不升反降了。

曾国藩曾猜测咸丰皇帝是否忙碌过度，将这一节给忘了。还在居家守父孝期间，他已经在奏折里向皇帝大倒苦水，就差没明着伸手要实权。没想到，听明白了的咸丰将他一顿训斥，不但没有授予他实权，反而直接将他晾了起来。

关键时刻，老朋友胡林翼充当说客，为曾国藩"跑官"。胡林翼其人，智术绝伦，斟酌之下，决定采用"曲线救国"策略，向朝廷保举曾国藩做四川总督。

胡林翼在奏折中推荐曾国藩入川有八条理由，也就是说，曾国藩出任四川总督有八条优势，是别人难以具备的。

胡林翼为什么想到要曾国藩去四川？

根本原因，曾国藩再次复出之后，湘军的战事非但没有变得顺利，反而更加糟糕了。三河之败中六千湘勇全军覆没，便是在他复出之后发生的。其他地方的湘勇营跟他之前在江西时差不了多少，败多胜少，颇有点"王小二过年，一年不如一年"的丧气。

回看曾国藩咸丰八年（1858年）下半年能够再次成功复出，根本原因不是咸丰皇帝菩萨心肠牵挂他了，而是浙江军务出现大危机，朝廷一时找不到更合适的人选。

第二次出山之初，曾国藩奉命带兵奔赴浙江，刚走到江西南昌，朝廷又下发圣旨，说浙江危机已经解除，太平军已经进入福建，要曾国藩所部改道去福建。没办法，曾国藩只好瞅着头脑一团糨糊的全国最高军事领袖咸丰皇帝随意东西的指挥棒，及时调整路线，先屯兵江西与福建交界的建昌府。

曾国藩在建昌府停兵休整的时候，湖南与湖北的湘军联手，在湖南宝庆府与太平天国翼王石达开发生了一场大规模的决战，太平军投入二十多万人。战斗下来，石达开逃往广西，试图从广西杀进四川。胡林翼马上意识到，四川还是一块完整的地区，没有太平军侵入，这里号称"天府之国"，物阜民丰，如果以让曾国藩去四川剿敌的名义授予他四川总督实职，不但可以解决他自咸丰三年（1853年）带兵以来客寄孤悬的困境，真正取得地方实权，而且湖北、湖南、四川的湘军可以连通一气，大家相互接济、湘军统帅之间的策应、配合可以得到加强。

所以，在以湖广总督官文名义主笔给朝廷的奏折里，胡林翼几次三番地提到"曾国藩兼任四川总督"的字眼："以涤帅前往而兼总督，则士民输将，争先恐后。""涤帅若得蜀中兼署总督，军务紧急，必能不请外饷。""尤以必得总督为要着。"

观摩胡林翼主笔的整篇文字，就差没直接催皇帝赶紧给曾国藩下发四川总督任命书了。

意外的是，咸丰皇帝只采信了胡林翼主张派曾国藩带兵入川的建议，对授予他四川总督实职一说，却闭目不见、充耳不闻。

根本原因是，咸丰皇帝对曾国藩两年前不经朝廷批准就抛下江西前线军事擅自回家守父孝仍心存芥蒂，尤其对他在居丧期间向自己倾诉在江西战场有三大难处一事仍耿耿于怀。君臣之间闹情绪赌气，受伤的只能是臣子。

咸丰皇帝会想，曾国藩再次复出是他主动的，朝廷一纸命令，他没有任何的讨价还价，第四天便出发了。这也是曾国藩在皇帝面前再要不起价的一大原因。这跟骆秉章四年前盛情邀请，不惜"三顾左庐"，才请得左宗棠姗姗来迟，刚好构成鲜明的对比。

更加让曾国藩底气不足的是，再次出山的这一年零四个月里，他所部湘勇没有任何大建功，湘军整体形势也没有多少见好。最关键的当然还是，咸丰皇帝跟三国袁绍一样，小气且心无定见，他舍不得将四川总督的实职授予汉官。

此时的咸丰皇帝大概已经对曾国藩形成了一道刻板印象：办事能力欠缺；对朝廷要求太多；只捍卫中华文化而不勤王，忠君之心不够。而咸丰皇帝本人的意图，曾国藩的湘勇团练兵，不过是利用来做敢死队的，朝廷已在金陵两面建立江南大营、江北大营，只派满官驻守，不用汉官操劳，其用意再明白不过：一旦湘军或两江总督何桂清的江浙绿营兵在地方压败太平军，江南大营、江北大营就会就近趁势收复金陵，端掉太平天国巢穴，建立头功。

人不怕别人批评，但最怕别人对自己形成坏印象，因为人的刻板印象与既定思路最难改变。自己明明办成一件好事，一旦对方往坏的方面联想、比较，结果也越看越像那么回事。如果照这样发展下去，咸丰皇帝一天不死，曾国藩便一天难有出头之日。

所以，曾国藩接到朝廷命他入川的圣旨后，内心不是一般的失望。他一定瞬间闪过几年前在江西时心有余悸的画面，现在没有四川总督实权而有督办四川军务之命，江西不堪的历史又要在四川重演了。所以他采取自己的策略——拖延，在拖延中静待战局变化。

事情因为拖延，很快又有了转机。石达开此时并没有杀入四川，而选择逃回广东。胡林翼见曾国藩无意入川，自己好心办了坏事，马上想办法弥补，建议朝廷改命曾国藩去安徽。胡林翼知道，这话不方便自己说，便怂恿湖广总督官文再上奏折。朝廷当即予以批准。

胡林翼再次抓住这稍纵即逝的机会，将曾国藩留在中国中部的安徽，而没去中国西部的四川盆地。对曾国藩而言，这次保举对后来发生的一切有着决定性的影响。如果曾国藩去了四川，孤安一方，也就成了偏师，不大可能再有机会统率湘军了。

俗话说，否极泰来，好运来了挡不住。就在曾国藩本人对晋升几近绝望之时，朝廷突然任命他做两江总督。

喜讯突如其来，待他得知其中曲折内情，喜悦又不免大打折扣。

原来，咸丰皇帝为了将消灭太平天国的功劳归于满洲贵族，曾令旗人琦善在扬州设立江北大营，旗人向荣在孝陵卫设立江南大营，用以两面夹击，包围南京城。

但旗人实在不争气。到咸丰九年（1859年），江北大营被太平军一锅端掉；咸丰十年（1860年），江南大营也被太平军首领李秀成、陈玉成联合一举攻破。咸丰皇帝依靠旗人消灭太平天国的计划彻底破产，不得不转而依靠汉人。

谁来出任两江总督？

咸丰皇帝心中第一人选是胡林翼。

但军机大臣肃顺青睐曾国藩，无意间帮了他一个大忙。肃顺跟咸丰皇帝适时陈述已见：胡林翼巡抚湖北已经多年，根基已经牢固，不可随意挪动，但如果任命曾国藩总督两江，则长江上游与下游都有能臣来固守了。

咸丰皇帝予以采信。

肃顺为了借这次顺水人情以笼络曾氏来培植势力，专门给他写来密信私透其中内情，曾国藩出于谨慎，并没有回信谢恩，这让他在一年后的辛酉政变追查案中有幸未被卷入。

不能不说，与肃顺的两次隔空交情，曾国藩均有着暗中神助般的运气。如果我们知道晚清第一纵横家王闿运仅仅因为做过肃顺的幕僚，在辛酉政变后被慈禧太后贴上"肃党余孽"的标签几十年内被追查，就知道此时享肃顺好处而无肃顺后患拖累的曾国藩福气到底有多大。

事实证明，咸丰皇帝任用曾国藩总督两江，对消灭太平天国在政治上起到了决定性的作用。

曾国藩本人军事战略、战术水平原本一般，但他的政治运筹才能超凡出众，尤其善于团结一大批能员、干吏，合作来成就大事。两江关联东南数省，腾挪跌宕地势开阔，足够大才施展本领。

在曾国藩的实心保举下，同治元年（1862年）1月，左宗棠巡抚浙江，三个月后，李鸿章也顺理成章巡抚江苏，中国中部、东部、东南部湘军由此联成一片，彼此呼应，正是曾国藩此次总督两江的政治功效。

还在出任两江总督前夕，曾国藩已经有了网罗天下人才来壮大湘勇的规划。因为湘勇本是"湘乡之勇"，全部来自湖南湘乡一地，人才的地域局限对湘军大业发展已经造成桎梏，曾国藩第二次出山时已经清醒地意识到这点。

考虑到用外地人才来打破湘军人才的地域局限,曾国藩复出之初,即任命李鸿章大哥李瀚章为湘勇军营总理江西粮台。

其时,李瀚章老家已经被太平军烧得精光。他因人在江西,便将母亲接到南昌避难。李鸿章跟随大哥,去南昌看望老母,兼避战乱。曾国藩得知,便邀请李鸿章前来湘勇军营面谈。

咸丰九年(1859年)初,自称"书剑飘零旧酒徒"的李鸿章,怀着从安徽官场累积的失意与悲凉,赶到江西南昌湘勇前敌指挥部驻地,拜访分别已经长达十五年的恩师曾国藩。

作为惜才、爱才的政治家,曾国藩看中正处在青年黄金期的李鸿章的才气,对别后重逢的得意门生自然喜爱有加,当即建议他考虑留在湘军幕府,为自己效力。

曾国藩对李鸿章的事情十分留心,当面都还记着上次那封建议他在安徽办团练的信。他也不介意当初学生没有听信自己。他相信,只要将李鸿章带在身边,让他亲眼见证,他之前畏缩惧事的陈旧观念就会有改变。毕竟,书信言谈如同画饼,亲身所见带来的感官震撼,胜过一切言语。

曾国藩的这条经验,无疑是十分对的。古话说,百闻不如一见。现场再热闹,没有亲见,只是一张照片,一堆文字。亲眼见证,便是心灵震撼,成见摇动。在世俗人生中要成就一番大业,需要这种小道理,而不是翻开书本跟人家讲一大堆放之四海而皆准的大道理。

事实上,曾国藩治下的湘勇,此时正是一番蓬勃朝气,远非颓废衰弱的安徽绿营兵可以比拟,李鸿章到营后便切身感受到了。何况,李鸿章因为跟随大哥李瀚章避难江西,身份自然脱离安徽绿营,此时的他两手空空,是个潦倒的"失意客",除了随遇而安跟从恩师,已经别无选择。

曾国藩不负承诺,将李鸿章留在幕府,"初掌书记,继司批稿奏稿"。也就是说,在数以百计的秘书班子里,李鸿章被任命做"政治秘书"。这从侧面看出,曾国藩最初器重的是他的政治才华。事实上,这确是李鸿章其后最擅长的本领。

世事机缘,往往就是这么巧合,入湘军幕府不到半月,李鸿章便因湘军公事,与左宗棠发生第一次交往。

左、李早年知识结构、所处的地域文化不同，因此个体性格存在明显差异，这在第一次交往时便表现出来，而且不令人感到愉快。

| 二 |

其时，左宗棠正在湖南巡抚衙门全权代表骆秉章行使全省军政大权，经常要跟曾国藩沟通战事情报。

根据太平军作战的特点，左宗棠战略性地提出创办"湘军骑兵团"（湘勇马队）的建议，由团练大臣曾国藩来具体负责统筹。

曾国藩当即去信与湖北巡抚胡林翼商量，胡林翼回信予以支持。曾国藩便正式上奏朝廷。

咸丰皇帝同意曾国藩编练"湘军骑兵团"，但在批示中侧面提醒他一句，须"斟酌采买"马匹。

谁来组建"湘军骑兵团"呢？曾国藩一时没有想好。南方人因水路发达习惯坐船走路，而不习惯骑马，湖南本土找不到这方面的合适人才。

曾国藩想起他的政治幕僚李鸿章，或许可以一试。中国马产于北方，懂骑射的人才也多出于北方，李鸿章是北方人。何况，李鸿章作为自己的门生，交付这件朝廷重要差事，也能够放心。

曾国藩将消息及时通报左宗棠，他说："阁下去年嘱弟留心马队，弟以调察哈尔之马，练淮南之勇入奏。"可以看出，曾氏言谈之间，对左宗棠不无赞许，甚至还夹杂一些欣喜。

曾国藩的初步计划是，先申请朝廷调派察哈尔马三千匹，让李鸿章招募亳州一带"善马之勇"千人，前来统带。但因朝廷前面有"斟酌采买"的批示，曾国藩临事而慎，修改了原先招募三千兵勇的计划，决定先招五百人试试手，经过试行操练，如果确实可用，再行招满三千人。

经过这样一番前期周密细致的布置，曾国藩才将构想说与李鸿章。如果他答应编练"皖北马队"，就应该立即去北方招兵买马。对湘军将领而言，这种令出行随的高效做法，已成惯例。

但李鸿章前面五年在安徽官场摸爬滚打，相继在几任安徽巡抚手下任职，统领体制内绿营兵，见多了官场的"套路"加"忽悠"，已经有了心理阴影。他想当然以为，湘军里的情况大同小异。凭着"阅事过多，不敢轻于任事"的思维惯性，他本能地想到拒绝，加之实心办事的能力，此时还完全没有锻炼出来。他哪敢贸然答应？

只是，恩师既然对自己寄予厚望，他也不方便当面直接推托。怎么办？

他借口事情重大，要听取大哥李瀚章的意见，专程赶到南昌，详细问计。

兄弟俩商议后一致认定，此事前无先例，操办风险过大，不宜慷慨应诺。

心里既然已经拒绝，李鸿章不好意思再直接答复。李瀚章便代他给曾国藩去信，婉言辞谢。

曾国藩读信后甚为不快。他虽然已经信奉"黄老道家"，优容待部属，但办事该有的担当，还是必须要有的，他刚强的秉性并没有改变，毕竟自由散漫办不成任何事。曾国藩是一个"打落牙齿和血吞"的人，遇事有一股执着的蛮劲、挺功，一经认定的事，从来不会轻言放弃。何况，他已经主动向朝廷申请承办，不成功就等于自己打脸，哪有说不办就不办的道理？

《曾文正公书札》对这件事有着全面细致的记载，今天读来，仍能看出曾氏面对学生如何苦口婆心谆谆劝勉：

> 鸿章前往江西南昌，与其兄瀚章相商，瀚章亦认为不易，代为辞谢。国藩乃函瀚章恳勉：此次招勇五百，但试淮南勇之果能操习马队否耳，不特少荃不敢自信，即仆亦茫无把握也。当年办水师，亦系冒昧试之。厥后杨（岳斌）、彭（玉麟）诸人，徐徐成个章片。亦初愿所不及，贤昆仲不必遽以任事之难为虑。

意思是说，我曾国藩本是朝廷的礼部侍郎，掌管国家文化教育工作，身为团练大臣帮朝廷办军事，事先都没有什么经验。现有的一点成功经验，都是通过实践从不断的尝试与冒险中得来的。请你办"湘军骑兵团"，到底能不能办成？办成后又到底有没有用？不说你李鸿章没有把握，就是我曾国藩也没有把握。但我咸丰三年（1853年）在衡阳办湘勇水师，也是这么尝试着去冒险才做成功的，而且，办成后取得的实际成效，比预想的还要好。初办"湘军骑兵团"这件大事，初创时期难处肯定也大，但我们办军事之人，不应知难而退，而应迎难而上。

话都说到这个份儿上，李鸿章退路已堵，只得硬着头皮答应下来。他尝试先派专人到淮河上游一带去招募马勇。但两淮的太平军与捻军此时已经协同作战，共同讨伐朝廷，将士心强气壮，清军处于被动挨打地位，加之安徽官民都人心思退，远不像湖南那么斗志昂扬，民间没有人敢站出来主动响应。

李鸿章只好垂头丧气地报告曾国藩，任务太难，自己没法完成使命。

李鸿章退却，身边别无合适之人可以替代，组建"湘军骑兵团"的计划，只能暂且搁置。

恩师交付的第一件差事便没有办成，李鸿章在湘勇军营立足难稳。毕竟，湖南人普遍是血性汉子，重然诺，看不起辱没使命之人。

经历这件事后，左宗棠、彭玉麟等人，看李鸿章怎么都不顺眼了。

左宗棠跟李鸿章最初的交往，因此并不算融洽。

青胜于蓝

李鸿章跟左宗棠第一次私人场合相聚，因彼此意气而发生了情绪冲突。

左宗棠其人，平日里好辩论，这可能是他早年读孟子读来的。孟子一生不是在教育诸侯，就是在与人辩驳。左宗棠与二哥左宗植在乡下生活期间，业余爱好是一起喝酒吃鱼辩论学问，左宗植性情恬淡好静，经常被三弟辩得理尽词穷。左宗植可能有点厌倦，左宗棠却感到大有收获，学问长进不少。

湘勇水师统领彭玉麟生性刚直，比较文艺范儿，其人平日里喜欢画梅花，以怀念他称为"梅姑"的初恋女友。这两个湖南人个子均不高，大约在一米六五上下。李鸿章身高一米八几，处在湖南人群中，鹤立鸡群。

李鸿章性格相对含蓄、略显阴沉，加之年龄小左宗棠十一岁，平日里开会、聚餐，很少吭声，大家偏都爱拿他开玩笑。多血质的湖南人，民间生活中爱好以这种方式来打发多余的时间，消耗用不完的精力。

左宗棠曾长居乡下，有足够的辩论经验，且读过的杂书最多，过目不忘，兼对民间诗赋、掌故多有涉猎，因此说起段子来有如天女散花，令人如做智力体操。

一次饭局上，左宗棠借宋朝人沈辽一首诗引出话题，说道：我最近读到《奉酬杨圣咨》这首诗，在琢磨"当时皖皖同朝露，何计星星向暮龄"这句话。"皖"的意思是"纯白"，"皖皖"的意思是"明亮"，为什么两个皖字是"明亮"，一个皖字就不"明亮"了呢？

彭玉麟接过话说：这有什么难理解的？因为安徽人心地不光明的太多了。

左、彭两人大概对李鸿章没有办成"湘军骑兵团"的事还耿耿于怀，且觉得他平时为人心事太重，有意拿这句诗做话头，刺他一下。

李鸿章独口难辩，选择沉默。他知道，万一争论开了，自己一定赢不了。

70

但李鸿章骨子里是一个争强好胜之人。他口头上虽然不争，心里其实已憋足一口气。某次，他借跟朋友通信之机，背地里发牢骚，指责左宗棠"湘人胸有鳞甲"，批评彭玉麟"老彭有许多把戏"。李鸿章在信中跟朋友辩解说，我为什么不站出来跟他俩辩驳？因为"安徽人心地不光明"并不是安徽人的错，而是因为"光明的安徽人"都被"有鳞甲的湖南人"带偏了。

军营爱传播小道消息，尤其是背后说人的话，速度快比得上今天的网络直播。这句话很快传了出来，彭玉麟怀疑李鸿章在暗骂自己的父亲彭鸣九。彭鸣九在安徽合肥青阳地方曾做过很长一段时间的巡检司，相当于地方的派出所所长，是安徽当地名副其实的地方父母官。

中国骂人最狠的话，是直接攻击他人父母。

是可忍，孰不可忍！彭玉麟挥起拳头，朝李鸿章冲过去。

两人互相不让，扭成一团，打得热火朝天，在一边观架的人都拉不开。

如果说，上述轶史真假难辨，但非空穴来风，符合历史情境。

正史的记述，又是怎样？

正史的记载里，在湖南幕府讨生活的这段日子里，李鸿章始终愁眉不展。

他不开心，不只是"湘军骑兵团"有辱使命没有建成，令湘军集团几大首脑对他心生嫌隙，更主要的还是，首次来到湖南，他与诸将相处多不和谐。

李鸿章开始回溯自己的初心：他之所以离开安徽巡抚衙门，是想到湖南来找对出路。没想到曾老师这里也没有什么好出路。

但李鸿章不会轻言放弃，他是一个信奉用曲线策略达到目的的人。即使人到三十六岁依然一事无成，他也不急。他有着过人的洞察时局、发现机遇的眼光，身处大变局的时代，时势在一夕数变，他知道，只要肯等待，机会总会来。

李鸿章根据经验跟预见作出的这一判断没错，事实上，自从加盟曾国藩幕府，属于李鸿章的机会，一直就没有断过。

还在咸丰九年（1859年）7月，早已移驻抚州的曾国藩鉴于太平军近段时间猛烈攻打景德镇，担心老湘营统领张运兰部不支，急派湘勇吉字营统领曾国荃率部往援。李鸿章作为亲信随员，被曾国藩委派随同曾国荃所部前往，担当起湘勇营政委的角色。

但直觉在告诉他，这仍是一块烫手的山芋。

原因在内部人事搭配有问题。李鸿章翰林出身，正儿八经的科班文人，曾国荃只是个霸蛮的秀才。论学问、文章，两人皆不在一个层面，李鸿章虽然自办团练以来将学问早抛到一边，七八年来学了一大堆杂乱无章的"官场忽悠术"，但进士的底子跟虚荣心毕竟还在，关键时刻，他还可以随时从头脑里调出来用。以李鸿章的高傲心气，让进士听命于秀才，他心里过不了这道坎，只是，他不方便将这层意思公开挑明罢了。

李鸿章真实的想法，是希望能够从湘军体系内独统一军，自己来做主将。

曾国藩判断人事反应虽然较为迟钝，但几次三番下来，也逐渐看出了他这一心思。曾氏也想过按他的心意做，斟酌之下，到底还是放心不下。毕竟，迄今为止，李鸿章还没有独立办成一件大事，真本事到底如何？没有得到任何检验。上次他轻率放弃"湘军骑兵团"，在曾老师心里留下一道坎。

李鸿章是机敏善于洞察之人，当即看出了老师的担忧。但这种话仍不方便挑明了说，遂感到怀才不遇，心情不免郁郁。思虑再三，有意他去。

乱世总在个人意想不到的时候随手抛来机遇。就在李鸿章举棋不定的这段日子，一个绝好的机会降落到湘军头上。承前文所述，咸丰皇帝钦定用来端掉太平天国首都天京的江南大营、江北大营，相继被李秀成、陈玉成等人拔掉，朝廷欲借助满洲官员力量攻占天京的计划事实上已经破产，咸丰皇帝不得不考虑孤注一掷，将剿灭太平军任务的全部希望，寄托到湘军身上。

真是"运去英雄不自由，时来天地皆同力"啊！

| 二 |

运气未到之前，李鸿章固然可以时常感到怀才不遇，但曾国藩想想，自己办团练已经八年，何尝不是一直感到憋屈？

他本是朝廷礼部侍郎，肩任湖南帮办团练大臣之后，无论实职还是虚衔，不升反降。撇开名位不说，朝廷始终只给他任务，却不给事权，更不予地方政权，令他左右碰壁，多方掣肘，艰难寸进。他尝试跟朝廷去争，甚至不惜以负气、甩锅的方法抗争，但都没用。前面八年漫长的耐心等待，遭遇过多少挫折，又尝到过多少冷落？这些都没有人关心，也没有人理解。人家看到的是他高光时刻的辉煌，只有他自己能深味过程的苦累。八年来，朝廷始终仅在表面上对他器重，但曾国藩内心能明显感觉到，咸丰皇帝对他一直在明褒暗压，这令他想起来就伤心不已。

咸丰十年（1860年）6月，朝廷第一次授予他地方实权，而且实权大到超出预期：由他出任两江总督，兼节制浙江省军务。

两江总督管辖江苏、安徽、江西、浙江四省军政、地方财物，实权在握。曾国藩急需用人。

湘军集团一夕之间春风十里，幕僚李鸿章跟着水涨船高，从湖南帮办团练大臣的幕后高参成了两江总督的贴身"政治秘书"。曾国藩对他的信任也超过以前，湘军前敌总指挥部上报给朝廷的最重要的军事奏折，包括湘军内部的人事任免文件，都由他来起草。

曾国藩没有看错，眼下的李鸿章作奏折文笔已经比自己老辣、深到。曾国藩往往几页纸还没说清，李鸿章却能删繁就简，三言两语便洞穿本质，一剑封喉。

但就在这一时期，大权在握的曾国藩第一次表现出"统帅的倔强"，导致李鸿章跟他发生了一次极其不愉快的冲突。

事情的缘起是，曾国藩出任两江总督后，做出一个大胆的战略决定：将湖南、江西、广东、贵州各省湘军将领，聚集到安徽安庆，共同剿敌。为了向朝廷表示自己破釜沉舟的决心，他亲自选定地盘，将前敌总指挥部安置到安徽祁门。

无论当时还是事后都可以看出，这明显是一个蹩脚的决策。李鸿章虽然没有多少实战经验，但他的全局洞察力跟战略判断力不差，看出了其中潜在的巨大风险，明确反对曾国藩驻节祁门。理由是："祁门地形如釜底，殆兵家之所谓绝地。"意思是说，祁门是一块盆地，并不适合做前敌总指挥部，驻军此地，只要吃到一次败仗，前敌总指挥部就会被太平军一锅端掉。

曾国藩坚决不予听从。固执的主要原因是，他特意选定祁门这样一块险地，就是为了让朝廷看出他置之死地而后生的决心，看出新任两江总督不是前任总督何桂清那样的贪生怕死之辈，是有着死志为朝廷谋国的忠心重臣。说得更直白些，在"政治正确"与"军事正确"的权量中，曾国藩宁愿选择前者。

左宗棠其时正按照跟曾国藩共同定好的战略路线图，带领五千独立楚军杀进江西，相约去祁门跟曾国藩见面。

　　咸丰十年（1860年）端午节当天，左宗棠接到朝廷"襄办曾国藩军务"的任命，便开始在长沙金盆岭招兵买马，筹建楚军。以"当代诸葛亮"自称的左宗棠，是一个善于整合资源的高手。在军事思想上，他借鉴了楚军创始人江忠源；在军事战阵上，他借鉴并接管了王錱创立的老湘营。左宗棠论战阵勇武不及江忠源、王錱，但他长于军事战略与政治运筹，他知道将真正懂得打仗的湖南武才悉数挖掘出来，团结起来，统领起来。而这恰恰是政治家曾国藩始终忽略的一个军事盲区。

　　江忠源此时虽然已经去世六年，但楚军的威名仍在，太平军闻之胆寒。左宗棠顺水推舟"借壳上市"，将江忠源的楚军旗号借用过来，将自己在长沙招募的五千八百零三名将士取名楚军。在火炉长沙金盆岭升旗纳将，招兵买马，场面热气蒸腾。招募一个月，训练一个月，左宗棠便率领楚军将士声势浩荡地开往江西前线，执行湘军副统帅的使命。

　　左宗棠从江西取道，去安徽祁门跟曾国藩见面。两人见面时无话不谈，但他偏偏对"祁门话题"避而不谈。什么原因呢？顾虑到维护上下级关系。其时，他已经履行"襄办曾国藩军务"职事，两人已经是明确的上下级关系，不再像以前那样，一个是湖南巡抚衙门指挥绿营、团练的幕僚，一个是在湖北、江西、安徽跨省作战的湖南帮办团练大臣，彼此完全独立，只存在合作关系。

　　曾国藩亲自拍板，将前敌总指挥部驻扎祁门，且意志坚决，左宗棠到后便发现了问题，但他感觉时机不对，不宜表态。

　　左宗棠在家书中如实道出了他此时的判断："涤帅驻军祁门，未为得地。"

　　推测之下，作为曾国藩幕僚的李鸿章，此时其内心感受跟独立领军在江西作战的左宗棠大为不同。左宗棠虽然名义上是曾国藩的助手，但他带领楚军远在江西景德镇一带驻扎，曾国藩在祁门吃了败仗，左宗棠顶多是在江西战场军事吃紧；李鸿章就不同了，他每天就在曾国藩身边，宾主相从，朝夕相伴，祁门一旦不保，曾国藩固然将死于非命，李鸿章也会跟着身首异处。

　　为自身安危计，也为保全湘军计，李鸿章当面向曾国藩陈述，驻节祁门不当，建议移节东流。

曾国藩的倔强劲再次犯了。他可能觉得，自己已经反复开会当着湘军高层的面表过态，李鸿章在这一点上固执地揪住不放，该不是自己教他活学活用"挺经"导致的？他相信自己的政治判断不会错，那么只有一种可能，李鸿章判断错了。李鸿章为什么判断错了？因为学生太过年轻，不懂得政治，尤其是不能理解自己作为湘军统帅未经人道的苦衷，不能设身处地体会主帅高处不胜寒的心理，因此对他的屡次建言逐渐不无反感。

| 三 |

偏偏就在这段时间，又发生了一件令曾国藩大为沮丧的事：他委托平江勇将领李元度带领三千士兵驻守徽州城，结果只守了三天，李元度便主动弃城逃跑。

曾国藩原本安排他闭城不出，无论如何得守满半月。这个难度事实上不大，只要固守城门不出即可做到。但李元度其人纸上谈兵，平日里谈书论道颇有一套，上了战场逃跑起来比兔子还快。如果其弃城逃跑一节尚属情有可原，令曾国藩尤其感到心灰的是，李元度弃城后也不派人来报告失守实情，导致太平军大军压境，祁门内外无援，湘军前敌总指挥部被太平军八面包围，自己困居其中，一夕数惊，命悬一线。

徽州城丢失，后果空前严重：祁门直接成了前线，连曾国藩的驻地也被太平军团团包围，只是，太平军将领还不知道，那里就是湘军前敌总指挥部。曾国藩本人惊恐失状，不得不将宝剑随身携带，以备在被敌军活捉前自裁。

曾国藩选择驻军祁门因只考虑"政治正确"而完全不顾"军事正确"，随后果然接连遭遇太平军三次灭顶的大危机。曾国藩完全凭借出奇的好运，侥幸躲过三劫。就在这时，李元度没有任何预报，大摇大摆地回来了。

曾国藩出离愤怒。他当即准备向朝廷上奏，将李元度归案问罪，以正军纪。曾国藩安排李鸿章立即起草奏章。

李鸿章原本对曾国藩已经积了一肚子怨气，只是碍于师生情面，没有发泄而已，加之他与李元度同为曾门幕僚，曾国藩对李元度痛加惩治，李鸿章不免有物伤其类的兔死狐悲之感。他本能地同情起李元度来，说："恩师一定要弹劾他，门生不敢起草。"

曾国藩本在气头上，一听便火直往上冒，说："你不起草，我自己会写。"

一对师生兼上下级霎时间僵在那儿，气氛安静得只剩下尴尬。李鸿章还从来没有见过曾老师这么刚，曾国藩也是第一次见到李鸿章这么偏。得意门生不惜以公开顶撞的方式来附和李元度，让曾国藩进一步感到绝望。

"祁门话题"之所以成为湘军大佬群里一块碰不得的疮疤，还有一个重要原因，曾国藩确定将前敌总指挥部设在祁门之前，已经有言在先：谁贪生怕死不愿跟自己在祁门并肩抗敌，可以自行选择离开，军营保证负责发放路费。话已说到这个份儿上，要曾国藩再作自我否定，他哪里还有威信再命令部下？

李元度逃跑让曾国藩丢掉里子，李鸿章顶撞再让他丧失面子，曾国藩发现，自己虽然大权在握，居然拿身边的两人同时没有办法。

李鸿章为什么要如此执意地维护李元度？

他倒不是有意偏袒李元度，而是想借故冒犯曾老师，以便从他身边开溜。李鸿章实在不愿意再继续委曲求全，陪着"拙诚"的曾老师在祁门一夕数惊，不知何日横尸战场，身首异处。

但曾国藩仍然没有将他赶走的意思。曾国藩性格虽然刚强，却不是一个冲动的人。尤其是，已弃"申韩法家"而信"黄老道家"的当下，他再度表现出一个大政治家应有的优容，对李鸿章的公开顶撞不闻不问。也可能他觉得，这个学生确实有才，舍不得让他离开。再说了，学生顶撞老师，就像儿子顶撞父亲，脾气发过之后，没有隔夜仇。

但李鸿章是铁了心要走了。人心一旦不在了，离开是迟早的事。李鸿章见此计不成，便主动申请了。但话不能说得那么直接。他瞅准时机，建议曾国藩待皖南之事布置稍定，即可亲自驰赴淮安，办一支大水师，去淮安造船、铸炮、征课盐利。

曾国藩一时间没有听明白，眼下大敌当前，战场应敌是急，办这种军备跟税收的慢事，对当前有什么实质性的用处？

李鸿章说：用处很大。因为，"江淮湖海处处可通，而金陵、苏常之贼势可减矣"。意思是说，如果于湘勇步兵之外，再到淮安去办一支水师，则可以利用税收来造船、造炮，一则可以减轻祁门前敌总指挥部的军事压力，二则可以解决军饷短缺难题。

曾国藩的为官原则是信任部下。但信任不代表盲目听信，更不代表他看不出部下的小心思。李鸿章这摆明是抽身之计嘛。因为曾国藩身为统帅，不可能分身去做这件具体而微的事情，根据"谁主张、谁负责"的原则，具体办事人只能是李鸿章。也就是说，李鸿章想借机去淮安躲祸。《三国演义》中，庞统教徐庶避祸赤壁大战以全其身，用的便是此计。曾国藩的理学专门研究人心，这种小伎俩怎么瞒得过他？

看出了李鸿章藏着的这点小心思后，曾国藩内心有点鄙夷，但又不方便当面揭穿他，便口头上"甚以其言为然"，内心里其实很不以为是。

曾国藩考虑，随着太平军攻势日猛，眼下全军将领几乎众口一词，反对将前敌总指挥部设在祁门。在最严峻、最考验耐力的关头，他多么迫切地希望学生站出来支持自己。曾国藩不是只懂得学问的书呆子，他知道现实办事不是做学问，学问的道理就是真理，现实生活则不同，支持你的人多，往往代表你的决定就是真理。你做的决定没人跟，没人点赞，即使正确也等于没道理。李鸿章竟然也以借口办水师来远离祁门，这跟李元度公开背叛自己有什么区别？想到这里，曾国藩忍不住恼怒地骂道："此君难共患难。"

但口头上肯定李鸿章的话既出，曾国藩总得有所表示。怎么办？曾国藩在上报的奏章中不痛不痒地向朝廷保举李鸿章为两淮盐运使，同时保举黄翼升为淮扬镇总兵。

曾国藩在给朝廷的奏折里这样写道：李鸿章"劲气内敛，才大心细"，"堪膺封疆之寄"。

但朝廷现在哪里有空缺的巡抚位置？显然，这是明抬实压的手法。咸丰皇帝隐约看出来了，曾李师生莫不是已生嫌隙？

圣旨批复，黄翼升走马淮扬镇总兵，李鸿章的两淮盐运使却没有下文。

李鸿章再次感到失望。既然通过光明正大的渠道离开幕府已经没有可能，那么只能孤注一掷，选择主动辞职了。

"三十六计，走为上计。"做法虽然老套，但最管用。他以递交辞呈的方式，公开离开曾幕，由此开始长达数月的"流浪"日子。

鹤立鸡群

| 一 |

令后世纳闷的是，李鸿章为什么要选择在曾国藩最困难、最需要帮衬与支持的时候离开？

原因是，近两年来，李鸿章吃、住、工作同老师在一起，每天跟老师零距离交流，曾国藩头顶光环已逐一破灭。人性本能就是这样，只对自己未知的神秘领域保持敬畏，当身边人的神秘感逐渐消失殆尽，令自己敬畏的光环便完全不存在了。尤其是，跟随曾国藩在前线做秘书工作一年，李鸿章已经看出了恩师的才短之处，对曾国藩在人伦、礼仪形式上的尊重，已经大于内心中真心实意的佩服。

一年时间磨合下来，师生同时看明白了一点：在一些重大军政问题的决断方面，"尚拙"的曾国藩反不如"机灵"的李鸿章。

这是曾李师徒经过了一场重大决定后检验出来的，不是两人的凭空虚测。因为，在选择离开曾幕之前，作为政治秘书，李鸿章曾为曾国藩参谋了一个重要的决定，此计非但稳住了湘军的阵脚，也让李鸿章首次在湘军阵营里展露出过人的政治判断力。

事情的经过，须从第二次鸦片战争的导火线亚罗号事件谈起。

咸丰六年（1856年）下半年，两广总督叶名琛在广东搜捕太平军、暗通太平军的地方土匪。因为这两种人都有逃入香港，鼓动英国军队攻打广州。10月8日这天，悬挂着英国国旗的"亚罗号"停泊在广州黄埔。巡河水师千总发现该船执照已过期十一天，扣留了十二名涉嫌走私的中国水手。英国驻广州代理领事巴夏礼发出最后通牒，限叶名琛在二十四小时内释放全部水手并正式道歉。

叶名琛扛不住压力，考虑退让，派南海县丞许文深亲自解送全部水手十二人到英国领馆，但坚决不予道歉。

英军决定以武力迫使叶名琛就范。英舰驶入珠江口，炮轰广州城，隔十分钟炮轰一次总督衙门，不久又退出，叶名琛谎称中方大胜。七天后，广州民众见英军退去，纵火焚烧洋人居室，连带广东十三行皆成乌有。这件事成了第二次鸦片战争爆发的导火线。

将曾国藩、李鸿章师生卷进来的朝廷大事，发生在第二次鸦片战争期间。

大清国方面，第二次鸦片战争的积极抵抗者是僧格林沁。由于清军将领僧格林沁坚决主战，且在天津大沽口一次性消灭了四百余名英法侵略联军，取得中西交战以来第一次外战大胜利，心无定见的咸丰皇帝顿感底气骤增，外交态度从退让转向强硬，他当即发布圣旨，指示僧格林沁"不可仍存先战后和之意"，以免"兵连祸结，迄无了期"。

英法侵略联军进攻天津大沽口惨败的消息传到欧洲，英、法两国政府恼羞成怒，叫嚣要对中国"实行大规模的报复"，"占领京城"。

咸丰十年（1860年）8月1日，接到本国指令的英法侵略军一万八千人，由北塘登陆，未遇到任何抵抗。14日攻陷塘沽，再水陆并进，进攻大沽北岸炮台。

咸丰皇帝到这时才发现形势不对，改命令僧格林沁离营撤退，但已经迟了。

8月21日，大沽失陷。英法侵略军长驱直入，24日占领天津。

咸丰皇帝急派军机大臣桂良带队到天津议和。英法侵略联军提出，清廷除须全部接受《天津条约》，还要增开天津为通商口岸、增加战争赔款，并允许英法侵略联军各带兵千人进京换约。咸丰皇帝拒绝接受，双方谈判破裂，英法侵略联军继续向北京进犯。

9月18日，英法侵略联军攻陷通州。21日，清军在八里桥与之展开激战，统帅僧格林沁败逃，清军全军覆没。

9月22日，意识到已经大事不妙的咸丰皇帝坐立不安，遂以"北狩"为名，携皇后、懿贵妃等一众逃往承德热河避暑山庄避难。因咸丰皇帝与皇弟奕䜣为皇位曾发生龃龉，皇帝单命奕䜣留在紫禁城，代自己应付这场不虞的弥天大难。

逃亡路上，咸丰皇帝顾虑重重，方寸已经大乱，他担心英法侵略联军尾追而来，赶紧选择在逃往热河途中紧急下发一道圣旨，命令曾国藩火速委派湘军悍将鲍超带兵北援。其意思再明白不过，湘军暂时搁置对太平军作战，保卫君父性命要紧。

接到圣旨，曾国藩一时间举棋不定。因为北援事关"勤王"，有圣旨在，臣下不能推诿。但湘军跟太平军交战正炽，鲍超所部需当作主力对抗太平军的正面战场，难以抽调。

朝命既不能违抗，本愿又不想俯从，曾国藩何去何从？他召集部下紧急讨论对策，要求每人提出一种解决方案。结果，多数人主张派兵北上勤王，只有李鸿章一人力排众议，主张静观其变。

李鸿章这样阐释自己的理由："夷氛已迫，入卫实属空言，三国连衡，不过金帛议和，断无他变"，而"楚军关天下安危，举措得失，切宜慎重"，因此，最佳的方案，是"按兵请旨，且无稍动"。

李鸿章的意思，英法侵略联军既然已经打进北京城，咸丰皇帝选择在这个时候命令湘军出兵保卫，只是慌不择路时随口说出的一句空话，因为时间上已经来不及。何况，英法侵略联军发动第二次鸦片战争，目的不过仍是要求赔款，一旦达到经济上的目的，便会偃旗息鼓，不会再进一步威胁到皇帝的人身安全。朝廷的想法随形势变化，很快就会改变主意的。

但圣旨已经下发，自然不能抗命，曾国藩如何从中转圜？

李鸿章给出的策略是：以上奏折的形式请示朝廷，让皇帝选定一人前去。己方要明白，所谓请示是虚，拖延是实。经邮差往返沟通，最快也要一个月，待时间拖延过去，朝廷改变了主意，也就不了了之。

曾国藩觉得在理，当即予以采纳。

李鸿章执笔，他在奏折中郑重其事地称，鲍超对北地人地生疏，不能胜任勤王工作，因此，请朝廷从曾国藩跟胡林翼两人中再选定一人；一经确定人选，为人臣者二话不说，迅速派兵勤王，以保卫国家根本。

奏折拜发后，曾国藩在惶恐不安中揣度批示。结局完全如李鸿章所料，到11月，奕䜣代表朝廷，已与英法签订和约。咸丰皇帝下发圣旨，告诉曾国藩不用再派兵北上勤王。

一场看似天摇地动的危机，被李鸿章设计轻松化解，通过这件事，曾国藩从此对李鸿章刮目相看。

曾国藩生性"懦缓"，李鸿章作风明快果断，曾国藩每有大计常犹豫再三，往往得李鸿章在旁数言而决，因此师生搭配能够取长补短，配合一直高度默契。

|二|

虽然李鸿章在湘军幕府中有过这次重大的"言功"，但到底还是为驻节祁门一事跟曾国藩分道扬镳，师生之间首次出现裂痕。李鸿章的个人前途，再次变得迷茫莫测。

善于谋人的李鸿章此时不会想到，自己看问题虽然一眼能洞悉实质，在大事的预见性上甚至已经胜出曾老师一筹，但到底还是涉世未深，年轻意气，虑事不远。他只是想着急于抽身避祸，却从来没有仔细想过，自己只是一个空手来去的行人，湘军大营是一棵给自己遮风避雨的大树，在四处炎热的考验里，自己逐渐习惯了大树的阴凉，将凉爽当作理所当然，而忘记了别处皆刀枪齐鸣汗流浃背的现状。

意气的李鸿章更没有想过，曾老师虽然挫折不断，但到底还是两江总督；李鸿章一经离开幕府，便什么也不是了，成为流落江湖的孤单文人。

或许，不愿再继续跟随曾国藩在湘军前敌总指挥部同艰苦、共患难的李鸿章，一心急于寻求新的机会，准备另找靠山，自立门户。这不是笔者的凭空推测，因为李鸿章的这种机会主义风格，在他日后上奏船政去留时又表现过一次，后面会详细说到。

乱世是机遇的同义词，这点他早已看明白。但聪明如李鸿章，错在不能霸蛮再坚守一下，这点他一直无法自我看明白。

果然，流落江湖的这段日子，李鸿章一边选择寄居在大哥李瀚章所居南昌城家中，一边寻找新的发展机会。

此时，他临时冒出来一个新想法（又或者这个想法已经在内心酝酿了一段时日，也未可知）：去福建省求个道员，或许是不错的选择。道员官衔是州府一把手，正厅级，跟他离开安徽时的官衔是平级的，何况，他在安徽时已获按察使衔，副省级官衔，求道员算是有一千喊八百，因此不能说全然没有把握。

但一旦真正临事要做决定，李鸿章不是一意孤行之人。下决定前，他仍有点不放心，想听听朋友们的意见。便相继给进士同年沈葆桢、郭嵩焘写信，征询两人对此事的看法。不料两人回信一致认为，如今天下以湘军影响力为最大，李鸿章如果想要建功立业，只能依托曾老师的平台。

难道自己前面几次三番苦心孤诣离开曾老师的想法真的错了？李鸿章瞬间感到有点蒙圈。回头再仔细一想，似乎也对。在祁门曾幕时，他并不觉得那里有多好，他甚至觉得，曾老师也是名大于实，但离开后再一比较，觉得那里其实还是不错的，又为之心动。

但前面既然选择了以主动递辞呈的方式离开，总不好意思再这么直接回去。

他琢磨跟朋友私下书信，率先抛出橄榄枝，通过朋友将话传进曾国藩耳朵，希望老师率先回心转意，给自己一个台阶。毕竟师生情谊形同父子，不会记仇。

曾国藩通过朋友书信得知实情后，也真心舍不得放弃李鸿章，他确实有大才。他听说李鸿章暂时还没有找到新的工作，便于咸丰十一年（1861年）6月25日主动写去一信，既以师长的语气对他作了一些责备，又以朋友的身份来博取他的同情。曾国藩是有大学问的政治家，其格局、胸襟，让他的目标在广揽人才，合谋大业。古话说得好，大礼不辞小让。成大事者不会斤斤计较，耿耿于怀。

李鸿章终于找到台阶，他不再犹豫，于咸丰十一年（1861年）7月13日赶到安徽东流，再次加入曾幕。

巧合的是，曾国藩此时已主动将前敌总指挥部从祁门迁移到东流。经过前面一年众叛亲离的反对，他发现此地确实如李鸿章所言，是一块"兵家绝地"。曾国藩此举也可以看作委婉接受了李鸿章的建议，所以师生再次见面也减轻了尴尬，很快又和好如初。

|三|

这段时间里，楚军统帅左宗棠在江西战场如鱼得水，步入独立领军以来第

一个军事辉煌期。

咸丰十年（1860年）12月15日，左宗棠在江西景德镇与广东会党军迎头撞上。楚军士气冲天，会党军应声而败。这是左宗棠"出湖"以来的首场胜利，他非常高兴，写信回家报告说，我十天内连打三场胜仗，连攻下两座城市，自己一个兵都没死，看来我训练他们胆量有效果，后面还有很多胜仗等着我去打。

但部队真正开进"围点打援"区，双方都加大火力，集中优势兵力，战争迅速陷入胶着状态。

第一次走出湖南，急于创造战功，左宗棠一改之前的谨慎风格，决定冒险。

战斗发生在江西石门。左宗棠本来派重兵守在景德镇，但石门清军派人来向他求援。进攻石门的太平军由李秀成指挥，他的作战方法跟左宗棠差不多：军队靠气势，派人到处摇战旗，边打边喊，场面宏大，杀声震天，胆小的对手见了心惊肉跳，不敢迎战，主动失败。

李秀成率领一万五千人马，从天京出发，沿着长江南岸，经过当涂、芜湖、繁昌、青阳，刀锋所向，清军败逃，这样一路顺利，军队驻扎到江西石门。

李秀成是主帅，左宗棠正要去找他挑战。现在机会来了，左宗棠当然不会放过，马上派王开琳、王开化带景德镇五千精兵，飞速赶往石门救援。

但景德镇就空虚了。幕僚杨昌浚提醒左宗棠：假如李秀成反过来打景德镇，怎么办？

左宗棠已经冒险先做了，心里并没有绝对把握，只好说：不会，他正在打石门，分不出兵来打我。况且，他怎么知道我景德镇的兵全部派完了呢？

杨昌浚到底有些不放心，劝左宗棠稳妥点。左宗棠说，好！按规矩，三百守城的老弱病残，烧火的、做饭的，只要能走得动的，全部跑到城头上去摇旗子，以壮声势。

真是越担心什么，越会发生什么。王开琳、王开化走后第二天，太平军插在城内的探子，马上将消息报告李秀成。李秀成一听，机会来了。马上派养子李容发带去三千兵，直取景德镇。

李秀成也是个谨慎的将领，已经听说了楚军的厉害，临出发前，他告诫儿子：左宗棠老奸巨猾，诡计多端。你先弄清楚守城的是左宗棠的楚军，还是江西的绿营，再到景德镇去摸清左宗棠的实力。到景德镇后，要仔细察看，不可鲁莽。

李容发一路想着父亲的告诫，将军队开到了距楚军五十公里的地方。楚军探马火速警报，杨昌浚急得不行，连问如何是好，调兵已来不及。

左宗棠沉了一下脸，说，我们内部出奸细了，不然，怎么我们一派兵去，他们就来打？搬救兵来不及了，只能硬着头皮，学诸葛亮来一次"空城计"了。

"空城计"好学不好做。太平军将领看过《三国演义》，你再摆架古琴坐到城头去弹，等于告诉敌人：此地无兵，快来捉我。

得有自己的创意，不能照搬古人。

左宗棠决定以诸葛亮的智慧来做当代人的事情。他先派人加急传令王开琳、王开化星夜回来救援。在城内则大肆张灯结彩，大放鞭炮，摆酒庆贺，四下传说前方石门已经捉到了李秀成。左宗棠自己穿上四品朝服，站在门口春风满面，迎接宾客，庆祝大捷。

太平军的奸细又听到了，马上出城，向李容发报告。李容发一听，大事不好，救父亲要紧，马上搬兵回石门。

然而，到了晚上，李容发又朝左宗棠杀来。因为另一路探子已经飞来告诉他，李秀成正在前线指挥打仗，根本没有被抓到。

还没开打，就已经上了左宗棠一个大当，李容发气得吐血，想马上攻城。但来回一折腾，天已经黑下来。只好命令部下，赶快绑好云梯，准备天亮再攻。

天蒙蒙亮，李容发准备吹号攻城，活捉左宗棠。突然听到楚军前后同时擂响了战鼓，呐喊声地动山摇。原来王开琳、王开化接到密报，已经星夜赶回接援。太平军腹背受敌，阵脚全乱，死的死，伤的伤，逃的逃。

李容发发现自己连上两当，既怒又怨还窝囊，带着一肚子气，逃回石门，捡回一条小命。

这个空城计比诸葛亮导演的要精彩得多。诸葛亮的空城计到底有没有，历史上还有争议。

左宗棠将这一仗作为毕生经典之笔。《左宗棠逸事汇编》中记称，左宗棠拿诸葛亮跟自己比较，认为这次成功的关键，是利用了敌方的间谍，帮自己暗通消息，这是诸葛亮的空城计里没有的，所以自己已经称得上当代诸葛亮了。他说："诸葛公料司马懿必不敢入空城，我却料李秀成必回师返救，料人料事，虽起诸葛公于地下，亦不过如此也。"

"出湖"作战，战绩醒目，左宗棠备感振奋。

李容发败走，黄文金再来。

咸丰十年（1860年）12月20日，黄文金统领数万人马，试图切断祁门湘勇的生命线。

黄文金带兵有个特点，看不起打不赢他的人。他称曾国藩是手下败将，很是鄙夷。但他见识了左宗棠的厉害，不是一般的怕，他带着大军压过来，一路上心里都在发毛。

这次左宗棠再不敢来空城计了。诸葛亮的特点是"一生唯谨慎"，左宗棠也是外松内紧，空城计不得已而用之。

楚军跟黄文金短兵相接，硬碰硬，以会打仗著称的黄文金如自己所担心的，果然输了，他自己也在战斗中负伤。曾国藩很高兴，马上向朝廷报功，左宗棠被晋升为"三品京堂候补"。

太平天国开始急了。黄文金都不行，那最后只有派他们最厉害的侍王李世贤来跟左宗棠争夺。

李世贤以善战著名，战功显赫，爵位叫"天朝九门御林军忠正京卫军侍王"，是一个靠真本事打出来的将领。他曾在天京两度告急之际，配合忠王李秀成彻底摧毁清军江南大营，立下过"救驾之功"。这样一位枭将，可不会怕左宗棠。

这次情况改观了，双方一交手，左宗棠被打败。

左宗棠一败，后果就严重了。景德镇失守，祁门生命线被切断。湘勇三万兵士，三十天内等不到军粮；军心大乱，曾国藩再一次想到自杀，给幕僚欧阳兆熊写好了遗嘱。

曾国藩到底选择自杀还是奏功？全看左宗棠是输是赢。

咸丰十一年（1861年）4月，左宗棠迎难而上，主动出击，以五千兵引诱李世贤十万大军，在乐平城展开生死决战。

军事力量对比悬殊，为了抵消太平军在数量上的压倒性优势，左宗棠战前先安排楚军士兵在城外挖筑掩护的战壕，再引水进战壕，将两头塞住，水顺着壕沟溢漫。这样，就可以大大地限制住太平军骑兵。

战阵铺开。强强狭路相逢，接上火力，战斗打得天昏地暗。双方各有胜负，成败陷入胶着。

人算不如天算。楚军人少，已经陷身大军包围，眼看沉没于敌军汪洋大海。陡然间，天空电闪雷鸣，狂风暴雨骤然袭来。暴雨严重妨碍士兵的战斗力，也极大地消耗他们的精气神。左宗棠抓住机会，指挥将领再次发起猛烈的反击，兵分三路，越战壕而出，在泥泞中肉搏。

楚军独特的"练胆"训练，关键时刻发挥出巨大的作用。在同样恶劣的环境里，楚军士兵心理素质过硬，在士气上开始压倒太平军。

李世贤部下士兵渐处下风，体力出现不支，精神近乎崩溃，开始败逃。楚军乘胜追击，越战越勇，胆气成了压死骆驼的最后那根稻草。李世贤大军全线败逃，一万多名太平军战死阵地。李世贤差点就被活捉，他换上士兵服，蒙混逃脱。

十万太平军第一次尝到了五千楚军的厉害，李世贤知道再留在江西与左宗棠决斗，是自寻死路。咸丰十一年（1861年）夏，他临时改变全军战略撤退部署，从江西转入浙江。

沿路碰上清军绿营抵挡，太平军如入无人之境，见兵杀兵，见将杀将，兵不停步，马不停蹄，长驱直入，顺利攻克浙江常山、江山。

太平军战略转移洞开了浙江西部大门，李世贤兵分三路，再向金华杀过去。

祁门危机被左宗棠率楚军一战化解，曾国藩在后方听到捷报，高兴得直掉眼泪。

曾国藩抓紧写奏折向朝廷表功，替左宗棠邀功，朝廷在3月、5月相继发布两道谕旨：

其一，命候补三品京堂左宗棠帮办两江总督曾国藩军务。
其二，授左宗棠三品太常寺卿。

"襄办"改成"帮办"，有同僚并列的意思。表示前段时间曾国藩将左宗棠当作自己最得力的副手，已经取得明显实效，左宗棠可以作为地方督抚预备人选，与曾国藩并列独立，实行"同志式"的军事帮助。从入张亮基幕府起，左宗棠出山已经十年，这是他第一次被授予实职。

到这时，太平军主要将领，基本都与楚军交过手。结果几乎都以太平军败逃告终，他们开始害怕与楚军作战。但湘勇与楚军还在合力，对他们进行围剿。

曾、左合作在这一时期进入黄金蜜月期。左宗棠在战略上给予曾国藩的鼎力支持，表现在咸丰十一年（1861年）7月9日，左宗棠率楚军将领刘典驻守安徽婺源，此军再次帮曾国藩一举解了安庆之围。

这是湘军对太平军作战的一个关键转折点。湘军夺回安徽省城安庆，便控制了长江中游的局势，两军对垒，形势开始发生微妙的逆转。

同治元年（1862年）1月24日，因为在江西战场卓著的战功，也因为曾国藩不遗余力地实心保举，五十岁的左宗棠获得了人生第一个地方实职——浙江巡抚。

这时起，曾、左之间从之前明确的上下级关系，逐渐向平等的同事合作关系过渡。曾、左相互的合作，从之前的黄金蜜月期，开始进入鱼水合欢的互助蜜月期。

对大清王朝的安危而言，这是一个历史性的转折时刻。湘军与太平军从咸丰六年（1856年）军事相持至今，因为左宗棠楚军的壮大，优势的天平，开始朝着湘军倾斜。

|四|

乱世是机遇的同义词，对乡下举人左宗棠而言是如此，这话在李鸿章身上也同样应验。

让我们将眼光平移到李鸿章身上。在湘军军事节节胜利的大势里，李鸿章迎来骤然的转机。经曾国藩实心保举，同治元年（1862年）5月出任代理江苏巡抚。

一年前，曾国藩在奏折中保举称李鸿章"劲气内敛，才大心细"，"堪膺封疆之寄"。当时主要是想开个空头支票，以稳住李鸿章的心，没想到事到如今却成了伏笔。

李鸿章得以如愿出任代理江苏巡抚，不能不说有一定的机遇加运气成分。

曾国藩第一个邀请出任江苏巡抚的人，是湘军宿将陈士杰。凑巧，陈士杰借"居家为母亲养老"为由拒绝出山任事，曾国藩转而保举李鸿章。

曾国藩最终决定实心保举李鸿章，是多重因素的合力，其中既有时势的紧迫因素，也有团体利益的考虑，同时还兼有稍纵即逝间必得迅速作出决断的偶然性。当然了，跟李鸿章本人积极的行动，更是有着密不可分的关系。

时势的紧迫因素表现在，一年前，三十一岁的咸丰帝驾崩于热河，六岁的同治帝继位。慈禧太后与以肃顺为首的八大顾命大臣的争斗虽已结束，但余焰仍未散去。辛酉政变直接牵动江南镇压太平天国的军事行动。不单湘军集团诸将关心最终谁来主政，主政者对湘军集团将采取何种态度，就是刚刚凭借垂帘听政取得朝政实权的慈禧太后，既担心太平天国趁势扩大，也担心湘军诸将倒戈。离开湘军集团的支持，慈禧在地方势力不稳。其时，已处战略防御的太平军趁朝廷新变未稳，伺机反扑，大军杀向上海。上海经贸发达，既能解决军饷，也能为通过海路外逃留出后路。曾国藩必须起用能人镇守江苏，从根本上斩断太平军的念想。

团体利益的考虑，则在于江苏是当时中国第一富庶之省，控制江苏，湘军军饷便有了保证。左宗棠曾经说过，湖南全省经济，不敌苏淞一县。可见一斑。李鸿章作为曾氏门生，兼有部属之实，坐定巡抚之后，从他处取军饷，至少比其他人选更听话。

偶然性的因素则是，江苏巡抚空缺后，觊觎肥缺者有汉人，也有满官。如果曾国藩不迅速填空，待慈禧同意安插满洲亲贵或亲信出任，拒绝不得，接受不能，对曾国藩来说更加不妙。李鸿章出自曾门，让他当江苏巡抚无疑更符合曾氏利益。

正是通过在江苏巡抚任上创办淮军，李鸿章凭借超凡的军功得以迅速崛起，与凭借两年赫赫战功而晋升为浙江巡抚的左宗棠官职迅速并列。

左、李幕僚期间，均是州道的正厅级官员，李鸿章有副省级官衔，级别更高一点。而左宗棠对朝廷的封赏，几次拒绝，在襄办曾国藩军务之前，他可以说还是"布衣举人"。

乱世让能人迅速发迹，在左、李身上同时得到印证。李鸿章三十九岁出任代理江苏巡抚，比前面提到的"火箭干部"叶名琛出任广东巡抚还要早出两年，成为晚清名副其实最年轻的封疆大吏。

权力在握，能人方便布展。此后，左、李充分施展出其出类拔萃的办事才能，战功迭著，在众多官员、将领中鹤立鸡群。

没有料到的是，两人早年累积的差异、分歧，随地位变化，开始逐渐显露出来。

左、李"和而不同"阶段，马上就要到来了。

在聚焦左、李矛盾分歧之前，我们先回看李鸿章究竟经过怎样一番曲折，才最终成功上位的。

建军：不同的将官，不同的军纪

"军政秘书"出身的左宗棠懂军事，于是以法家严明军纪，楚军无往不胜。"政治秘书"发迹的李鸿章，坚持以"实用主义"带兵打仗，淮军利弊并现。要达到胜利的目标，道路不止一条。李鸿章选择的道路，有固有的光环，也有等待他的陷阱。

藏拙避短

放进晚清时代大势中观照，李鸿章得以成功出任代理江苏巡抚，宏观上得益于湘军整体扩张的大势，具体则缘于湘军整体军事战略的布局。

湘军在东南战场整体军事战略思想源头，可以追溯到左宗棠创办楚军之初给曾国藩作出的"偏师保越"战略规划。

咸丰十年（1860年）12月8日，左宗棠赶往祁门，与曾国藩见面商量军事。两人见面的地点，在安徽祁门县小城东街敦仁里小巷深处洪家大屋内。当时的两江总督府及前敌总指挥部就设在这里。

左宗棠建议，曾国藩的当务之急，不是想方设法从祁门包围天京，而应站在全国高度，考虑将江苏、浙江两省作为战略重点，通过整治官场，重用人才，鼓舞民心，来巩固这一战略要地，再图进取天京。

他向曾国藩这样陈述自己精心准备的"偏师保越"战略规划图：

> 苏州之失，闻是溃勇先至，而后逆贼随之。杭郡密迩，未知能否瓦全？为公计者，如杭郡未失，宜先以偏师保越，为图吴之地，庶将来山内、山外两路进兵，可免旁趋歧出之虑，而饷地可保。否则，贼势蔓及于越，而贼巢稳踞金陵，大军直指苏台，如击长蛇之腰，防其首尾俱应。且吴中封疆大帅或殉或逃，枝郡旁县，多已沦覆，下河上海谁与图存？如越中有一军为公宣布威德，则三吴人士均有所系属，而箪壶之奉，尚有可图。否则形势中阻，不但饷源易断，音耗难通，亦孤吴中士民望岁之心，而贻中朝士大夫以口实矣。

在左宗棠看来，"偏师保越"的核心，即在安徽湘军主体之外，于江苏、浙江两省部署辅助兵力，以阻止太平天国将东南连成一片拱卫天京。这一战略无疑卡中了太平天国的七寸。

因为"偏师保越"战略的正确，尤其是规划左、李两位大能人分别巡抚浙江、江苏，将东南联成一气，必将对太平军必将构成致命性的打击。也因此，同治元年（1862年）成为湘军与太平军军力对比的转折之年，太平军在跟湘军的较量中开始处于战略防御地位。

随太平军"合取湖北"失败，"保卫安庆"再成泡影，忠王李秀成果然及时作出战略调整，改用"西线防御、东线进攻"战略，将进攻目标转向江苏、浙江。

为什么彼此敌对的两军同时瞄准江浙？因为江苏、浙江是当时中国经济最为富庶之地，是大清帝国的钱袋与粮仓。

太平军猛攻，江苏告急，朝廷必然要不惜代价竭力保住。江苏巡抚薛焕急忙派人向湘军统帅曾国藩求助。

曾国藩无动于衷。什么原因呢？因为薛焕是原两江总督何桂清的部属，而曾国藩与何桂清因争夺两江总督位置而成为生死政敌，必欲肃清而后快，岂有援助之理？

曾国藩冷眼加以拒绝，薛焕第一次求助自然无果。

|二|

追溯曾国藩、何桂清两人的政坛恩怨，最激烈的一次，发生在咸丰十年（1860年）。

这年5月6日，太平军以排山倒海之势，一举摧毁了江南大营。

江南大营是在何桂清竭两江三省之财的支援下、在钦差大臣和春、提督张国梁的统领下辛勤经营起来的，人数达二十万之众，朝廷倚为砥柱。

但何桂清穷尽数省财力养活的这旅军队，事实上毫无战斗力可言。据接触过它的美国在华牧师这样描述："不像军队，形同市集，吃喝玩乐，大烟娼赌俱全。"

江南大营被彻底摧毁，张国梁力战而死，和春败逃常州。李秀成指挥太平军乘胜追击，杀向常州。

坐镇常州督战的何桂清得知消息，魂飞魄散，当即准备弃城逃跑。

大兵压境之下，常州士绅数千人跪求何总督守城。何桂清下令军队开枪，当场打死十九名请愿守城的士绅。

江苏布政使薛焕、总理粮台查文经见明逃不成，暗地里为何桂清出主意，两人以官方的名义，禀请何桂清退驻苏州去筹饷。

5月23日，何桂清带兵一路狂奔到苏州城外。江苏巡抚徐有壬一眼看穿他借筹饷之名行逃跑之实的把戏，非但不开城门，反而在城墙上将他一顿数落，何桂清灰溜溜掉头，转逃上海。

因两江总督带头逃跑，两江形势，其后江河日下。江南大营统帅和春兵败后重伤，退至无锡，自杀殉节；6月2日，太平军攻取苏州，江苏巡抚徐有壬被迫投水自尽。

徐有壬对何桂清总督带头逃跑恨得咬牙切齿，自杀之前留下一份遗折弹劾他："参奏督臣弃城逃窜一疏，得达圣聪，系出毗陵周弢甫之手。"

徐有壬一死，何桂清第一时间保举薛焕接任江苏巡抚。薛焕在上海设立临时两江总督府，派军队将何桂清严严实实保护起来。

纸包不住火。咸丰皇帝很快接到徐有壬的遗折，发现了何桂清弃城逃跑的隐情。盛怒之下，下旨将何桂清革职逮捕，送北京审讯。

就在刑部准备量刑宣判的节骨眼上，事情又发生戏剧性的变化，英法侵略联军打进北京城来。咸丰皇帝急逃热河避难，审判何桂清暂且耽搁。其间，浙江巡抚王有龄与江苏巡抚薛焕相继上疏为何桂清求情，朝廷不准。

何桂清集团的战场溃败，给曾国藩的湘军带来转机。朝廷迅速任命曾国藩取代何桂清。曾氏其后抓准时机，向朝廷保举左宗棠督办浙江军务、李鸿章督办江苏军务。他以军事实力作为突破口，反转手腕，逐步肃清何桂清集团势力，控制住两江三省及浙江的军政与财权。

随两江人事初定，英法侵略联军进犯北京城的风波逐渐过去，何桂清带头逃跑旧事重提。李鸿章就任江苏巡抚后，朝廷决定秋后算账，下令立即逮捕何桂清，解送北京。军机大臣彭蕴章因保荐何桂清有失察之过，被朝廷指斥"缺乏知人之明"，夺去军机大臣职位。

但何桂清作为大清"循吏"，不是说倒就能倒的，他在官场历年积累的人脉，开始显露出惊人的能量。他"潜令心腹，以重赀入都，遍馈要津，凡有言责者，鲜不受其沾润。自谓布置停妥，放胆而行，于同治元年春到京"。这不免令人咋舌，一个戴罪在身的前总督，在买通各级政要之后，居然可以大摇大摆前去北京接受审查，堪称奇葩。

支持何桂清的到底是哪些人？名单出来，令人触目惊心。

工部尚书万青藜、通政使王拯、顺天府尹石赞清、府丞林寿图、九卿彭祖贤、倪杰、给事中唐壬森、御史高延祜、陈廷经、许其光、李培祜等，或一人自为一疏，或数人合具一疏。

这些保人，或者出自何桂清的门生故旧，或者是收受了何桂清打点的好处。

除了派系跟利益集团私下暗保，正面明保也不乏其人。军机大臣、洋务派支持者奕䜣、文祥、桂良也主张对何桂清网开一面。因为太平军攻克苏州后，逃进上海的何桂清仍上奏《事势紧迫请求外援折》。他提出的"借夷兵助剿"建议，与朝廷洋务派的观点十分吻合，获得诸多要员的支持。

公私混杂，明暗交织，让审查何桂清案更为棘手。

作为有清一代著名的理学大师，曾国藩斟酌之下，祭出了他最为拿手的理学法宝，对何桂清采取一剑封喉。

同治元年（1862年）9月22日，曾国藩上奏《查覆何桂清退守情形折》，以不容辩驳的语气一锤定音：

疆吏以城守为大节，不宜以僚属之一言为进止；大臣以心迹定罪状，不必以公禀之有无为权衡。

意思是说，何桂清弃城逃跑，大节已亏，单凭这一点就足够治他死罪，不能因为部下薛焕劝他筹饷就可以弃朝廷体面跟官场等级、流程于不顾，再去查证那些无效证据；杀封疆大吏与杀平民百姓不同，杀平民百姓要掌握事实铁证，杀封疆大吏只要凭事实可以推断出他对朝廷居心不正，用心不诚，就可以宣判罪状。

清朝的国家意识形态是儒学，儒学在晚清基本等同于理学。朝廷凭曾国藩这句话，将何桂清送上了断头台。

同治元年（1862年）12月21日，何桂清在京师菜市口法场被处以斩刑。

因为前面这段政坛恩怨，曾国藩对薛焕派人前来求助，自然深有顾忌。

关键时刻，江苏团练大臣钱鼎铭站了出来。他自告奋勇，主动向薛焕请缨，愿意充当说客，前往湘军前敌总指挥部求助曾国藩。

钱鼎铭搭乘洋人的商船，躲过太平军的搜查，快马加鞭跑到安庆，通过李鸿章引荐，见到曾国藩。

钱鼎铭展开他巧舌如簧的本领，一方面告知曾国藩，江苏是富庶之地，如果援助成功，薛焕可以保证湘勇军饷充足；他同时陈述，江苏全省危如累卵、百姓流离呼号，流民四落，凄惨无告，边说边痛哭流涕。

李鸿章在边上帮钱鼎铭一道劝说，曾国藩见他情真意切，终于答应下来。

|三|

派谁去做援军主师呢？曾国藩预先作了这样一番精心规划：由九弟曾国荃负责统兵，李鸿章、黄翼升分做左右高参。这样安排的本意，是由曾国荃节制李鸿章，以防淮军将来尾大不掉。

但曾国藩没有想到，曾国荃此时统领五万吉字营将士，已经将天京城像铁桶一样团团包围。他正在指挥全军不分日夜奋力攻打，决心不惜一切代价，以取得剿灭太平天国的头功，此时自然不愿分心，带偏师去援助江苏。

咸丰十一年（1861年）12月31日，曾国荃看了曾国藩的计划安排，这样回信陈述拒绝的理由："恐归他人调遣，不能尽合机宜，从违两难。"意思很明确，他不愿放弃在天京城外做主将的机会，反去江苏充当客军，听命江苏巡抚薛焕指挥。

曾国藩倒没有料到九弟会生出这个心思。曾国荃既然不去，曾国藩一时找不到更合适的人选，怎么办呢？

斟酌之下，只好先派李鸿章前去。

李鸿章这次态度表现出十分难得的积极主动，跟两年前组建"湘军骑兵团"消极推诿判若两人。原因之一，李鸿章看到了自己独立领军的希望。远的不说，眼前的榜样就有一个：一年半前，同是幕僚出身的左宗棠独立创办楚军，凭江西战场节节胜利，已被朝廷授予候补三品京堂督办浙江军务。"督办军务"是巡抚、总督级别官员的差事，"巡抚左宗棠"已经呼之欲出。

李鸿章有才干，处事灵活机智，且不乏方法跟手段，政治判断力尤其强。他看清楚了：湘军爆发式扩张阶段已经到来，个人是虫是龙，就看现在能不能抓准机遇。

真正的机遇总像雷雨时的阳光，突然照临到头上的瞬间，令人怀疑是一场幻觉。

属于李鸿章的机遇，在上年底事实上已开始酝酿萌发。最初，江浙部分官员不满江苏巡抚薛焕，上奏弹劾，引起朝廷注意。咸丰十一年（1861年）11月18日、19日，清廷连下两道谕旨，命曾国藩密查薛焕究竟是否能胜任巡抚一职，如果不能胜任，曾国藩可以自行保举。咸丰皇帝这句话还没落地，12月29日，何桂清一手提拔的浙江巡抚王有龄又失守杭州城。薛焕与王有龄同属何桂清死党，杭州失守，祸及苏州，肃清何桂清残余势力的绝佳时机已经到来。

12月26日，曾国藩果断起草奏折，保举李鸿章为江苏巡抚。

为了打消朝廷对李鸿章的顾虑，曾国藩在奏折中加上这样一句："若蒙圣恩，将李鸿章擢署江苏巡抚，该员现统水军五千，臣再拨给陆军六七千，便可赴下游保卫一方。"这是实力保举的明证，只统领五千水师的李鸿章，能得到曾国藩另增六七千步兵的巨大支持，朝廷从曾国藩对李鸿章的深厚寄望中无疑看到了信心，不再像上次曾国藩保举李鸿章做两淮盐运使那样犹疑。

同治元年（1862年）3月，清廷下发圣旨，命令李鸿章于当月底从安庆启程，经陆路开赴镇江。因李鸿章部下有淮扬水师战船二百只不能走陆路，上海会防局官绅与英国领事麦华陀共同商定，由上海洋行预先准备好轮船，在两个月内将九千名兵员从安庆运送到上海。

4月8日，李鸿章威武抵达上海。4月25日，李鸿章代理江苏巡抚的圣旨下发。5月13日，李鸿章正式到任。

回顾李鸿章咸丰三年（1853年）初从北京回安徽办团练，至此刚好满十个年头。从官场升迁的顺逆来看，李鸿章无疑是命运的宠儿。三十九岁便位列封疆，换作太平盛世，按最快的升迁速度，也是不大可能实现的事。

职位一高，表面看似风光，其实责任愈大。真正要主政一省、独领一军，对李鸿章来说，困难依然诸多。对像他这样办团练虽名曰十年，但依然没有任何前线实战经验的高级政治秘书来说尤其是如此。他自己心里最清楚，此时除了能写得一手出色的公文，军政领域依然有点陌生。

前面十年"军政秘书"与"政治秘书"的区别，正是他跟左宗棠晋升浙江巡抚前后迥然差异之处。

左宗棠四十岁进入湖南巡抚衙门，做幕僚八年，时间比李鸿章还少两年。但他的工作，名曰幕僚，事实上行代理湖南巡抚职事。八年下来，积累了丰富的军政实践经验。加之出任浙江巡抚之前，他在江西战场有过一年半之久的实战，军政二事，早已成竹在胸，巡抚浙江已经经验、实力有余。表面上看起来，两人均是以幕僚之身一夜之间晋升巡抚，但背后的积淀、底蕴其实无异霄壤。

笔者没读到李鸿章这段时期透露心迹的文字。推想之下，如果早知道有今天，李鸿章当年办"湘军骑兵团"也许会真正尽心卖力，至少可以积累一些经验，以供眼下之用。

但人生没有回头路可供再走。弓箭既已上弦，摆在李鸿章前面的第一道题是招募人。

事到临头，李鸿章不免感到手足无措。自己近年来颠沛于湘军阵营，安徽老家已经"徒党星散"。要"立时募练"，老虎吞天，无从下口。

好在李鸿章跟左宗棠一样，不是书呆子，是个遇事总能找到方法跟对策的人。冷静思考之下，他想到藏拙避短，借势起步。

义利激争

|一|

　　坐实江苏巡抚这天，李鸿章回想从北京回安徽办团练再到入湘军幕府，这十年于他最大的收获，不单是在安徽官场与湘军阵营里历经磨砺，更重要的是练达了人情。他已经懂得借势、用势，灵活周旋于各色人事。就是说，除了能写得一手出色公文，经营人事也是他目前的长项。

　　巧合的是，安徽近年来发展的形势，于李鸿章"赤地立新"有利。原来，在李鸿章离开家乡的三年里，安徽的地方团练已经陆续发展起来。安徽庐州一带的旧团练较为强悍，对当地人情也比较熟悉。

　　事不宜迟，他决定召集并改编庐州一带旧有团练，从这里入手，着手组建淮军。

　　事前，他反复考虑过是否亲自回乡招募人马，比较权衡之后，当即自我否定。俗话说，"近乡情怯"。李鸿章内心清楚，安徽省人才济济，官场文法讲究论资排辈，大家当面开会一坐下来，无论资历还是声望，都轮不到自己主事：论资历，自己不能服众；凭声望，号召力不够。

　　权衡之下，他没有返归故里，亲自前去招募将士，而是选择坐镇安庆城，借助湘军的声威，通过派人、书信，征召庐州一带旧有团练。

　　这一招果然管用，收效也十分明显：同治元年（1862年）3月，李鸿章托付故旧所招募的淮勇陆续抵达安庆，其中有刘铭传的"铭字营"、张树声的"树字营"、潘鼎新的"鼎字营"、吴长庆的"庆字营"。

　　这四营淮勇，跟十年前罗泽南的四营团练兵打好了曾国藩湘勇营的班底一样，奠定了日后淮军的班底。

　　此时的李鸿章权力在握，一心急于将淮军组建成功，他根本来不及想，这种倚仗湘军声望振臂一呼应者云集的招兵买马方式，有利的一面固然是成军简便快捷，但负面后果同样明显。最直接的后果，淮军班底鱼龙混杂，难以管束。

初创的淮军确实是一支来源纷繁的杂牌军。细看之下，曾随六安绅士李元华转战多年的"铭字营""鼎字营"两营，出于庐州团练；"树字营"原系李鸿章父亲李文安旧部，李文安死后，改隶属李元华统领；"庆字营"由合肥西乡解先亮组织，后为合肥知县英翰所收编，又称"官团"。

多年的军营见识让李鸿章知道，在现实社会成就事业，跟做学问研究不同。做学问要讲道理，理论上成立，写出来便是好文章；组建私人军队不重道理而重情感，尤其看重谁是直接招募人，谁招募便跟定谁，一声号令可当死士，朝廷的大道理根本没人听。所以，如果不是自己直接招募而是委派人，则委派人在所募军队的权威，号令直属部队时的权威总是高于统帅。

将士来源芜杂，导致淮军发生问题，不在招募之初，而在成军之后。

这些问题，集中表现在三个方面：

其一曰军心不稳；

其二曰缺乏统将；

其三曰粮饷不继。

因为将士基本上改编自庐州旧有团练，淮军从建立之初，有别于湘军。

最根本的区别，淮军兵将冗杂，以大老粗为主。

比较去看，一目了然：曾国藩于咸丰三年（1853年）初依靠罗泽南一千二百人的旧部创立湘勇，其组建原则是"选士人，领山农"，也就是兵将为"书生加农民"。湘勇将领，主要是一些名利心强而政治地位不高的中下层知识分子，其中有科名的多达三十人。用曾国藩本人的话说："矫矫学徒，相从征讨，朝出鏖兵，暮归讲道。"湘军将领文化水平普遍不低，大部分可以做到白天上马打仗，晚上下马讲课。

淮军则大为不同。李鸿章身为科班进士、翰林院编修，其本人学历高，加之在安徽官场跟几任巡抚混过五年多，又跟着曾国藩做了三年湘军"政治秘书"，知道打仗要靠战场本领，而不靠学历，因此对将领的文凭反倒并不看重。他本人办团练十年，锻炼得最到位的是时局洞察力与政治判断力，荒废得最厉害的恰恰是学问。

李鸿章抛开学问的道德、义理，根据纯实用主义的策略，专一重视将士的军事才能、韬略，他明确表示，看不起那些以科名自相标榜的人。因此，在淮军十三营的十一位统领中，举人、廪生各仅一人，其余全是地主团首、降将、盐枭、防军，清一色属孔武有力的江湖大老粗。

|二|

比较去看，左宗棠带军队，同样以实用主义的眼光。这是他跟曾国藩最大的不同。

曾国藩选将领，必须是"才堪治民"的文士，左宗棠则首先器重"精壮、朴强"的勇士。曾国藩用儒学治军，左宗棠凭法家治军。

比较曾、左、李三人所办军队，军队论战斗力与纪律性，真正能够拿双百分的，是左宗棠的楚军。

楚军战斗力强，源于左宗棠识人用人集中只看一点：选人不看地区，着眼五湖四海，士兵"亦不尽朴实之选，止取其能拼命打硬仗耳"。也就是楚军营内武将领兵，由文官节制武将。

楚军纪律性好，有两大原因：

一是左宗棠严把选人关。

咸丰十年（1860年）端午节后正式招兵买马时，湖南哥老会已经猖獗。左宗棠规定查新兵宗族家谱，凡是家庭有过帮会组织经历的人，一律不予录取。

二是左宗棠以法治军，雷厉风行。

为严明军纪，左宗棠亲笔写作《楚军营制》，既作楚军将士的军事教材，也是约束三军的法律文书。

今天读《楚军营制》，能看到它严明奖惩的刚硬措施与令行禁止的铁的纪律：

随手摘录"教什长"一节，左宗棠事无巨细地明确了楚军基层干部的责权利：

　　什长为一棚之首，如公项银钱、米账之类，必由什长经营，或不知写算者，自择散勇能者代管，务必常矢公直，不爱小利，时时以好话劝诫本棚，令各勇勤操技艺，恪守营规，勿与同棚争闹。如自己打仗办公不力，不能管束本棚，定行降革。至散勇不听什长约束者，即由什长禀明哨官重究。

在"申明号令"一节，左宗棠又明确规定，军令如山倒，对号令领会错乱者，有具体惩罚规定：

> 打仗操演，全恃统领处号令严明，各军始得齐整。兹以锣、鼓、牛角三者，为军中进退、止齐号令。统领、营官处每样各二件，哨官处每样各一件。无论打仗操演、出队行走，一闻鼓声即进，闻角声即止，闻锣声即退。如当进而退，当退而止，当止而进，是不遵号令。在打仗时，有勇丁错乱，即行正法，在操演时，有勇丁错乱，即行重责。如三次错乱者，加插耳箭游营，以肃军令。凡兵勇听哨官号令，哨官听营官令，营官听统领号令，统领呼本部堂号令，万勿错误。

将士行军与百姓打交道，既需"纪律"，也需"注意"。左宗棠从实践中摸索，总结出他的"三大纪律多项注意"。其"三大纪律"是：

一、行军必禁：

> 凡犯奸掳烧杀者，查明即行斩示，绝无宽贷。即打牌、聚赌、吹烟、酗酒、行凶、宿娼、私出营盘、聚众盟誓、妄造谣言揭帖之类，讹索民财、封掳民船、强负民货，皆当严禁。军中兵勇、长夫，衣服只许穿青、蓝两色，不许结拜哥、弟等会，并不准辫搭红线，如有犯禁，查实定行分别严惩。

二、稽查买卖街：

> 营盘之外，半里内不准搭有棚厂，开张生理，并不准百姓搭棚居住；半里之外，听其为之，然妓馆、烟馆以及赌厂、牌厂仍不准有。仰营官随时巡查，严行禁止。

三、禁止游民：

> 营中不准有无业之人跟随拔营，恐伊假营中之名，在外抢掳滋事，百姓不能分辨，归咎营中，以致怨声载道。仰各营官随时查察，出示驱逐。倘有不遵，即行斩首。

以法治军的长效，经得起时间的检验。曾国藩的湘勇在剿灭太平天国后迅即退出历史舞台；左宗棠楚军则在平定大西北、收复新疆之后，又成功打退法国，护住台湾，原因在此。当然了，这是后话。

如果说，曾、左同以学问治军，区别仅在于用儒家还是取法家，李鸿章则纯以实用主义治军，背后根本无法找到学问依据，是现实需要与各式理论的杂糅，经不起推敲。

左宗棠到底通过什么样的手段、方法，让天下英才齐聚楚军帐下？

其基本的方法是：礼数尊重，以情动人。古往今来，有能力的人大都比较有主见，性格上也不大从俗随流，不但发现气类不对者不肯跟从，而且一言不合就离开的情况也屡见不鲜。但有能力的人、特别是有能力的读书人，最大的软肋是被内心真诚的人尊重，一经尊重他便敞开心扉，将自己的才学悉数展露出来。

传统的幕府制度，求得人才主要的方式，是幕主主动延聘。幕主对幕僚以"宾师之礼"聘请。张亮基当年聘请左宗棠入幕是这么做的，骆秉章其后更是将岳阳的父母官及湖南的文化名人都派去当说客，盛邀左宗棠出山。左宗棠本人有过两次被邀的经验，他非常清楚怎么做最能打动隐居于野的人才。

左宗棠邀请老湘营创始人王鑫的哥哥王开化出山，除了用情用礼，还用上"缠"。左氏自知"频年戎幕，从未躬履行阵，于战事毫无阅历"，王开化不但有丰富的战场经验，他同时是王鑫的哥哥，能够凝聚楚军军心，所以接二连三地去信，请他出山佐幕，总理全军营务。王开化连年征战打累了，顾虑仍多，以身体衰病为由推托，左宗棠便"请以半载为期，待略请打仗路数，即以安车送先生归里"，王开化碍于情面，不得不参其戎幕。

左宗棠用这种方法主动延聘而来的幕僚，还有刘典、杨昌浚、夏炘、胡光墉、吴大廷、吴观礼、王柏心、柏景伟、饶应祺等人。

除了主动延聘之外，左宗棠求得人才的方法，还有奏调、札委、他人推荐三种方式。

所谓奏调，就是将他处的人才（通常是候补官员），通过幕主私相联络，再向皇帝奏请，调往己处。左宗棠幕府中经过奏调入幕的幕僚占了较大比例，贯穿了左氏幕府的始终。比如同治元年（1862年）1月，左宗棠刚补授浙江巡抚，就上奏请调王加敏入幕，此后又上《请敕调各员赴营差委片》，一次性奏调李云麟、邓绎、夏献纶、谢大舒、张岳龄、周开锡、成果道、魏良、吴国佐、邹寿璋、严咸、陈友诗、田钰、葛钺、夏鸿先、马寿华、易方、陈彝爵十八人，上谕一概照准。同治二年（1863年），左宗棠因"浙省军务、吏治，需才孔亟"，又请调顾菊生、谢宝谬、吴士迈三人入幕。

所谓札委，是指幕主用公文形式委任某人担任某项职位或从事某项工作，这一般是上级对下级的行为方式。左宗棠在规复新疆之前，相当长一段时间在筹划关外运粮事宜，为了保障军需，他先后下札委任多人在关内外沿线设置采运局办理粮运。如札委陈瑞芝主持北路采运总局于归化，陈氏"竭力经营，虽有成效，而于蒙部情形未能尽悉"，左认为"非加委大员前往督同办理，或不免利见弊生，稍致贻误"，于光绪二年（1876年）后又下札委任喜胜赶赴归化，主持采运事宜。

此外，左宗棠还经常写信敦请朋友、熟人为自己推荐人才。比如浙江乌程人施补华，"一再公车报罢，杨中丞昌浚抚浙，怜君落拓，使谒左文襄于关陈。当其时，文襄开幕府网罗天下英俊，得君，诸贤皆出君下，乃大喜。军事一以相关。"施补华入左幕之后，主要负责参议军事及替左草拟文奏。他著有个人文集《泽雅堂文集》，不少文字就是在入幕期间撰写的。

|三|

比较左宗棠组建楚军，淮军在招募之初，差别主要有二：

第一，改编程度不同。楚军跟淮军虽然都对旧将进行了收编，但左宗棠只收精锐，李鸿章则来者不拒，照单全收。比如，楚军只有三分之一改编自王鑫的老湘营，而之所以器重老湘营，又因为它是湘军中最为英勇善战的部队。淮军的四营兵勇，如前所述，是对安徽当地勇团照编全收，只注重规模跟声势。

第二，将领文才有异。楚军将士皆用武人，标准是"精壮"，士兵要求，"止取其能拼命打硬仗耳"，也就是说，左宗棠专一使用具备职业化军人素质的武人；淮军虽然同以战场能力说话，但区别在对将官、营官的文化要求不同：楚军营官、将领，虽然不用进士，稀用举人，但至少都有秀才功名，无一人是江湖大老粗；淮军诸将入军前则多近似地方恶霸与潜在黑恶势力。

如刘铭传本是安徽肥西县的一名农家子弟，青年时代以劫富济贫为业，组建淮军前一度流落江湖，一度是官府追捕的要犯。而被称作"淮军十三名将"之一的聂士成，幼年父死，家境贫寒。曾有商贩被匪徒追杀，聂母设法将其藏匿，两人遂结为好友，士成跟他学习从商，混迹江湖。后两人弃商从军，士成以武童之身投奔袁甲三部，由普通士兵起步，迅速发迹。

这两大差别，概括成一句话，就是：到底要不要打造一支有文化的军队？左宗棠说，必须是；李鸿章说，没必要。

一般地说，"打仗"与"学文化"确实存在一定矛盾。军队过于重视文化，战斗力往往偏弱，李元度办平江勇即是例证。李元度本人平时爱好读书、写书，他选用将领气质类似本人，导致平江勇有好士兵而无好将领，上了战场便想逃跑；而完全不重视文化的军队，是湘勇将领鲍超的霆军。这是一支作战生猛的王牌部队，同时又是一支愚蠢的军队，其结果是带出兵油子、痞子军、黑老大，闲时扰民，急时哗变。左宗棠用他入江西战广东时，霆军便以闹军饷而叛变，大部投诚入太平军。

回头总结，可以看出三人的区别：曾国藩与左宗棠在建军时的相同之处，都重视军队文化。差异是，曾国藩偏爱用进士，强调将官要"才堪治民"；左宗棠偏爱秀才，只需将官本人廉洁，重视气节，能"以文化兵"，保证军令上通下达即可。李鸿章则与两人完全不同，他将"文化"与"军事"完全割裂开来，将官喜用江湖大老粗，只求战场能够取胜。

问题正在于此：李鸿章并不认为自己的用人标准存在问题。恰恰相反，他将之当作自己的过人之处，自称用人"取瑰异倜傥，其拘守文墨无短长者非熹"。即是说，人才只要有特长，则其他一概不问，予以重用。这就颇有点曹操式"唯才是举"的味道。

李鸿章从军事实际需要出发，"唯才是举"，将"能力标准"置于"道德标准"之上，注重罗致经世致用、精明练达之士，拒绝聘请道学先生和文学侍从，这跟他的老师曾国藩刚好形成两个极端。这大概是曾国藩教授李鸿章学问时做梦也不会想到的。

曾国藩选用人才标准有四条：第一要"才堪治民"；第二要"不怕死"；第三要"不急于名利"；第四要"耐受辛苦"。也就是说，曾国藩用人第一关要看学历，要"才堪治民"，并明确要求了"道德标准"。

李鸿章别开生面的"唯才是举"，最终发展为"战场胜利是检验人才的唯一标准"。当然，在坚持"实用至上"这一大前提下，由于他本人文才高致，他对有学历文凭的将官也并不是一概排斥，尽管没有明确的道德标准，他多少也招来一些"德才兼备"的人才。

事实为证，李鸿章请来过被人誉为"操行贞笃，条理精密"的钱鼎铭、"精思卓识，讲求经济"的冯桂芬来替他襄办营务；招来了号称"学识轶伦，熟悉洋务"的凌焕、"才识宏远，沈毅有为"的周馥来为他办理文案。

左宗棠的用人标准偏中庸，居于曾国藩、李鸿章之间。他既不像曾国藩那样因追求"德才兼备"偏向虚华，也不像李鸿章以"唯才是举"倾向粗放。

左宗棠用将官的标准，概括成两个字，即是"廉干"。"廉"指不贪钱，"干"指能办事。只要不贪钱、能办事，便是左宗棠认定的"德才兼备"式人才。

细看可以发现，这恰恰是左宗棠化繁为简的高明之处。自古以来，领导用人都声称要"德才兼备"。事实上，这很容易沦落为一个空泛的口号。因为衡量道德的标准，何止万条；评判才能的标准，也不止万个。人才标准不能具体量化，即使理论上完全正确，也总归缺乏可操作性，人为操作的空间便大。用进现实，经常导致名实不符，道德成为标榜，无法真正转化为力量。

"廉干"标准简单，可以量化，容易操作。用现在的话说，左宗棠真正高明的地方，在他于诸多复杂的矛盾中抓住了主要矛盾：官员最大的道德是不贪钱，最基本的才能是能办事。至于其他，《论语》所谓"大德不逾闲，小德出入可也"，都是枝节，不必拘节。

为什么只要是"廉干"的人，便可认定是"德才兼备"的？左宗棠自述理由：贪钱的官员，道德品质败坏，不会只停留在贪婪、腐败这一点上；不贪钱的官员，其他方面的道德品质，也往往可取。能办事的人，通过自身能力便可以成功，道德品质一般坏不到哪里去；不懂办事的人，往往钩心斗角，冒领功绩，推卸责任，抢功邀赏，成事不足，败事有余。

自古以来，人们常习惯说"德才兼备"。事实上，这只是一种人们追求的理想，因为苛求全人是无人能够做到的。孔子说："若圣与仁，则吾岂敢？"孔子认为自己做不到圣人，曾、左、李事实上也不是完人。容忍别人无伤大局的缺点重要，是因为每个人都可以发现，身边人细看之下，都有数不完的毛病。接纳比挑剔重要。

|四|

左、李建军观念的区别，带来实践的差别，直接导致两军建成之后，军纪判若云泥。

军纪是立军之本。左李"和而不同"的分歧，此后进一步拉大了。

淮军营官、将官，大多不通文墨，导致的直接结果，李鸿章本人便成了淮军少之又少的大文化人。以一人之文化，节制、教化数万粗粝之将士，不但节制乏力，而且上下隔膜，要做到军纪统一，令行禁止，谈何容易？军纪自然沦为画饼。

李鸿章处事机灵，善于权变。他根据实用主义的原则，一改曾国藩由文化人统领"朴实山农"的规矩，任命有黑恶势力倾向的粗人，指挥一帮唯利是图的底层流民，战斗力自然超强，但一开始已经埋下军纪涣散的隐患。

淮军主要将领中，除潘鼎新是举人出身，其余人等出身有如水泊梁山。程学启是杀人如麻的太平军降将，刘铭传是操弄江湖的盐贩子出身，张树声、张树珊以及周盛波、周盛传兄弟在加入淮军前办理地方团练，在官府与民间两头通吃，同属地痞一类的人物。他们常年混迹社会，养成了游侠做派与流民作风，带兵打仗固然可以杀人不眨眼，但既无道德律令又无文化约束，事业正义与家国情怀，既不入心，也难入脑。

而李鸿章又迫切希望建功立业，因此又引出了另一个新问题：他激励将士上阵拼杀的动力源，必然会背离儒家仁爱、教化的道德观。

观历朝历代，统帅激励将士，不外三样：一是名誉，比如授予军功奖章；二是利益，比如奖钱、升官；三是成就感，比如鼓动将士为国家而战，为家乡而战。

历代儒家士大夫"尚义轻利"。孟子曾明确主张"以义为利"，能够为大多数人带来利益，才是值得自己去追求的利益。所以，历代军事家，号召军人的口号，最有效的不外是"保家卫国"，而一般都不提"当兵发财"。即使士兵是冲发财来当兵，但军事政治教育课上仍要极力淡化士兵对物质的欲望。这是"以阴制阳"的哲学原理，历代兵家皆通达此理。

曾国藩对这点研究最深，已经达到洞穿天机的程度。他说：

> 圣人有所言有所不言。积善余庆，其所言者也；万事由命不由人，其所不言者也。礼乐政刑，仁义忠信，其所言者也；虚无清静，无为自化，其所不言者也。吾人当以不言者为体，以所言者为用；以不言者存诸心，以所言者勉诸身。

李鸿章对军事政治教育最大胆的突破，在于他完全离开学问，反孟子而行：以利为义。因此，后世有学者总结，淮军将士作战的动力源，集中在"功名利禄、子女玉帛"八个字。有文人私记淮军成立之初攻打上海的场景，形象地刻画出这一特点。当时，急于建功的李鸿章对程学启、韩正国、张遇春等将领发布战斗动员令时说："你们不是天天嚷着要立功受禄吗？现在机会来了，贼娘的第一战就看你们的了！如果失败，不仅无禄可享，整支淮军都得滚出上海，你们也就别再做升官发财梦了。"

这是一个颇为值得玩味的话题。虽然曾国藩的湘勇、左宗棠的楚军，将士率兵杀敌，也是冲着高额军饷而来。但两人公开的口号，始终是"保家卫国，捍卫文化",从不敢以高额军饷公开刺激。曾国藩尤其重视军队的思想政治教育,以义制利。为了激发将士内心的热情与正义感,曾氏苦心自创了一首《爱民歌》,供士兵们每天传唱,目的是淡化因高额军饷刺激的攀比、竞争之心。

李鸿章之所以敢于如此标新立异,除了晚清工商业文明兴起,言利渐成社会风气,最关键的还是他站在法家角度,去洞悉人性。李鸿章有自己的一套理论。他说:"天下熙熙攘攘,皆为利耳,我无利于人,谁肯助我。董子正其谊不谋其利语,立论太高。"即是说,当兵打仗为朝廷,口头上说得好听,其实并没有什么高尚目的,带兵打仗跟生意人做商业买卖其实是一样的,无非追求一个"利"字。商人还懂得"无利不起早",你要将士们上战场为自己卖命,没有实质性的财货、官爵好处,他们不干。

李鸿章这一价值观,当然也不是他的原创,源头在战国法家集大成者韩非子。

韩非子有句名言:"故舆人成舆,则欲人之富贵;匠人成棺,则欲人之夭死也。"意思是说,造车的人,就希望天下人富贵;做棺材的人,就希望天下人早死。不是车店掌柜道德高尚,棺材店掌柜人品卑劣,他们不过都是在考虑自身利益罢了。世上哪里有什么道德?只有利益。

韩非子这个观点,标新立异,惊世骇俗,但事实上禁不起推敲。清末湖南湘乡有位开中药铺的名老中医自题一副春联,拨正了韩非子,道出了正确的义利观:"只要世上人莫病,何愁架上药生尘。"毕竟自私自利只是人性中的一点,而不是全部,比自私自利更高尚的人性,是道德情怀。离开道德情怀谈自私自利,每个人生存的空间,不是阳光草地,而是荆棘丛林。正如一位哲人所说,如果道德是相对的,人肉只是口味问题。

在李鸿章"以利励军"观念的指引下,淮军组建之初,便显得军纪废弛。

事实上,军纪废弛始终是困扰李鸿章整个军事生涯的一块心病。因为过于偏重现实利益,而完全忽视道德理想情怀,早在淮军建立之初,李鸿章就尝到了军纪废弛的苦头。他向曾国藩说过这样一件怪事:"新募各营,其有成军起程禀报到辕者,求通行沿途营卡放行,张树声等五营,李世忠来咨,疑为奸细,竟有留难之意。即都(兴阿)黄(彬)各处,嫉忌多端,千里募军,殊为耽心。"

即是说，新组建的淮军将士唯利是图，形同"兵痞子"，居然被各地官军怀疑是太平军奸细而不予放行。淮军内部相互猜忌盛行，让李鸿章经常提心吊胆。从原因导致结果的角度看，信奉纯实用主义的李鸿章，一开始就尝到了自作自受的苦果。

淮军组建如此草率、乌合，其后萧规曹随，每况愈下。

随着问题暴露得越多，主持大清国军事的左、李之间的分歧，积累得更大了。

回看李鸿章二十岁那年梦想建立军功，拜相封侯，原本属文人胸臆之诗，不意现在居然渐成现实。眼下既已独立成军，距离梦想兑现已经不远。

为图谋事功，他急于扩大队伍。

如何扩招呢？原本就没有扎实的基础性的建军经验可供借鉴，李鸿章大胆抛开学问，根据实用主义原则，在便利快捷的路上继续高歌猛进。淮军主要采取改编原有防军、借将带兵、收编两淮团练和太平军降众四种方式来扩充营伍。

事实为例，前江巡抚薛焕所部防军不下五万，李鸿章根据"就地陶洗""择将而使"两大原则，将"洋烟油滑之徒"陆续淘汰，解散三万余人。对于选留的万余人，其中不少是湘淮籍兵勇，李鸿章则采用湘军规制，重新进行编组。部分以原来的统领统辖原有之兵，部分另行委派统将。

李鸿章这种"泰山不让土壤、江海不择细流"的大气改编做法，利弊同样明显。

利益是显见的。淮军的壮大速度，超出楚军数倍；李鸿章收复江苏的速度，也比左宗棠收复浙江更快。

可供比较的事例是，咸丰十年（1860年）6月，左宗棠创办楚军，经严苛的筛选、淘汰，仅录用了五千战士，包括伙夫、后勤人员，总共才五千八百零三人。一年后，楚军在江西战场成为中流砥柱，曾国藩要他扩充到一万人，左宗棠还在担心队伍混进哥老会成员，加之军饷供给难以跟上，迟迟不肯答应。到同治三年（1864年）3月，楚军打下杭州城，连带加盟的蒋益澧八千人，规模仍不过三万人。

后来居上的淮军，发展速度称得上迅猛。

淮军增长的数量具体是多少，速度有多快？

笔者只能从同治三年（1864年）10月李鸿章跟同僚吴棠的一封书信中查到确切数据。李鸿章在书信里的原话是："敝部水陆七万人，忙时有益，闲时多愁。"即是说，淮军此时已经多达七万人。同时期的三万楚军，数量不及一半。

快速增扩的规模跟无法保证令行禁止的军纪，成为早期淮军最急切、最突出的矛盾。淮军以利益刺激将士，加之军纪形同虚设，让问题从军内逐渐扩散进社会、官场。这令以法家治军，用文将节制武将，严明军纪，令行禁止的左宗棠，根本无法容忍。所以他对李鸿章有了本书开头的批评："淮军以诈力相高，合肥（李鸿章）又以牢笼驾驭为事，其意在取济一时，正虑流毒无底。"

楚军其实也遭遇过哥老会帮会的困扰。咸丰十年（1860年）奠基的楚军班底固然历史清白，军纪严明，但同治六年（1867年）西征的楚军也混迹进来源不明的将士。原因是左宗棠全权委托楚军副统帅刘典回湖南招募二万人，刘典在江西、安徽、浙江征战三年再回湖南招兵买马，本土人事已经生疏。

同治八年（1869年）初夏，混入楚军的哥老会首领，居然在楚军中暗地发展会员，数目之多，令人心惊，连左宗棠的亲兵营也查出了数百名入会名单。如果听任蔓延，一年半载后，楚军势必为哥老会帮会掌控，后果不能深想。

楚军成立之初，便立下"一经发现，当即斩首"的军纪。但法不责众，左宗棠被迫运用智术加手段来整肃军队。他以迅雷不及掩耳之势，在查出的当天便捉拿了哥老会头目吴三友，处以斩刑。对吴手下小头目，则责令在军内大操场做检讨，并当众宣布解散哥老会组织。全体军人不分是否入会，只要宣誓脱离旧党，就算了结，既往不咎。

这次真正考验左宗棠治军的，是如何面对刚刚脱会的亲兵。

左宗棠的方法是无条件地信任。处理完哥老会的当晚，他没动亲兵营，连帐前帐后的侍卫、报时放哨的守更士兵都没有更换。他像什么也没有发生过，照旧与刚刚脱离哥老会的士兵喝酒谈天，尽兴后躺在他们中间酣睡。

这是高度信任，也是极度冒险。

而正是这种大度的坦诚与高度的信任，左宗棠赢得了全体将士血诚的拥护。高度拥护的结果，楚军军纪得到绝对保证。左宗棠其后收复新疆，依靠的正是这支告别哥老会后洗心革面重新锻造的铁军。西北荒凉，黄沙远塞，大漠戈壁，收复新疆的艰难，远远超出后世想象，没有全体将士的绝对忠诚与铁血赤诚，根本无法实现。

与左宗棠这种同全体将士打成一片，凭借个人魅力来凝聚军心、强化军纪的平等风格不同，李鸿章管理将领凭借权势与利益：权势在握，将领不敢违令；利益在前，士兵争抢卖力。将领遵命，士兵卖力，战功同样可以实现，甚至做得更好。对淮军而言，军纪似乎显得多余。

建军初期的这些矛盾、冲突，不过才是左、李"和而不同"的开场戏。因观念分歧过大，后面系列冲突，将多到一发不可收拾。

我们继续回到历史的现场，看左、李围绕军事为何发生系列分歧，其间有何得失经验。

第五章

治军：三面分歧

如何让洋人为大清国所用？左、李各取一种：左宗棠选择以道理说服，以权势震慑；李鸿章选择以承诺应允行军事欺诈之事，以计谋成功。国家之上的争斗，只有利益，无关道德。但成功不是大人物的唯一主题。成功之上，有天理良心，还有绝对的人道主义。

黑白人心

| 一 |

左、李在军事方面的分歧，主要表现在武器、"洋枪队"与杀降三个方面。

武器方面的分歧，源头可追溯到曾国藩。

曾国藩曾提出过一个著名的观点："用兵在人不在器。"他充分肯定了人在战争中的决定性因素。

左宗棠在这一点上跟曾国藩相同。

这倒不是说，曾、左都不关心军队武器。事实上，近代军事工业企业最早由曾国藩倡议并创办。

咸丰十一年（1861年）秋末，湘军攻陷安庆后，曾国藩立即在此地设立安庆内军械所。

安庆内军械所是中国近代第一所国产兵工厂，以手工仿制开花炮、弹药及轮船，为湘军提供部分武器装备。作为中华文化本位主义者，曾国藩规定军械所内"全用汉人，不雇洋匠"，最终集合了一批当时中国著名的科学技术专家，如华蘅芳、徐寿、龚芸棠、徐建寅、张斯桂、李善兰、吴嘉廉等人，此外还招募了上百名工人。

安庆内军械所筹办所需资金，全靠湘军内部供应；产品全部供给湘军内部使用，技术力量也完全来自中国国内，因此取名"内军械所"。

跟曾国藩单纯注重本国兵器、排斥西洋兵器不同，左宗棠虽然也认为"用兵在人不在器"，但跟曾国藩在细节与程度方面均存在一些明显的区别。

左宗棠认为，武器能否发挥作用，以及作用的大小，决定因素不在武器，在使用之人，这点曾、左完全相同。但左宗棠同时认为，军人如果不能掌握最先进的现代军事武器，技不如人，则用兵同样难以取胜，这是他跟曾国藩所不同的。曾国藩所用的武器是土枪土炮，左宗棠大部分使用的是现代化军事武器。

在左宗棠看来，曾国藩奉行"反己守拙之道"，反对"务外取巧之习"，固守本土文化，已经走了极端，自觉不自觉地回到传统的老路上去了。同时，曾国藩过于强调了战争中人的因素，对先进武器在战争中的作用估计不足，在精通理工技术学问的左宗棠看来，这也是一个比较明显的缺陷。

因此，左宗棠在同治五年（1866年）创办福州船政局时，便不学安庆内军械所。他目光朝外，自我摸索，大胆以高薪聘请法国人日意格、德克碑来做洋教师，以传授法国最先进的造船与驾驶技术，并约定以五年为期，直到日意格、德克碑全部教会中国学徒，再交付中国独立自主制造为止。

比较可以看出，在学习西方军事技术方面，左宗棠比曾国藩多迈了一步。也可以说，在"师夷长技以制夷"上，曾国藩主张单纯学习西方人的科学精神，左宗棠于科学精神之外，更侧重学习西方人的技术。

擅长办事且以专心实用主义眼光成事的李鸿章又有不同，他在左宗棠的基础上，再多迈出一大步。

|二|

李鸿章不大相信人心，在他看来，这世上最靠不住的东西，就是人心。

长年的成事实践经验让他更相信权势跟利益的力量。权势可以逼迫人心服从，利益可以诱惑人心跟从，试图以道德感化人心，让依附者自觉听从，道理是对的，但未免显得迂远，现实中办不成事。基于这一价值取向，李鸿章发展武器的核心主张，专注于"讲求洋器"。

李鸿章虽然醉心于"讲求洋器"，但更愿意将坚船利炮当作战争胜利的手段，而不是目的。李鸿章坚持中华文化本位，对中国的"文物制度"抱有高度的热情，这一点与曾、左二人是完全相同的。这是三人跟同时代的思想家郭嵩焘截然不同之处。郭嵩焘认为，中国的器物、制度、文教全部不可取。

李鸿章实践"师夷长技以制夷"，跟曾、左大异其趣的地方，在于他将淮军全部用西方的洋枪洋炮武装起来，从武器到装备，直接从西方国家购买，而不主张像曾国藩那样用中国传统土方法自造，也不主张像左宗棠那样从英法两国引进技术、雇洋员自造。

不难看出，李鸿章不单主张学习西方的科学精神，更主张军事武器、军队制度上"全盘西化"。

这一时期，李鸿章曾说出一句足以令时人三观颠倒的名言："孔子不会打洋枪，今不足贵也。"

作为曾国藩的学生、一个中华文化本位主义者，在"三千余年一大变局"的考验下，李鸿章为什么会有如此激烈惊人的主张呢？

这跟曾国藩早年教他"经济"并没有多少关联，更多来自李鸿章本人的国际观察与军事实践经验。李鸿章天资"机灵"（梁启超称之"聪明机警"），属于那种一眼就能洞悉事物本质的人。自曾国藩咸丰十一年（1861年）开创洋务运动以来，李鸿章留心考察中外国情，在实践中逐渐形成了中国封建主义和西方资本主义的优劣比较观。

在给朝廷的一份奏折中，李鸿章这样旗帜鲜明地阐明自己的观点：

> 中国文物制度，迥异外洋獉狂之俗，所以郅治保邦、固丕基于勿坏者，固自有在。
>
> …………
>
> 中国文物制度，事事远出西人之上，独火器万不能及。

在李鸿章看来，中国的文化与制度，跟西方国家均有不同，但都比西方国家好，中国唯独军事武器不如人；只要用西方的军事武器将中国军队全副武装起来，大清国可保基业万年长青。这与其后提倡"中体西用"的张之洞基本接近。只是，张之洞的体用观是"以中国之伦常名教为原本，辅以诸国富强之术"，也就是说，他对"体"的理解，是"伦常名教"，即传统儒学。

李鸿章的"中体西用"体系不明，显得混杂，甚至有自相矛盾之处。基于这种认识，李鸿章醉心"讲求洋器"，以向外国购买为主，以本国设局仿制为辅。因此，他的军事洋务方法论，大致也可以概括为"购夷长技以制夷"。

淮军雇用外国军官，在军队中教演洋枪，最早始于刘铭传的"铭字营"，其后迅速普及。

为打造一支现代化的中国军队，李鸿章规划从购买洋枪炮开始，逐渐将购买西方枪炮与本国制造、聘请外国军官训练结合起来。因此，当时中国的军队里，无论官方的八旗、绿营，还是民间团练的湘军、淮军，数淮军武器最为先进，所有军营全部实现现代化标配。

跟左宗棠通过合同、契约聘请法国洋教师来教习西方制造技术不同，李鸿章在实践中对西方军事武器更倾向采取购买的方式。因为骨子里对西方人并不信任，所以他更希望寻求军事现代化的捷径。

李鸿章所取捷径，主要有两条：一曰"盗法"，从洋人那里"偷学"；二曰从"日用便民"的机器入手，逐渐扩展到军火制造，即从学习西方轻工业，逐步发展到军事重工业。

学者雷颐在《李鸿章与晚清四十年》一书中，详细研究过他的这一特点："李鸿章此时以西法治淮军的具体步骤是，以购买外国枪炮为先，虽然经费紧张，他却不惜重金想方设法求购较为先进的武器。同治元年（1862年）6月，他的部将程学启组建了一支有百余支来复枪的"洋枪队"，到当年9月，淮军各营就有来复枪一万余支。到同治二年（1863年）5月，随着淮军的急剧扩张，除有来复枪一万余支外，还有许多门能发射26磅炮弹的大炮。"

为了让官兵尽快学会操作先进武器，李鸿章还高薪聘请一些外国军官到淮军教习，教演使用洋枪洋炮。除了用西方武器装备淮军，他还聘请外国军官按"西法"操练军队，一些口令都按音译成中文，如"前进"，就按英语"forwardmarch"音译成"发威马齐"。

淮军引进西方武器、以西法操练，是在中国军队近代化极为重要的一步。而淮军的近代化，源自"常胜军"，后面我们马上说到。

比较之下，可以这样概括：曾国藩主张"中国武器，本国制造"；左宗棠主张"学西方技术，武器国产化"，李鸿章则是"购买西方现代化武器，全面武装中国军队"。

李鸿章跟左宗棠之所以存在观念跟实践上的差别，主要原因还是，跟"民间科学家"左宗棠不同，李鸿章词工文臣出身，他本人并不懂得理工技术，对他来说，直接购买是最简便、最高效的方式。

正如俗话所说，"形势比人强"。形势对决策会起到推波助澜的催化剂作用。其后发生的一次意外事故，更加坚定了李鸿章"以买为主"的基本思路。

| 三 |

淮军起步于上海，这是中西碰撞最为激烈的地方。

在上海洋场、江滩亲眼见到了洋人长枪大炮的厉害，创办淮军之初，李鸿章便迫切想办一家枪炮工厂，苦于找不到主事人。

一个叫马格里的英国人得知后，向李鸿章毛遂自荐。

马格里是英国奥金莱克人，爱丁堡大学的医学博士，陆军第九十九联队军医。戈尔成立"常胜军"时，马格里便入军营任职，当了外籍教官。因"常胜军"归李鸿章节制，马格里得以接近。两人一番交谈，马格里口舌翻飞，能言善辩，李鸿章逐渐对他青睐有加。马格里应邀脱去"常胜军"军籍，改入淮军军营。

李鸿章邀请他加盟的具体缘由，倒并不是看重他的军事才干，而是赏识他办军工厂的才能。关于这点，马格里本人在笔记里有过翔实的自述："我在被批准脱离英军后，便投效了李鸿章。第一件事就是向他指出，当时他购买外国军火所付的价格过高，买一颗从英国炮船上偷来的普通的十二磅炮弹，要费三十两银子；买一粒最坏的铜帽，也要十六两银子（六英镑）。我告诉他，欧洲国都开办大工厂制造军火，中国若要为本身利益着想，也应该建立这样的制造厂。"

李鸿章被他这番话打动了，邀请马格里为自己推荐办厂人。马格里拍胸脯毛遂自荐。李鸿章本人词臣出身，对八股、义理不陌生，但属"技术盲"。当即稀里糊涂答应下来。

马格里虽然并不懂工厂，但他对此偏偏抱有极大的兴趣，加之悟性也高，便边做边学。他尝试先带领一批工匠，以手工方式进行试制：用黏土制造一个熔化炉，将一些简陋的工具、设备东拼西凑，一番鼓捣，果真造出一些炮弹、药引、炮门纸管。恰在此时，英国军官士迪佛立前来拜访李鸿章。李鸿章请他替自己鉴定样品。士迪佛立看后给予高度评价。李鸿章将信将疑，现场试用，果然能够打响。

这一发响炮，让他完全相信了。当即授权马格里雇用五十名工人，将淞江县一座庙宇改装，就地筹建上海洋炮局。

马格里得到授权，当即开工。经过一年多的摸索，敲敲打打，到同治二年（1863年）4月，洋炮局如期建成。

李鸿章固然不懂，马格里也料想不到，他虽然凭着悟性靠摸索经验将洋炮局办理成功了，但这种"土法炼钢"为后来接连的事故埋下了隐患。

光绪元年（1875年）1月5日，马格里主持金陵制造局为天津大沽炮台制造了一批大炮。现场试射时，两门大炮的炮身突然发生爆炸，当场炸死官兵七人。李鸿章闻讯，赶紧召唤马格里前来现场查明事故原因。马格里意识到不妙，拖延了两个月，方迟迟赶来。外行大概总有一种侥幸心理，马格里仍不相信失败，要求亲自主持试射。只听见"嘭"的一声巨响，大炮炮身再次当场爆炸。幸亏这次现场人员有了经验，提早躲避，才没有再伤到人。

李鸿章迷糊了，下令检索原因，发现是原材料质量低劣所致。

原来，这批大炮炮身所用原材料本为用作平衡船体的压舱铁从外国随船运抵中国的，马格里为了赶生产进度，批准将这批不合格的材料用来造炮，待合格的原材料到货后再行更换，不料酿成大祸。

这件事在国内造成很坏的影响，李鸿章担心朝廷追责，私下勒令马格里承担全部责任，自请严处，以便自己向朝廷交差。

但马格里拒不认错。

也是祸不单行，这年5月19日，金陵制造局又发生一起恶性事故。据《申报》描述："是日午，该局工匠正在做工之际，忽因石磨偶与铁器家伙相碰，钻出一星之火，落在火箭之上，顿时箭发，直射火药桶内，但闻霹雳一声，势如山崩地裂，连人带屋冲上云霄，顿时烧毁房屋数间，工匠三人亦炸为飞灰。"

接连发生三起事故，李鸿章被彻底炸醒了，紧急叫停。

这年7月7日，李鸿章为敷衍舆论，撤去马格里在金陵制造局主事职务，将他推荐给了中国首任驻英公使郭嵩焘去当秘书。老马吹牛坏大事，令他远去英国，眼不见心不烦。

回望总结，金陵制造局接连失败的主要原因，在于李鸿章本人不懂技术，身边也没有懂技术的幕僚，他又迫切期望能够用科技造出现代枪炮，急于求成，用人不当。

在接连受挫之后，李鸿章想到将精力主要投入直接购买西洋先进武器上。这也是典型的中国传统文人士大夫因自身知识结构难以应对晚清大变局时代的需要，向军事工业现代化转型而不得之后的无奈之举。

因为买洋枪洋炮买顺了手，随后数十年，李鸿章更加迷信购买而不愿自造。不愿自造，跟他不自信有关，更主要还是他本人不愿为国家长远规划考虑。心念转变的具体原因，跟他对慈禧太后不懂政治却擅玩权术而放弃长远规划，更是有着极大的关系。

事实为证。同治十一年（1872年），在学士宋晋提出停办福州船政局的建议后，李鸿章立即附和。他在给福建巡抚王凯泰的信中，说出了他隐藏在内心深处为什么不愿为国家长远规划的最真实的想法：

> 师门本创议造船之人，自须力持定见，但有贝之财、无贝之才不独远逊西洋，抑实不如日本。日本盖自其君主持，而臣民一心并力，则财与才日生而不穷，中土则一二外臣持之，朝议夕迁，早作晚辍，固不敢量其所终极也。

就是说，大清国无论官方人才还是国家财力，均不如欧洲人，国家制度又不如日本，慈禧太后缺乏政治眼光，不为朝廷作长远考虑，根本没有实现强军的可能，还不如头痛医头脚痛医脚，脚踩西瓜皮，滑到哪里算哪里。

|四|

精通理工技术的左宗棠，在雇用法国技术专家造船时，便不存在李鸿章的问题。不只是他懂，更因为他有心。有心也是他跟李鸿章办事的根本区别所在。他宁愿冒着顶撞慈禧太后的风险，也要按照自己的意愿，扎扎实实将自造的工厂办成。事实为例：同治五年（1866年）西方用坚船利炮打开中国大门已过二十六年，中国人还在谈夷色变，"天朝上国"视西方科技为"奇技淫巧"。左宗棠顶着文化冲突，大胆向朝廷请求自造轮船。

左宗棠的建议为什么最终得以通过？与左宗棠办事注重条理与讲究沟通技巧有关。

现今仍保存的同治五年（1866年）6月25日的《拟购机器雇洋匠试造轮船先陈大概情形折》，可以看出左宗棠向朝廷汇报时扎实的调查风格与高明的劝说技巧。

左宗棠跟朝廷先不大谈自造轮船有什么可行性，给中国带来哪些好处，而是站到朝廷的角度，考虑有哪些不可行性，再针对不可行性，逐条论证，提出自己的解决办法。

不可行性主要有：

其一，船厂选择建造地址难，大机器需要实地，而海边多沙地。

其二，轮船机器购买太难，买则需漂过大西洋，难以托运。

其三，外国师匠难请，请来也有语言障碍，难以沟通。

其四，筹集建船厂经费难，国家大乱初定，五年内难以拿出三百万两白银做建设费。

其五，船建好后中国之内没有人懂得开船。

其六，造船所需煤炭，也是一笔大开支，无人买单。

其七，破天荒大事，属非常之举，容易遭遇官场与社会的造谣、诽谤。一开始社会会质疑它能否办得成；一旦办成了，又会埋怨花钱太多，或者责怪我们学西方"奇技淫巧"，跑偏了题。

全部列完后，左宗棠在奏折中自问自答，逐条给出解决方案。

左宗棠同样清楚，如果一开始他就在奏折里大谈"师夷长技"的好处与可行性，避谈坏处与不可行性，朝廷反而会更加担心。他反其道而行，以扎实的"问题"调查做依托，从论证"不可行性"着眼，等于免了朝廷顾虑，先让慈禧太后吃一颗定心丸。这实在是一种不动声色的高明策略。

左宗棠清楚，要办成船政，需要既有主张，又有方法。主张属目标，相当于理想；方法属路径，相当于路线图。理想、目标，一说朝廷就能听懂，但方法、路径，不说朝廷不会明白。说服他人，提出方法比空喊主张重要。

左氏的策略，反其道而行之，说完了方法，再说主张。他另上一道《复陈筹议洋务事宜折》，站在全球国际关系的时局中，对船政与国际政治关系及发展趋势做了一番精当分析。

两道奏折放到一起，完整地回答了"为什么要办、为什么能办、具体怎么办"。

经过左宗棠前期如此苦心孤诣的运作，朝廷这才批准同意。

师夷长技的时代大势里，左宗棠与李鸿章在军事上的相同之处是，都曾经大量购买西方列强的机械物品。

区别在于，李鸿章以淮军的名义直接购买机器、轮船、枪炮等一切先进物件，将军队现代化的全部希望寄托在购买上，而不大关注自家技术与知识产权；左宗棠则将极大的希望寄托在如何将西方技术、知识中国本土化这一点上。

左宗棠专注购买制造机器的机器设备，不惜成本学习自造轮船，大量购买枪炮子弹，始终贯穿着一根"以我为主"的明显主线。至于购买机械物品的名义，则与楚军旗号分开，全部交付有道员头衔的民间商人胡雪岩一手办理。

因为枪炮子弹不牵涉核心技术，所以左宗棠放手大胆去办，他的整个军事生涯，几乎都活跃着胡雪岩买枪搬炮的身影。

同治五年（1866年）腊月，左宗棠在给朝廷的奏折中这样照实报告，为胡雪岩请功：

> 咸丰十一年冬，杭城垂陷，胡光墉航海运粮，兼备子药，力图援应，身至钱塘江，为重围所阻，心力俱瘁。

同治九年（1870年），左宗棠去信胡雪岩，一面交付他购买枪炮新的任务，同时不忘诚恳致谢：

> 承惠赠飞轮、开花炮，精致灵便，迥异寻常，大裨军用，感荷无已！

此器惟宜行队，若攻坚则仍以义耳炮为最，其力量大、能致远有准也。现将车轮拆卸，用内地车辆分载赴前敌施放，甚称得力。唯开花弹子已用去三百余颗，深虞不给。应请代购两千颗解营为祷。

光绪四年（1878年），新疆南北已经收复，为及早规复伊犁，左宗棠仍去信胡雪岩，要他购买最新出产的枪炮子弹来武装西征军：

尊处已允购起运之枪炮、火药，亦要需也。派利之马鞍炮，可订买中等者一、二尊试看，以答其意。

比较两人在器物方面的利弊得失，左宗棠注重将西方技术、知识中国本土化，主要购买枪炮子弹，比起购买西方一切机械物品的李鸿章显得"土气"。相比全部用洋枪洋炮武装起来的七万多人的现代化淮军，近九万人的楚军（光绪元年西征率师人数）除了枪炮装备比较"洋气"，在军装、军姿、军容，包括训练方式上，更像一支中国传统军队。

借刀杀人

| 一 |

对待"洋枪队",从目的、手段到方法,左宗棠跟李鸿章也均有所不同。

李鸿章待"洋枪队",目的是依赖,手段是笼络,方法是利用。

左宗棠待"洋枪队",目的是利用,手段是管制,方法是限制。

让我们回到历史其时的情景中,先去看左、李二人的具体做法。

"洋枪队"最先出现在上海。

第一次鸦片战争后,中国被迫开放五口通商口岸,上海得地势之便,迅速取代自明朝以来"一口通商、一家独大"的广州,成为大清国最重要的外贸城市。

仔细说来,"洋枪队"的出现,跟左宗棠为曾国藩所作的"偏师保越"战略有关。咸丰十年(1860年)底,左宗棠率领楚军跟湘勇合力,将三十万太平军从江西逼近江浙地界。江浙富商逃避战火却无地可选,只有携巨资蜂拥进上海。上海集东南财富,一时间成为大清国的金融中心。

太平军此时瞄准上海财富,剑锋东指,上海租界一时恐慌。

为防备战火危及自身财富,美、英、法等在华商人开始筹备组建军队自卫。

以美国人为首的"洋枪队",成立的开头,有一个类似"乌龙事件"的小插曲:决心军事自卫前夕,美国驻华公使华若翰尝试同太平天国天京方面先取得沟通,试图说服他们放弃攻打上海,如果能够同意,外国军队愿意助力太平军。

洪秀全断然拒绝。美国迅速转变立场,反转支持清军。

关于这段史实的曲折缘由,梁启超在他所作的《李鸿章传》中有过一段真切的剖析:

> 洪秀全骄侈满盈,互相残杀,内治废弛,日甚一日。欧美识者,审其举动,乃知其所谓太平天国,所谓四海兄弟,所谓平和博爱,所谓平等

自由，皆不过外面之假名，至其真相，实于中国古来历代之流寇，毫无所异。因确断其不可以定大业。于是英法美各国，皆一变其方针，咸欲为北京政府假借兵力，以助戡乱。

就是说，西方人观察并当面接触后，发现洪秀全口称的西方现代理念，许多都是假的，不过是借了外国人的名词，因此判断他最终成不了大事。基于这一判断，英、法、美三国马上转变立场，从原本打算支持太平天国推翻清王朝，马上转向支持大清国平定太平天国。

咸丰十年（1860年）6月2日，美国人华尔在上海招募从美国流浪到上海的两百余人，组成一支雇佣军，专门用来对付太平军。

首战青浦，华尔战败。

华尔总结经验，败因在外国士兵水土不服。

华尔决定改换建军策略，用中国人打中国人。他只留下少部分美籍指挥官，新招募三千余名中国人、数百名菲律宾人充当士兵，正式组成近代中国第一支"洋枪队"。再次整装出师，"洋枪队"威力巨大，在松江、青浦连败太平军。同治元年（1862年）初，江苏巡抚薛焕为这支"洋枪队"取名"常胜军"，清廷根据薛焕的保举，赏赐"洋枪队"首领华尔为三品武官，由苏淞太道道员吴煦负责主管，吴煦部下杨坊会同美国人华尔共同管带，并将"洋枪队"的战绩如实上报，清廷予以奖励，赐名"常胜军"。

几个月后，李鸿章出任江苏巡抚，顺理成章从薛焕手中接管了这支"常胜军"。

左宗棠首次接触"洋枪队"，与李鸿章差不多在同时。

同治元年（1862年）初，左宗棠从江西移师浙江，因战火阻隔，不通音信，对上海借师助剿的"常胜军"并不知情。但浙江本土失陷于太平军之手的宁波、绍兴两地，富裕的乡绅、商民已经仿效上海"常胜军"，筹钱出人，将本土的英、法两国人自发组织起来，建军助剿。

浙江的英、法"洋枪队"其后能够得到官方支持，得益于一个走投无路的人：宁绍道道员张景渠。

宁波失守，第一责任人张景渠束手无策。他病急乱投医，想到起用海盗头子布兴，令他带领一帮飘忽不定的海盗去攻打太平军。

布兴出战，意外获胜，镇海收复。

张景渠急求再收复宁波、绍兴两地，但手头缺兵。既然已经尝到了利用外国军队的甜头，这次也不管他们是英国人还是法国人，能帮自己收复失地就敢用。受乡绅怂恿，他同意让两支"洋枪队"前去攻打。

得到张道员的授权，同治元年（1862年）5月，英、法两支"洋枪队"仿美国"常胜军"正式成立，与太平军驻宁波守将黄呈忠展开谈判。"洋枪队"代表宁绍道道员张景渠，要求太平军撤出宁波。

遭到严词拒绝后，"洋枪队"炮舰开路，火力迅猛，一举收复宁波城，黄呈忠退守余姚。

浙江巡抚左宗棠接到宁波捷报，才知道浙江本土"洋枪队"详情。

因为是被动接受，左宗棠一开始对它并没有好感，认为张景渠虽收复失地，但功不抵罪，奏请朝廷予以罢免，换上史致谔。

洋人已来助剿，怎么办？

左宗棠因事制宜，"洋为中用"。

报朝廷同意批准后，左宗棠将英国的"洋枪队"组建成"常安军"，法国的"洋枪队"组建成"常捷军"。

两军在服装、人数上均有区别："常安军"士兵均以绿布裹头，别号"绿头勇"，人数在一千人左右；"常捷军"士兵的头巾则由蓝色、白色和红色条纹组成，别号"花头勇"，有一千五百余人。

两军所用外籍将士，加起来约一百五十人，其余兵源全部选自中国与菲律宾。根据规章、契约，两支军队同归浙江巡抚左宗棠节制。

这段时间，左宗棠凭书本了解与接触观感，对英、法两国人已经形成基本判断，"英黠法悍"。也就是说，英国人过于狡猾，合作往往靠不住；法国人虽然态度强悍，但办事靠谱。是以，同治二年（1863年）3月15日，英国人组建的"常安军"打下绍兴后，左宗棠即命令宁绍道道员史致谔，全军就地解散。

靠谱的"常捷军"则一直忠实追随左宗棠攻城略地，直至收复浙江全境。

至于"常胜军",在同治三年（1864年）5月攻下常州后，被李鸿章解散。这些都是后话。

｜二｜

"常捷军"经左宗棠整顿，于同治元年（1862年）7月正式立军，由法国驻宁波舰队司令勒伯勒东担任统领，法国驻宁波海关税务司日意格担任帮统，兵卒全由中国人及菲律宾人充任。同治二年（1863年），统领勒伯勒东战死；其后，继任达耳第福又在绍兴战场阵亡；德克碑接任统领。

但左宗棠很快发现，"借师助剿"存在严重问题。

第一，军费奇高。"常安军""常捷军"所用外国军官不过一百五十人，每月所发军饷需八万两白银，是楚军的一倍以上。其普通士兵的兵饷，每人每月十两，也超出楚军的一倍以上。

第二，军纪混乱。"洋枪队"既没有主义信仰，也不为忠君爱国，纯粹是一旅打仗图发财的临时草台班子，凡有烧杀抢掠，无所不用其极。

事实为证，打下绍兴府后，"洋枪队"第一件事便是搜刮民间财物，将抢夺所得，以十一万两白银的价格，强令当地乡绅、老百姓换成现金买回。打下萧山后，这帮亡命之徒不但将太平军丢下的财物全部掠夺殆尽，甚至清军所检获的战利品，也被强令上缴。攻打余姚时，"洋枪队"为抢夺战利品，竟然与清军发生冲突，差点内部火并。

更令左宗棠忧心忡忡的是，"洋枪队"带坏了民风。自从浙江有了"洋枪队"，浙江人都知道打仗可以发财，民众"趋利若鹜，举国若狂"。国内那些平日里游手好闲之徒，都纷纷通过关系申请加入，扛起"洋枪队"的旗子，横行乡井，鱼肉百姓，而地方官不敢过问。

更加过分的是，闽浙总督下辖的绿营标兵，此时多受高薪诱惑，纷纷另谋出路。只要稍微还有点战斗能力的，都纷纷先退伍再去参加"洋枪队"。他们跟鲁迅笔下的假洋鬼子一个模式，将头发盘起来。运气跟本事好的，做了将领；运气跟本事差的，做了士兵。绿营兵本就腐败不堪，遭此恶性竞争，已形同瘫痪。

　　左宗棠知道，"请客缉贼"，必有"反客为主"之忧。汉末何进邀董卓进京，就是教训，何况眼下来的还是洋人。于是他决定"裁禁、限制"。

　　在给朝廷的奏折中，左宗棠说出了自己预感到的不利方面："客日强而主日弱"，花费中国本土老百姓来之不易的血汗钱，养活一旅外国军队，只会让中国地方财政日益空虚，军力日益衰弱，人心、风俗也被这帮唯利是图的外国人带坏；如今，上海、宁波一带的人，不再以中国官员为重，反而将外国人当作救命恩人，就是证明；借师助剿，仅是一时之策，绝非长久之计。

　　着眼"裁禁、限制"，左宗棠与"常捷军"统领德克碑终于面对面发生一次较量。

　　浙江萧山被攻克后，朝廷授予德克碑"中国总兵"官衔。德克碑拿着这块牌子，居功自傲，要求闽浙总督左宗棠答应"常捷军"扩招一千名士兵。左宗棠坚决不许。胡雪岩担心两人关系搞砸，通过私人交情，带德克碑跑到浙江严州行营找左宗棠。左宗棠在行营里，要他行以总兵拜见总督的礼仪，才能接见。

　　问清来由后，左宗棠以楚军军纪、军规为榜样，对照将"常捷军"的不足逐一指出来，将他痛批一顿。德克碑气焰虽强，但到底被左宗棠的理据与气势镇服，当即按中国礼仪跪地磕头，答应愿意严肃军纪，以死战之志，为报效中国出力，并甘受左宗棠节制。

　　法国人尊重契约，凡事讲究白纸黑字立证据。左宗棠学"实学"出身，对讲究理性与逻辑不排斥，他尊重法国人的习惯，要德克碑将自己答应的规定列为条约，全部写下来，签名作为具备法律效力的保证书、军令状，以中文与法文各写一份备档。

　　将这些全部落定，左宗棠才同意在扩军一千名士兵的文件上签字。

　　当面见识了左宗棠的威严，德克碑口服心服，回去后下令，"常捷军"统一换穿中国军服。为了表示"以死战之志，为报效中国出力"的决心，也为了讨好左宗棠本人，他干脆剃掉了自己标志性的欧洲人长胡子，让自己看上去像个蓝眼睛、白皮肤的中国人。

　　左宗棠最看重外人是否听从命令。德克碑既已服从，此后合作畅快，在攻打富阳、杭州、湖州时，左宗棠命令"常捷军"助攻，德克碑均不打折扣，立下战功。

两年下来，随着太平天国军势渐尽，左宗棠开始考虑裁撤"常捷军"。

同治三年（1864年）8月28日，楚军攻克湖州，标志着浙江完全收复。这年秋，左宗棠考虑解散"常捷军"。

解散需要抓时机。此时，恰逢德克碑要回国述职，左宗棠便提出，根据事先条约，先裁撤"常捷军"一千人，余下五百人，归宁波海关税务司主管日意格统领。

海关税务是事务性极强的工作，日意格哪里还分得出精力来？左帅这摆明是安排母鸡爬树、猴子下蛋。

领会意图后，日意格明白"常捷军"再也办不下去了，便主动提出全部裁撤。"洋枪队"至此画上休止符。

| 三 |

李鸿章对待"洋枪队"的手段与方法，与左宗棠完全不同。

跟左宗棠一开始被动接受"常捷军""常安军"不同，新晋江苏巡抚李鸿章见美国人武器先进，决定借助这支外来力量助剿，便上报朝廷。申请获得批准之后，李鸿章当即命令上海道道员吴煦、候补道杨坊负责联合上海绅商出钱，由政府出面，雇用华尔出任"洋枪队"统领。

李鸿章看中了西式武器在战场上巨大的作用，动了依赖的念头。依赖的最大风险，在于能否控制。既要依赖"常胜军"，又不要被这支"洋枪队"反控制住，李鸿章开始琢磨驾驭的总体策略。他通过一段时间的观察得出结论，上海的官员、商人对洋人的态度，要么过于柔媚，要么过于刚强。过于柔媚，容易被洋人反控制；过于刚强，则失去利用的前提，都不是正确的方法。正确的态度应该是"调济于刚柔之间"。更具体地说，就是"笼络"。

为什么应该笼络"常胜军"？李鸿章说，从短期来看，朝廷的患难在太平天国；但放长远去看，国家的忧患在洋人。大清朝既然已经积贫积弱，无法将"常胜军"请出国门，那么只能因势利导，在刚柔之间实施表面笼络、暗地控制的手段，于二者之间走钢丝，玩平衡，以实现化害为利。

李鸿章早在同治元年（1862年）初便最早看中华尔的"常胜军"。这支军队规模庞大，拥有四千余人。本着依赖"洋枪队"的目的，李鸿章不像左宗棠那样被动承认与接受，而是积极主动地鼓励与笼络。用他自己的话说："曲意联络，冀为我用，以助中国兵力所不逮。"意思是利用常胜军作为淮军的助力军，将它作为淮军的补充，在淮军力所不及之处发挥重要作用。

考以史实，李鸿章在对太平军作战时，主要使用的是洋枪洋炮。无论是依赖常胜军的新式武器，还是借助四千余名常胜军的超大规模，包括在攻坚克难方面将之当作先锋开路队，以及后面将要述及的利用戈登信誉做担保诱降太平天国八王，李鸿章事实上已经对常胜军形成了极深的依赖，而不论主观意愿只是将它作为补充。

最初同意李鸿章接收"洋枪队"的人，是他的顶头上司、两江总督兼恩师曾国藩。

作为中华文化本位主义者，曾国藩看重中方的独立自主权。为稳妥起见，他一开始给李鸿章定了两条规定：其一，淮军可以利用"洋枪队"，但仅限于上海地区；其二，要讲究任用策略，"洋枪队"可以守城，但不能安排他们攻城。

曾国藩推崇理学，理学的核心在一"诚"字，诚意正心，彼此之间以诚相待，以情动人。李鸿章虽然表面推崇曾国藩的"诚"，但内心里其实很不以为然，觉得老师太过迂远。他骨子里并不相信西方人，尤其在外强我弱的形势下，他认为要对付洋人，必得用一个"痞"字，这就是李鸿章广为人知的"痞子手段"。

李鸿章的"痞子手段"跟左宗棠以"理势手段"（合同条约、官威军势）驾驭"洋枪队"，大异其趣。这又造成了两人的差别：左宗棠以正大光明的手段控制英、法两支"洋枪队"，双方台面上都表现得有君子风范；李鸿章以背后的谋略跟智术手段控制美国"洋枪队"，双方背后相互拆台，嘴脸毕露，谍影重重，人莫予毒。

常胜军首领华尔，虽然有些专横狂傲，好歹也算听话。但"洋枪队"毕竟不属李鸿章管辖，他本人跟华尔之前也没有打过交道，万一不和，难免会起正面冲突。李鸿章不愿冒这个风险。

以"实用主义"治军,以"痞子手段"应对"常胜军"的李鸿章制伏将官有智术、有策略,一旦发现正面控制不行,就决定采取侧面迂回包抄手段,来稳步达到自己的目的。他先下令撤掉"洋枪队"的实际掌控者吴煦、杨坊的职务。这一招果然奏效,经釜底抽薪,华尔失去了后台,只好乖乖改换门庭,投靠到李鸿章麾下。

既然已经不相信曾国藩的"诚"字手段,曾国藩之前给到李鸿章的两条规定,自然也不能照实遵守。李鸿章违背"洋枪队"只守不攻的原则,安排"常胜军"直接主动出击,跟太平军在正面战场作战,华尔战死于浙江。

在"全神笼络"过程中,李鸿章逐渐看出"常胜军"存在弊端,主要有两点:

一曰"日益骄蹇"。"常胜军"人数过多,加上将领全是外国人,骄横跋扈,难以管束。

二曰"费银甚巨"。李鸿章试图依靠常胜军对抗太平军,在粮饷、军饷及军火供应方面,格外优待,比清军高出数倍。

当时的军饷配置,一个淮军士兵的军饷四五两银子不等,而"洋枪队"普通士兵的军饷竟然高达二十两之多。加之,"常胜军"纯粹为了发战争灾难财,所用外国将领清一色是本国盲流人员,而且冒险家招兵买马漫无节制,人数陆续增至四千五百余人,再加上长夫、炮船、轮船经费,每月需饷银高达八万余两。如此规模,与左宗棠楚军建军时人数(五千八百零三人)已经接近,一旦整体失控,将有不可预期的灾难。这是本着依赖为目的的李鸿章在一开始时没有料到的危机。

华尔战死后,白齐文接替。白齐文性情比起华尔更加骄横,平日里我行我素,不服地方官管束,跟吴煦、杨坊同时产生激烈矛盾。吴煦、杨坊拿他无计可施,只得以拖欠军饷来对付,白齐文暴跳如雷。

李鸿章此时已经发现依赖"常胜军"即将失控的后果,为借机刹住"常胜军"的威风,控制住"洋枪队"漫无节制的增长势头,他有意刁难,借故鸡蛋里挑骨头,以"阴术"管束住白齐文。

事件的主要经过是:同治二年(1863年)初,白齐文从松江回到上海,向杨坊索要欠饷。杨坊根据李鸿章的授意,当面拒绝。白齐文恼羞成怒,将杨坊一顿暴打，抢走了四万两银子。李鸿章就锅下面，借题发挥，将白齐文就地革职，任命英国人戈登取而代之。

双方既然闹翻，李鸿章前面的"笼络"策略同时失效。白齐文其时气焰正盛，决定反戈一击。他开始动员洋员，几次努力争取，试图官复原职，均被李鸿章打回。急怒攻心之下，他很快恢复了盲流的本性，一不做，二不休，于同治二年（1863年）7月从上海跑到苏州，直接投奔了太平天国慕王谭绍光，发誓要对淮军实施沉重的打击报复。

这话让李鸿章听得头皮发紧。

谭绍光摸不准他到底是来加盟还是潜伏的，谨慎地接受了白齐文的投诚，将其中文名字改为"白聚文"，准许他训练两千人。因他所带外国军官人数不够，最终只训练了一千余人。

白齐文在美国本是盲流，他之所以不远万里来到中国，是酒鬼加赌徒心态。他梦想在中国建立功业，混个出人头地的官衔，兼发一大笔横财，作为日后回国高就的资本。所以，入了太平天国阵营后，他依然不放过任何可以暴发的机会。不久，他从苏州跑到天京，直接向忠王李秀成申请独领一军，要求可单独行动，有完全的指挥权。

李秀成也把不定他到底是来帮忙还是来潜伏的，虽然对他款待有加，全程客客气气，但没有答应他的要求。白齐文悻悻地回到苏州太平军军营，结果只有权指挥一支不足百人的洋兵队。几场战斗下来，这支队伍打得只剩下四十来人。就是这一队稀稀拉拉的洋兵，也是人心思散，不少人申请离队。

三个月后，白齐文郁郁不能得志，感到再难待下去，便主动申请去上海养病。

谭绍光对他照样客客气气，临行时以最高军礼相送，用自己的轿子与卫队将他送到两军交界处。

白齐文住进上海医院，此时虽然已经贫病交加，但对李鸿章的恨意并未消减。他第一时间在《华北捷报》上发表署名文章，称自己"直到此刻为止，仍然没有丝毫背叛太平天国的意念"。一个背叛淮军投降太平军的小小"百夫之长"，居然敢在媒体上对江苏巡抚李鸿章发出如此公开的挑衅，引起了美国驻上海领事馆领事的不安。毕竟，此时美国跟清廷合作是主流，不能因个人恩怨破坏两国关系。

于是，领事将白齐文送去日本横滨治病，告诫他不可再回中国。谁料，待病情稍有好转，白齐文又偷偷潜回上海，发现后被强行遣返日本，如是反复两次。

同治三年（1864年）春，白齐文第三次从日本逃回中国。这次他学乖了，放弃上海，改在宁波登陆。一切果然神不知鬼不觉。上岸后，他迅速招募一支洋兵队伍，与官兵继续厮杀。7月，太平天国首都天京被曾国荃率领五万吉字营湘勇铁桶围城，一举攻破，数十万太平军顿时成了散兵游勇。

依然在福建一带活动的酒鬼加赌徒白齐文，决定改投太平军侍王李世贤余部。

因为前面有发誓打击报复的狠话，江苏巡抚李鸿章对白齐文尤其忌讳，密切注视他的一举一动。通过情报员得知他在福建省内流窜的消息后，李鸿章迅速致信闽浙总督左宗棠求助。

在左宗棠的周密部署下，白齐文与所带中文翻译跟随从人员在厦门海关被活捉。

根据属地管理的原则，如何处置白齐文，是闽浙总督的职事。因白齐文跟李鸿章存在私怨，左宗棠尊重同僚李鸿章，将他一行交付淮军将领郭松林关押，听候李鸿章处置发落。

一场十分蹊跷的海上交通事故，就在这时毫无征兆地发生了。同治四年（1865年）6月25日，在被押送美领事馆途中，押运船不明原因翻沉大海，白齐文落水毙命。

白齐文淹死之前，李鸿章曾请示过朝廷，请朝廷批示让左宗棠将白齐文就地正法。李鸿章急于报仇的心情可以理解，但这种做法到底因不符当时的领事裁判权的规定，朝廷没有同意。

领事裁判权是一项属于洋人的特权，外国人在中国犯了法，必须交付本国领事馆仲裁判决，中国政府不能依照本国法律处置。

白齐文突然不明究竟葬身大海，有人推测，可能是为李鸿章所设计暗杀。毕竟，没有比白齐文这个死法更让李鸿章感到称心快慰，且不用承担任何外交后果的了。

果然，美国驻福建领事馆考虑到白齐文几次三番违背告诫，从日本偷渡逃回中国，多少是咎由自取，加之茫茫大海无从取证，美国领事馆也不愿意因这场没有多少胜诉把握的事情得罪李鸿章，影响到中美关系，此案就此不了了之。

对擅长以"痞子手段"对付洋人的李鸿章而言，这一结局应该是他事先预料到的。

梁启超对这件事也有过简略的记述，他将李鸿章罢免白齐文这件事，看作李鸿章生平所办的第一场外交，充分肯定他的果断作风跟强硬气概：

> 常胜军统领华尔之死也，白齐文以资格继其任。白氏之为人，与华氏异，盖权谋黠猾之流也。时见官军之窘蹙，乃窃通款于李秀成。十月，谋据松江城为内应。至上海胁迫道台杨坊，要素军资巨万，不能得，遂殴打杨道，掠银四万两而去。事闻，李鸿章大怒。立与英领事交涉。黜白齐文，使偿所攫金，而以英国将官戈登代之。常胜军始复为用。时同治二年二月也。此实为李鸿章与外国办交涉第一事，其决断强硬之慨，论者韪之。

接替白齐文担任"常胜军"将领的是英国人戈登。李鸿章之所以将美国将领换成英国将军，是发现"笼络"无效、"利用"失控之后改换的新策略，目的是分化洋人对军队的控制力，让"常胜军"服务于淮军。

跟前面两任出身于本国盲流阶层的将领不同，戈登出身真正的英国绅士阶层，其本人有着良好的教养，也严格遵守契约规则，因此是为数极少的真正让李鸿章发自内心尊敬的外籍将领。他上任之初，便表现得与白齐文这种酒鬼加赌徒的美国底层人物不同，真正看重个人尊严，且有身份地位。当年来中国捞世界的洋人，相当部分是白齐文这种并不能代表美国主流文化的投机分子，像戈登这样看重名誉跟尊严的并不多。曾做过张之洞幕僚，且常年生活在国外的文化学者辜鸿铭在他的作品里明确告诉过我们这点。

但正是在戈登统领常胜军期间，继续奉行"痞子手段"的李鸿章却制造了震惊中外的"杀降事件"。这件事让李鸿章无论当时还是身后都受尽骂名，也让他与戈登从昔日的同壕战友眨眼之间变成生死对头。

人而无信

事件的基本经过是，同治二年（1863年）12月，太平军将领郜永宽（郜云官）等八人在戈登的担保下，在苏州城投降了淮军。

八人投降淮军的最初动因，起于李鸿章久攻苏州不下而考虑放弃正面攻城，寻思背后智取的策略。

八人包括太平四王、四大天将，他们是地方军权的实权派，控制了太平军在苏州城内四分之三的兵力及六个城门中的四个。此八人精诚团结，相互信任，却均与主帅谭绍光不和。

"常胜军"首领戈登牢牢抓住这点，派奸细打入太平军内，主动诱降已有投诚意向的纳王郜永宽。

恰巧，攻打苏州城的淮军主将程学启原是太平天国降将，程学启的部将郑国魁跟郜永宽原本有旧，郜便成了第一道有望被淮军打开的缺口。

摸清了这些门道，戈登便自告奋勇，向李鸿章申请充当说客。

双方经过前期一番秘密接触，11月28日，郜永宽委派康王汪安均代表八人，偷偷潜入淮军大营，与戈登、程学启正式展开投降谈判。双方商定投降条件，由郜永宽谋杀谭绍光，将其首级并苏州城作为献降礼；戈登担保八人投降后性命安全，并向朝廷保举授予郜永宽二品武职，其余投降副将，均由朝廷授予一定官职。

暗地协商完毕，郜永宽开始动手了。12月4日，郜永宽趁去慕王府议事之机，当场刺杀谭绍光，割下首级。次日，谭的首级送到程学启军营，苏州城门全部洞开，淮军兵不血刃，占领城池。

令人难以置信的是，为了防止郜永宽八人"降众复叛"，同时消除投降人数过大，导致"尾大不掉"，李鸿章同部将程学启密谋，设计诱杀全部降将。

据目睹了杀降全过程的文人笔记私载，李鸿章在苏州娄门外军营当天会见并宴请郜永宽等八人，具体骗杀的经过是：

甫就席，有军官自外入，投牒李公，李公就牒出。酒行，旋有武弁八人，各手一冠，皆红顶花翎，膝席前，请大人升冠。降酋不知是计也，竟扬扬得甚，起立，自解其额上黄巾，手冠者俟其侧，从官尽起，目注之。转瞬间，八降酋之头血淋漓，皆在武弁之手。

这段文字为我们还原了千钧一发之际杀降的历史细节：李鸿章借口给郜永宽八人授予朝廷封赏，大摆宴席，借以麻痹他们，趁他们宽衣解带、改换朝廷官服毫无防备的瞬间，命事先安排好的八名武官，一手捧朝廷衣冠，一手迅速抽出刀，将郜永宽等八名降将的脑袋唰唰砍下。

正史的说法在细节方面略有不同，程学启在下令砍下八人的脑袋之前，曾当面向他们宣读了罪状。这一说法反倒令人怀疑，既然是投诚官军，当属"弃暗投明"，罪状又从何处归纳？无论是偷杀还是明杀，在道义上显然都站不住脚。

八颗人头落地之际，淮军将领程学启宣布全城戒严，并派重兵闯进苏州城，"无门不破，无处不搜，无人不魄飞天外"。在城内双塔寺庭院，程学启将太平军已经投降的三万将士全部杀尽。

一时间，苏州城庭院被鲜血浸透，二十天后，抛满尸体的河道仍旧水带红色。

消息传到北京，对于李鸿章背信弃义的"杀降事件"，慈禧太后竟然竖拇指点赞，认为"所办并无不合"，"甚为允协"。这个态度大约也是李鸿章事先预料之中的，如果不能算准太后这个态度，李鸿章再心狠手辣，也没有这个胆。

左宗棠对于李鸿章这次"杀降事件"，没有发表任何意见。推测起来，他当时的身份跟地位，不合适表态。古话说，"杀降不祥"。左宗棠内心里其实是反对的。比照去看，同治五年（1866年）春，左宗棠在广东嘉应州最终平定太平军残余十万余人，六万余名俘虏一律被解散，并全部发放路费回家。蝼蚁尚且惜生，何况是一个个鲜活的投降士兵！儒家教导士大夫须仁民爱物，民胞物与，反对"不教而诛"。真正有学问养心的军事统帅，能够解散，不会嗜杀。

李鸿章"杀降"传出，中外大哗，舆论一致声讨。作为李鸿章的上司兼恩师，曾国藩难以推脱管教不力之责。他看不下去了，在与朋友的通信中，不免发出"李少荃杀苏州降王八人，殊为眼明手辣"的感叹！

"杀降"虽然被朝廷认可其至鼓励，但"洋枪队"将士却义愤填膺。因为郜永宽八人最终同意投降，是"常胜军"将领戈登在两边撮合，用个人信誉担保才得以实现的。戈登因此声名扫地。

戈登感到信誉严重受污，便提着一把洋枪，去巡抚衙门找李鸿章算账。李鸿章提前得知消息，找个隐秘的处所，将自己严严实实藏了起来。接连几天，戈登天天提枪四处找人，李鸿章机灵躲避，将行踪藏得如海底银针。时间一长，戈登义愤的业火渐至熄尽。

因为横竖找不到人，戈登愤然离开苏州，退至昆山，以示对李鸿章背信弃义的"痞子手段"的抗议。路上，戈登越想越气，扬言李鸿章必须辞掉江苏巡抚以谢天下，否则自己就掉转枪口攻击淮军，夺回"常胜军"所占城镇，亲手交还太平军。

李鸿章对于戈登的愤怒，不予理会。他知道，"常胜军"经上次换将后，士兵与将领国籍不同，形成不了合力，已经翻不了天。何况，淮军现在已有五万人马，而"常胜军"只有三千，两军论武器装备不相上下，真正用枪炮说话，淮军消灭"常胜军"绰绰有余。他杀降的目的之一，本来就是让担保人戈登名誉扫地，里外不是人，方便将来解散。

李鸿章内心里未免不会庆幸自己及时改换了策略，如果仍按照最初的"依赖"加"笼络"方法，规模失控的"常胜军"未必没有吞并淮军的能力。

这次"杀降"带给李鸿章真正的大难题，不是如何应对来自戈登的愤怒与挑战，而是如何向朝廷讲述戈登系列反常的态度与行为，让慈禧太后听得通体舒泰。

占领苏州城后，照例保举有功将士。戈登无论是带领"常胜军"身先士卒，还是充当说客成功兵不血刃，都功劳在册，无法掩盖。朝廷赏银一万两，并仿照外国的习惯，赠予他一块"头等功牌"的奖章。

戈登果断拒绝接受朝廷的奖赏。与之一并拒绝的，还有李鸿章事先说好的七万两犒赏银。

按照大清国体制，"君赐臣受"，没得商量。显然，这是一次"叛逆"事件。因为"常胜军"属淮军旗下部队，戈登当然属大清国臣民。帝国臣民拒绝接受朝廷赐予奖赏，严重违背大清礼制，既关乎大清国尊严，也涉及朝廷体面。如果在言语转圜上伤及大清国体面，李鸿章将官位不保。

怎么办？做幕僚出身、擅长政治公文的李鸿章开始展开他故事能手的本领：编。

同治三年（1864年）1月7日，李鸿章给朝廷上奏了一份《戈登辞赏片》。在这份不到五百字的奏片中，李鸿章这样向朝廷陈述一些子虚乌有的情节及胡编乱造的理由：

> 戈登排队祗迎，免冠敬谢。据称以外邦小臣叨沐殊恩，感愧交并，当此军饷支绌，不敢滥膺上赏，虚糜帑项，仍交潘道暂存等语。旋据潘曾玮、李恒嵩面称，该兵官因前杀伪王一事既持异议，英提督伯郎令其静候公使与总理衙门定议。伯郎现往香港，未经商会，不敢擅收。惟该兵官感激之余，渐知悔悟，当约束弁勇，勿任滋事。

说"戈登排队祗迎，免冠敬谢"，自然纯是出于李鸿章的合理想象。真实的情况是，戈登那段时间天天提把枪在找李鸿章拼命。但这个故事不编不行，因为这套仪式是朝外臣子的礼仪定规，如果没有，便是对朝廷"大不敬"，轻则流放，重则杀头。

说戈登自称"外邦小臣叨沐殊恩，感愧交并，当此军饷支绌，不敢滥膺上赏，虚糜帑项"，这是强行将义愤填膺地站着的戈登刻画成一副谦恭有礼的跪拜相，并将提枪找巡抚喊杀的戈登虚刻成一个处处体恤朝廷、感恩皇上的谦谦君子形象。

李鸿章必须麻起胆子先编好这两个故事，朝廷的体面才能维护住。但朝廷奖赏不能发放到位，必得有个明确到位的说法，何况，戈登对"杀降"的反对意见既然已经闹得满城风雨，英国主流官员对此是什么看法，也必须向朝廷有个交代。

李鸿章再次展现作为公文高手的转圜本领，他说成是英提督伯郎似正在考虑对戈登悖逆之举作出处分，而戈登对自己反对"杀降"一事已经后悔，正在改过自新，设法弥补中。

这份奏片，没有一处是据实陈述，但朝廷全信了。

朝廷没有异议，事情就算暂时告一段落。

但事情还没完。如果朝廷的赏赐最终落不到实处，李鸿章编造的故事终归穿帮。

李鸿章既然有本事编，当然也有能耐圆。几个月后，待血腥散尽，戈登怒气消停，两人再坐下来谈判。戈登最终接受十九万两银子作为补偿，遣散"常胜军"；军内所有士兵，全部被李鸿章改编入淮军。朝廷赏赐他的名誉提督衔、奖旗、奖章、黄马褂，都被一一接受。有了这些事实，前面的谎言便弥合得天衣无缝，一切看起来全成了真的。如果没有文人学者跟历史当事人在当时的据实私记，李鸿章这些载于庙堂之上的漫无边际的荒唐之言便全成了信史。

"常胜军"至此画上休止符，但李鸿章跟戈登之间的故事，还没有完。

光绪二十二年（1896年）3月28日，即《马关条约》签订后的第一年，朝廷为了向欧美各国增收海关税以用来赔偿日本，派李鸿章逐一去与列国政要商讨。

李鸿章乘坐法国轮船"爱纳司脱西蒙号"出访，经俄国到达英国。他想起了当年"常胜军"老战友戈登，顺道登门探访，以释前嫌。到后才得知，戈登已于十一年前去世了。戈登夫人在家中热情地接待了他。得知李鸿章从中国远道而来，她十分感动，将戈登生前最喜欢的一只狗赠送给了他。

过了一段时间，戈登夫人去信李鸿章，问及狗的健康状况。李鸿章回信说：感谢您的礼物，这只狗的肉的味道不错，只可惜我年事已高，只吃了一小口。戈登夫人本意让李鸿章养着这只狗，睹物思人，怀念戈登，李鸿章却以为是送给他享用的美食。此后，两人再没有联系。或者，李鸿章故意以误会来割断两家人的联系，也未可知。毕竟，想起戈登，便想到自己背信弃义，这种朋友是一生的心灵负担。

　　左宗棠依靠楚军自力更生，李鸿章依赖"常胜军"雪中送炭，两人治军的观念、方法、手段虽然大不相同，但结果却高度一致：借助"洋枪队"平定太平天国之后，左、李凭借卓著的战功，从诸将中同时脱颖而出，由并肩的同事，开始变成了合作的伙伴。

　　建功立业有如登山，越往上走人数越少，彼此距离越近，相遇的概率越大。随着事功日显，声望日高，一项"剿捻"工作，将楚军统帅左宗棠、淮军统帅李鸿章拼到一起，两人首次并肩合作。

　　没有谁事先料到，左、李怒目相对的正面冲突，终于不可避免地发生了。

剿捻：公开矛盾

　　左宗棠、李鸿章接力挂帅，联手剿灭捻军。两人相同的战略是"以动制动"。不同之处是：左宗棠笃信"长圈围剿"，李鸿章坚持"扼地兜剿"。左、李合作一年，居然办成了前面十五年内十八名统帅也没有完成的任务，但成功让左、李冲突也骤然剧烈。

临危受命

|一|

左宗棠被委派剿捻，缘起同治五年（1866年）底，朝廷授命左宗棠调任陕甘总督，同时领钦差大臣之命。

捻军起源于"捻子"。"捻"是淮北方言，意思是"一股、一伙"。最初，安徽、河南一带的游民捏纸，将油脂点燃，烧油捻纸用来作法，在节日时聚众表演，名曰为人祛除疾病。

早期捻子通过向乡民募捐香油钱，购买油捻纸。规模稍大后，有的成组织地通过恐吓手段取财，其勒索行迹，与盗贼无异。碰上荒年歉收，入捻人数越多，"居者为民，出者为捻"。从咸丰元年（1851年）开始，黄河下游和淮北广大地区洪水与干旱交替，饥馑与破产年年出现，入捻人数大增。

咸丰三年（1853年）是捻军趁势发展壮大的转折时期。是年1月至3月，太平军连克武昌、安庆、金陵、安徽、河南。太平军经过安徽、河南时，皖北捻军纷起响应。待林凤祥、李开芳率太平天国北伐军经过捻军活跃区，两军从分散斗争走向联合作战，成为清廷的心腹之患。

捻军从咸丰三年（1853年）至同治七年（1868年），活跃长达十五年。其历史分两个阶段：咸丰三年（1853年）春至同治二年（1863年）3月，为前期捻军；此后，为后期捻军。

捻军随太平军兴起后，沃王张洛行（张乐行）、孙葵心成为最早的公开首领。随队伍规模壮大，纵横地域日广，首领人数扩大，首领分别有梁王张宗禹、幼沃王张禹爵、勇王龚得树、遵王赖文光、鲁王任柱、卫王李蕴泰等人。

捻军骑兵纵横驰骋于皖、豫、鲁、苏、鄂、陕、晋、直（冀）八省，与太平军互有联络，行踪飘忽不定，难以捉摸，极盛时兵力达二十万人。

最早负责督军剿捻的朝廷官员，是河南提督善禄。随后接替他剿捻职事的官员，是李鸿章初入安徽时期的顶头上司——钦差大臣、安徽巡抚周天爵，及工部左侍郎吕贤基。三人同在咸丰三年（1853年）办理此事。

从咸丰三年（1853年）到同治四年（1865年），历年来负责督剿捻军的官员人数已达十八人之多，比较著名的有陕甘总督舒兴阿、钦差大臣袁甲三、河南巡抚英桂、钦差大臣胜保、蒙古亲王僧格林沁等。

僧格林沁负责督剿捻军，时间在咸丰十年（1860年）。同治四年（1865年）是他剿捻的转折之年。这年，他追赶捻军，日驰四百里，进入捻军埋伏圈，被捻军杀死于麦田中。《清史稿》对这段历史的记载是：

> 军分三路合击，皆挫败，退扎荒庄，遂被围，兵不得食，夜半突围乱战，昏黑不辨行，至吴家店，从骑半没。僧格林沁抽佩刀当贼，马蹶遇害。

换成白话，僧格林沁率军冒险轻进，分兵三路包围捻军遭遇失败，退守荒郊，被捻军反包围。突围时黑夜伸手不见五指，逃到吴家店时，官军骑兵已损失大半，僧格林沁拔刀亲自作战，马失前蹄，落马被杀。官方史书隐约有为僧格林沁掩护体面的痕迹。据轶史称，有着"铁帽子王"盛誉的僧格林沁中了捻军埋伏，死于一个叫张皮绠的十六岁小捻军士兵之手。

朝廷接报，举国震动。僧格林沁是战死于剿捻疆场级别最高的官员。其时，太平军基本平定，只在广东、福建几地仍残存二十余万散兵游勇。慈禧太后感觉到捻军的巨大威胁，抽过身来，开始倾全力对付捻军，她不惜动用湘军、淮军团练及数省绿营兵力参与。

谁来负责督剿？曾国藩第一个进入朝廷视线。

同治四年（1865年），朝廷正式授命武英殿大学士、两江总督曾国藩以钦差大臣之身，负责剿灭捻军。

令朝廷深感意外的是，曾国藩剿捻两年，非但没能遏制住捻军凶猛的势头，反而将捻军越剿越大，从原来的安徽、河北，剿进了河南、湖北、山东省境内，让北京差点成了剿捻一线。

| 二 |

曾国藩剿捻告败，事后总结，主要有三个方面的原因：

其一，战略失当；

其二，战术错误；

其三，统军乏术。

战略失当表现在，曾国藩将剿捻战略定位成"以静制动"，根本无法应对具体战事。

曾国藩为什么要"以静制动"？对太平军作战时期，取胜便依靠这一战略。他将前敌总指挥部据守安庆，采取"围点打援"战略，不攻围城，只打援军，将援军打光了，守军不攻自消，实践证明取得成功。

但曾国藩并没有去深入比较分析太平军与捻军存在的差异因素：对太平军作战"以静制动"能够取得成功，因为太平军有根据地，其都城天京，是固定不移的大后方。捻军情况已大为不同，他们流动作战，没有后方。"以静制动"，等于放弃了主动权，陷于被动挨打的境地。

曾国藩"扎硬寨、打呆仗"的战术，也完全不适用于剿捻。

"扎硬寨、打呆仗"战术，说简单了，就是放弃主动出击，专一打防守战、反击战。在这种保守战术思想的指导下，湘勇即使主动进攻，也是先挖沟、围城，切断敌军粮草，再出击进攻。这套战术用在以"占地盘、扎营寨"为目的的太平军身上，见效明显。但捻军流动作战，行踪飘忽不定，湘勇营扎的硬寨，成了深林搜虎，牛栏关猫。何况，正规军与游击队，完全没有正面的阵地战，自然无"呆仗"可打，这直接导致战术完全失效。

曾国藩这么明显的漏洞，当时就有明眼人看出来了。针对曾国藩做"扎硬寨、打呆仗"的部署，在沿河堤筑墙设防，"闻者皆笑其迂"。其时，后方的李鸿章也忍不住站出来，以嘲讽的口气给予提醒。他致书负责建河防之策的"襄办曾国藩军务"刘秉璋说："古有万里长城，今有万里长墙，不知秦始皇千年后遇公等知音。"这种调侃语气，颇有点哀其不幸、怒其不争的意味。

捻军常规战术不外两条：第一，"易步为骑"，以骑兵为主，步兵为辅；第二，"以走疲敌"，在运动中伺机歼敌。

换成现代话，捻军是一股股神出鬼没的游击队。

遥相对峙的湘、捻两军，战术思想基本不在同一个频道，结果导致观念与方法同时错位，成了你防你的，我打我的。近十万人马的湘淮大军，在曾国藩的指挥下刻舟求剑，像在乌云密布时挨不知何时到来的霹雳，被动惶恐。

曾国藩统军乏术，并不是从剿捻开始的。这是从咸丰三年（1853年）他亲自带兵作战以来，就一直存在的事实。咸丰四年（1854年）、咸丰五年（1855年）、咸丰十年（1860年），他曾三次亲自带兵作战，失败三次后被迫自杀，就是印证。

曾国藩消灭太平天国的标志，是打下天京城。而天京城是九弟曾国荃统率五万吉字营湘勇打下的。曾国藩其时坐镇在安庆后方遥控，统帅一职形同虚设。曾国藩为什么不坐镇曾国荃身边指挥？跟太平军作战十一年，无数次惨痛的失败已经让他看清，凡是自己亲自指挥的战争，均以失败告终。而一旦改为远地遥控，只以书信、文札给湘勇将领做做思想政治工作，具体军事部署、指挥完全听任将领自主安排，则大多数时候都能够取胜。

事实上，曾国藩一直是一位运筹帷幄的大政治家、大学问家，而不是决胜千里的军事家，无论战略还是战术，他都欠缺足够的军事布展才能。

曾国藩剿捻失败，除了前述三个原因，还有一个不容忽视的客观事实：太平天国灭亡后，曾国藩被迫自剪羽翼，将湘军裁撤掉四分之三。

为什么在功成名就之时选择急流勇退？主要是出于政治层面的考虑。

平定太平天国后，曾国藩名义下的团练兵遍布全国，已近三十万，论实力远远超过皇帝直接指挥的八旗、绿营兵力。也就是说，大清朝的军权、财权已经完全下移，地方督抚实权在握，造成朝廷"外重内轻"，开始威胁到北京皇室的安全。

曾国藩及时裁撤湘军，是为了向朝廷表忠心，避免重蹈韩信覆辙。

曾国藩自裁湘军，还有一个重要原因，与太平军连续作战十一年，湘军已经师老兵疲，原有的勃勃生气在繁重的军旅生涯中消磨殆尽，昔日纯朴的山农，普遍成了兵油子，暮气已经十分深重。加之地方帮会组织的哥老会在军队中大面积蔓延，如果不尽快裁撤，这支庞大的团练兵一旦因失控哗变，将会成为国家性灾难。

曾国藩裁撤湘军，首先拿直系的湘勇营开刀。湘军包括曾国藩直系的湘勇营，左宗棠旗下的五万楚军，李鸿章统率的七万淮军，另有鲍超的数万霆军，刘松山接管的二万老湘营等。湘勇营巅峰时期多达十二万人，裁撤后只剩三万：曾国荃吉字营五万湘勇，裁剩八千人；鲍超的霆军，裁剩到四千人；彭玉麟的湘勇水师营，也只剩一万八千人。

带领湘勇存剩的精锐去剿捻，虽然精简后的团练兵战斗力不减，但以这屈指可数的兵力，在广袤数千公里的漫长战线上全面布防，无异像在大旱季节以瓜瓢浇裂地，在无边的漆黑暗夜点蜡烛照明。

导致曾国藩剿捻无功而返的最后一点原因是，湘淮两军杂糅，内部归属不一，曾国藩徒有节制之名而无其实。负责剿捻的湘淮军共调集有八万人，其中湘军二万，淮军六万。二万湘军，是大量裁撤以后留下的精锐；淮军六万人，装备洋枪洋炮，并有独立的炮兵队伍，初具近代陆军规模。然而，淮军虽然是从湘军里派生出来的，但只听命李鸿章，不听曾国藩调度。六万淮军名义上归曾国藩指挥，而实权仍操之于李鸿章之手。

由此可知，曾氏剿捻是一项不可能完成的任务。既然结局从一开始就可以预知告败，以曾国藩过人的自省功夫，不可能事先看不出来。他为什么仍愿肩此巨任？这出于曾国藩过人的政治策略。

作为晚清大政治家，曾国藩凡事先从政治大局着眼，考虑事情的政治影响、人心向背，而不是具体的军事成败。捻军威胁京师，已成朝廷心腹大患，如果他不硬着头皮接下这块难啃的硬骨头，属于临事而畏，不敢担责。不说对朝廷有"不忠"之嫌，官场舆论、民间清议也通不过，人家会说，曾国藩过于爱惜羽毛。

但剿捻两年，凭失败的事实再来说话，情况就大为不同了。虽然个人声誉多少会有一些损失，但至少可以打消朝廷疑虑，也免了官场滔滔舆论。毕竟曾国藩已经尽力，慈禧太后只能归责自己用错了人。

曾国藩两年后无功而返，直接将能干的军事家左宗棠、李鸿章同时推到了剿捻指挥的前线。

各用其长

左宗棠还有能力去剿捻吗？

毕竟，楚军脱胎于湘军，是其中的一支，而湘军在打下天京后已被迫大幅裁撤。

湘军被朝廷逼迫大举裁撤之际，楚军却没有遭遇同等命运，追溯原因，幸亏左宗棠事前未雨绸缪，跟曾国藩提前在朝堂内唱了一曲双簧。

曾国荃打下天京城后，左宗棠第一时间举报曾国藩放走了幼天王洪天贵福。此举无形之间将楚军与湘勇切割开来。五万楚军将士既然早在两年前已不隶属于曾国藩指挥，当然也就不必担心它会威胁到朝廷安全；朝廷既然可以对左宗棠放心，也就没必要将已经转化为闽浙地方军队的楚军再做出任何裁撤的限制。

李鸿章还有能力去剿捻吗？

湘军被逼裁撤的风口浪尖时刻，李鸿章已经没有左宗棠这么好的运气。作为曾国藩的部属兼学生，天京城被攻占后，李鸿章仍拥有淮军水陆七万余众。朝廷虽然已经不担心左宗棠，但还是担心曾李师生联手，因此对李鸿章的淮军与湘军同等对待。

李鸿章是何等聪敏机智之人！他素来对形势具备超前准确的判断，这次也没有例外。他将慈禧太后的心理拿捏得很准，因此跑到时间的前头，用装聋作哑的方式自保。前文说过，他居曾国藩幕府时，咸丰皇帝要求湘军派兵勤王，他尚且知道以请示的方式拖延时间，等待机变。这次他同样看清楚了：只要躲过这拨裁撤的风头，朝廷马上会改变政策。

以"实用主义"行事的李鸿章不信"诚"，而信"痞"。这次，他同样采取"拖"与"瞒"的两字诀，仅裁撤数千士兵，便敷衍上报了事。

深入军营仔细去看，李鸿章与其说是裁撤，不如说是借机淘汰老弱病残。史籍记称，他"裁撤数营，皆系湘将，不能剿捻，淮将得力者，尚在营中"。因此，应付朝廷威逼的"裁撤令"后，淮军的战斗力非但没有削弱，反倒增强了。

宦海人情，无非人事。剿捻换帅关头，也是一个回报人情的温情时刻。曾国藩与左宗棠合作十多年，有过黄金蜜月期，也有过龃龉。自左宗棠举报他放走幼天王后，两人已经断绝了私信往来。但这并不妨碍这对诤友私下的支持。为回报左宗棠居湘幕时通过湖南省东征局在两年内给予自己近三百万两军饷的鼎力支持，曾国藩将留存的湘军精锐老湘营全部拱手相赠，同时担保每年不打折扣地完成从两江总督任上提供一百余万两的剿捻协饷。此举足以让左宗棠感激涕零。

老湘营首领刘松山一部二万人马，其后不但帮助左宗棠成功剿捻，对他在甘肃、新疆后来取得的系列军事成功，同样起到了攻坚克难的中流砥柱作用。当然，这已是后话。

左、李接手剿捻，便是在老湘营首领刘松山打下的基础上进行。同治四年（1865年）8月，刘松山凭关键一仗，将捻军打得分成东西两部：西捻由张宗禹统领，东捻以任柱、赖文光为首。

朝廷针对敌情，在左、李接任后也做出大致分工：左宗棠负责剿灭西捻，李鸿章负责剿灭东捻。

|二|

李鸿章的淮军将领跟捻军首领在地域文化上同根同源，能够做到知己知彼，因此在其后的战场表现上胜过左宗棠一筹。同治六年（1867年）腊月，李鸿章率领淮军，通过扬州一战，将东捻军全歼，赖文光被俘，处以极刑。

李鸿章的任务已经如期完成，左宗棠剿灭西捻却还在路上。他不得不加快进度。

同治七年（1868年）1月27日，左宗棠指挥老湘营统领刘松山、将领郭宝昌率兵会合喜昌骑兵，追西捻军至磁州，再追逃至河北巨鹿、平乡。两天后，老湘营将士从南和绕到西边截击捻军，获胜，捻军被赶得北窜定州，转而袭击保定。

因李鸿章胜利在先，左宗棠争竞心起，急于求功，全方位出击，他不但在直隶一带亲自指挥亲兵营作战，还对部下各将明确斩杀捻军的"首级赏格"，对生擒、阵斩张宗禹等首领"从优悬立赏格"，"以作士气而速戎机"。

重赏之下必有勇夫。果然，部将一日千里，穷追猛赶。但左宗棠没有料到，穷寇莫追，情急之下对手也会狗急跳墙。走投无路的西捻军被迫铤而走险，从保定潜行入京，骤然出现在北京卢沟桥一带，直接威胁紫禁城安危。

紫禁城内顿时陷入空前恐慌，空气几乎凝固。慈禧太后又惊又怕。气急败坏之下，她将剿捻两大统帅左宗棠、李鸿章，以及配合者直隶总督官文、河南巡抚李鹤年全部罢官，以戴罪之身重新领兵，一切视后效再定。

威压如此严重，她还是不放心，私派出军机处神机营将领在紫禁城外严密巡防，以防捻军潜入皇宫，遭遇不测。

对于北京城周遭发生的这一切，亲自在前线督战的左宗棠一开始并不知情。同治七年（1868年）2月10日，左宗棠扎营寿阳，才突然接到捻军北上的情报。他惊惶失措、忧愤欲死，星夜挥师入京保驾。

俗话说，心急吃不了热豆腐。方寸已被慈禧逼乱的左宗棠，此举又犯了高射炮打麻雀的误判。捻军声东击西，窜入卢沟桥一带只是一小股捻军，在北京城外转悠了一圈，又撤出去了。

朝廷在惊慌失措之后回过神来，紧急下令左宗棠，率军驻扎井陉，阻止捻军西进。

五天后，左宗棠带亲兵营抵达获鹿。

清廷再次发布新的命令，直隶各省剿捻官军，归左宗棠一人总统。毕竟，剿灭西捻军是左宗棠的任务，李鸿章只是打配合，朝廷如此安排，也是名正言顺，各司其职。

左宗棠当即兵分三路，从东北、西北两个方向朝南追击捻军。

三军联动，小胜不断，但仍不能毕其功于一役。根本原因，捻军打"闪电战"，飙忽驰骋，避实就虚。选择出击的时机，往往在清军出队、收队、行军、未成列之时。打得赢就打，打不赢就跑。楚军一追则逃，楚军一停，则回头挑衅、骚扰。西捻军战略若朝东，战术每击西，楚军摸不清意图，完全陷入被动。

左宗棠决定亲自督战。但到处皆逢战事，依然小胜利不断，却始终无法抓准捻军主力，实现一举歼灭。

随后一则战例，很能看出这种劳师奔走的战术特点。同治七年（1868年）3月20日，老湘营分路渡河追剿，捻军骑兵埋伏在南岸等待。待众将士渡及一半，捻军突然发起猛攻。刘松山急令已渡河的部队排阵阻击，并亲率主力渡河，以抄袭捻军后路。捻军见偷袭无效，瞬间撤退殆尽，从赵州奔赴巨鹿，老湘营将士又扑了个空。

慈禧太后见左宗棠力有不任，权衡之下，加强权码，命恭亲王奕䜣总统各军，左宗棠与李鸿章同为偏师。

李鸿章带领淮军，此时自冀州移师，扎营大名，"以静制动"，试图通过扼守住怀庆，将捻军逼到太行山与黄河之间，然后"扼地兜剿"，守株待兔一锅端。

此时，左宗棠仍按既定的"长圈围剿、以动制动"战术，追击西捻军主力。追击部队主要分三股：河南巡抚李鹤年，楚军将领刘松山、郭宝昌两部，清军将领张曜、宋庆两部。令左宗棠烦恼攻心的是，追击部队每天都在接战，每次都能够追上捻军，消灭小股部队，但仍无法消灭捻军主力。

就在三股军力劳心奔命追杀之时，战局形势又发生骤变，捻军主力突然转进山东。

战场重心再次转移，恭亲王奕䜣在京师，已无法督师指挥。朝廷因地制宜，改令由李鸿章总统各路部队，左宗棠则专防直隶运河，两军相互配合作战。

恭亲王转交指挥棒时，朝廷责令李鸿章会同左宗棠，限两人一个月内务必彻底剿灭捻军，否则严惩不贷。

| 三 |

遇事机灵、精通权变的李鸿章接过总统两军的权杖，开始琢磨如何将左宗棠的"长圈围剿"与自己的"扼地兜剿"战术结合起来运用。具体方法是，先

将捻军设法赶进一个大的包围圈，再寻找薄弱敌军，打闪电战，各个击破，谋求全歼。

左宗棠执行"长圈围剿"战术一年多来，感到经常被捻军牵着鼻子走，捻军实在过于灵活飘忽，他对自己的方法已经没多大信心。

李鸿章是北方人，熟悉北地地形与气候，他看到发挥左宗棠战术的优势的绝佳时机已经来临：一则直鲁平原一带每逢盛夏必有暴雨，大雨带来千里沼泽，捻军骑兵将完全失去威力；二则左李隔地配合，"长圈围剿"的军事部署实力已经具备。清军追剿捻军的兵力，如今已多达十余万人，加上山东地方民团数千，完全有足够的兵力四面合围。

同治七年（1868年）8月3日，捻军挺进宁津。刘松山率部发起攻击，捻军自相践踏，斩杀一千多人。捻军余部逃到德平、乐陵交界处，刘松山与郭运昌联手，捻军破散，七千余人投降。

这次虽然仍是常规性的中等胜利，但这种"积小胜为大胜"的打法，已经大幅度削减了捻军的实力，为最后的决战做好了充足的准备。

随着盛夏降临，一切果然如李鸿章所料，北国"阴雨弥月，海、漳、运为泽国，马尺寸不能骋"。河北、山东两省的地主、乡绅组织民团，在交通要道上修筑堡垒、营寨，既阻住了捻军的粮道，也扰乱了他们夜间的休息。

关键时候，突如其来的好运气再给左、李帮到一个大忙：捻军内部起讧。

原来，身陷清军四面包围，捻军狼奔豕突，疲惫不堪，部将开始相互指责。张宗禹求团结不得，一气之下，将十余名起讧将领全部杀了。这直接造成内部人心混乱，战斗力进一步涣散。

张宗禹杀完部将，率残部从商河、济阳奔向临邑、清平、博平。他不知道，自己正在钻进李鸿章事先布置好的包围圈。

其时天降大雨，河水暴涨。淮军将领刘铭传骤然追杀过来，张宗禹带领部将狂奔，追到河边，无路可逃，张宗禹"穿秫凫水，不知所终"。未及逃生者，悉数皆被斩首。

西捻军至此全军覆没。

剿捻全程，左宗棠的楚军论军功不及李鸿章的淮军，主要有三个原因。

一则楚军的刚强的气势与勇毅的胆魄，遇上飙忽飘闪的捻军，如虎搏猴，用力失准。

二则北方各大军事派系林立，左宗棠的权位与影响力不够，不足以统率各路力量，做到长袖善舞，挥洒自如。

三则左宗棠从闽浙移师，在北方既没有地方根基，也没有地方实权，纯粹一支外来作战部队，没法调动民间与地方支持力量配合军队。

同治七年（1868年）8月27日，朝廷论功行赏，李鸿章赏太子太保衔，官封湖广总督、协办大学士；左宗棠赏太子太保衔，剿捻历次处分全部撤销，交部按一等军功议叙。

是年9月27日，清廷颁下谕旨，着左宗棠入宫面圣，加恩左宗棠在紫禁城内骑马。三天后，慈安、慈禧两宫太后召左宗棠进殿，这是左宗棠生平第一次进皇宫面圣。

退居二线的前剿捻钦差大臣曾国藩在后方接到左、李剿捻成功的喜报，感慨良深。他当即致函李鸿章，极力表扬他的"忍性"和"德力"。他说："自去秋以来，波澜迭起，疑谤不摇，宠辱不惊，卒能艰难百折，了此一段奇功，固自可喜，德力尤为可敬！"意思是说，李鸿章能够剿灭捻军，全靠他本人内心坚不可摧的定力与不被外界舆论动摇的韧性，他欣喜于学生军事才能胜过了自己。

李鸿章跟左宗棠联手剿捻之所以取得成功，究其原因，主要得益于两人均擅长亲自指挥作战，又同时确定了"以动制动"战略。分歧在于，具体战术上，左宗棠执行"长圈围剿"，李鸿章执行"扼地兜剿"。从取得的客观效果看，李鸿章战术稍胜一筹。毕竟，左宗棠试图将捻军全部包围的打法太苦太累，且收效不一定大。

但没有料到，两大能臣在战争过程中围绕国家公事、具体战事，已经积下重重私怨，这为两人今后日益对峙，埋下了隐患。

我们再抽空过来，回顾合作剿捻时左、李发生过的冲突。

公怨私恨

|一|

回看左、李联手剿捻，之间摩擦不断，最大的一次冲突，发生在同治七年（1868年）初。

其时，左宗棠负责剿灭的西捻军，"长圈围剿"战术因战线过长，执行起来略显疲软，西捻军专钻空子，经山西、河南进入直隶，于同治七年（1868年）2月抵达河北保定一带。慈禧太后接报大为生气，左宗棠、李鸿章同时遭受重罚。

以前，李鸿章对左宗棠只是隔空偶尔感到不满，还够不上怨恨，这次被左宗棠无辜连累，他愤愤不已，公开声称：

> 左公放贼出山，殃及部人。若使办贼者获罪，何以激劝将士？侍心如古井，恨不投劾归去，断不以目前荣辱介怀。

意思是说，左宗棠剿敌无能，将西捻军赶进河北省内，让我李鸿章跟着他受到连累，朝廷是非不明，只知道将两人同时处罚，这种做法让我感到寒心。我现在最想做的事，是卸下军装退休回家，即使朝廷以后再有什么提拔跟奖励，自己也不想要了。

作为淮军统帅，李鸿章在军营公开发表如此消极负面的言论，其手下部将对左宗棠与朝廷的怨望可想而知，几乎没有几个人再愿意打仗了。朝廷发现淮军内部舆情严重，赶紧严旨催迫，李鸿章这才于同治七年（1868年）2月13日从济宁启程，督师北援。其手下部将，除刘铭传"浩然回里"，不愿再跟随，"余皆投袂而起"，跟着李鸿章重新投入战场。

对于李鸿章发表的这些消极埋怨，左宗棠听闻后同样感到愤恨。因为淮军

158

"讳败为胜"的战事，左宗棠以前多有耳闻，为大局计，他并没有风闻奏事上报朝廷。尤其是淮军军纪涣散，烧杀抢掠，让左宗棠极为不满。他将这些压在心底，不到时机合适，不端出来。

剿捻成功之后，左宗棠感到时机成熟了。他立即秋后算账，对李鸿章进行了适时的还击。他一方面为从陕西进援京师的部将刘松山争功，"伸秦师而抑淮勇"，同时向朝廷公开举报，怀疑李鸿章关于"张宗禹已经投水自杀"的奏报是谎言。他说，真实的情况，张宗禹很可能已经逃生。左宗棠并不是说着玩的，他当真派出军队四处搜寻张宗禹的下落。

搜捕结果，自然不了了之。事已至此，左、李之间一年多来积压的矛盾，全部公开化。两人在奏章、书信中开始公开相互攻击，这直接导致左李关系其后进一步恶化。

左李关系发展到这里，开始进入李鸿章说的"矜而不伐"阶段。

李鸿章对左宗棠派兵搜捕张宗禹的举动内心忌恨。在写给恩师曾国藩的信中，他愤然责骂说："此次张捻之灭，天时、地利、人和实兼有之，只一左公齮龁到底。阿瞒本色，于此毕露，不知胡文忠当日何以如许推重也。"

李鸿章的意思，自己这次能够统领淮军彻底消灭捻军，得益于天时、地利、人和，朝廷上下好歹也都还满意，只有那个左宗棠，专门鸡蛋里面挑骨头，他这种曹操式的"奸雄"做法，终于原形毕露了，不知道当年胡林翼到底看重他哪点，将他吹捧到了天上？

这次矛盾对峙，火药味颇浓，但最终仍不了了之。毕竟两人合作剿捻成功，朝廷上下都沉浸在胜利的喜悦之中。鞭炮的火药味不同于大炮的硝烟味，火药味道再浓，朝廷闻起来也是香的。

| 二 |

平定捻军后，李鸿章的淮军暂时告别前线，回营休整，左宗棠则率领楚军继续西进，踏上黄沙白茅的漫长西征征途。

令左宗棠没有料到的是，楚军的兵源再没有八年前东征时好招了。

原因是，楚军为了补充新鲜血液，近年来隔三岔五回湖南招募士兵，一拉上万人，都是青壮劳动力，这让湖南地方政府意见很大。毕竟，西征比不得骆秉章主政时期的东征了，那时湖南是前线，当然要举全省之力，"内清四境，外援五省"。现在湖南成了大后方，以中国之大，西北出了大事，凭什么要湖南既出钱又出人？没道理。湖南地方劳动力掏空了不说，楚军打了胜仗，也不算湖南地方官的功劳。

现任湖南巡抚刘崐是云南景东人，字韫斋，同治六年（1867年）2月上任。他是道光二十一年（1841年）的进士，其人擅长书法，为官理政亦凌厉，暗藏锋芒。没有这种性格，镇不住湖南人。他一改前任配合楚军的若干规定，"非对抗，不配合"。

左宗棠也清楚，楚军现在已不是湖南的军队，而是国家的军队，自己还设法挖家乡墙脚，说不过去，所以对于刘崐的态度，也就听任。左宗棠何尝不想刘崐集中人力、物力，将湖南家乡建设好。

要平定陕甘之乱，没有军事实力不行。怎么借力外来军事资源？

左宗棠瞄准了李鸿章的淮军。

左宗棠决定挖来淮军中军纪严、操行好的部分，作为平定陕甘独当一面的支撑力量。

同治七年（1868年）11月8日，左宗棠向朝廷报告：陕甘要和平，关键在山西。叛军从陕西逃出，最终必集结在省境线。如果山西防守薄弱，那叛军会纷纷逃逸，伺机再返回作乱，则陕甘永无宁日。因此，平定陕甘的要害，在统一陕西、山西思想，两省联动，分开防剿，即"欲一秦晋之心，又宜分防剿而并任"。

朝廷这次没有犹豫，立即采用。

谁来防守山西省境的战略要道呢？左宗棠向朝廷推荐李鸿章。

左、李素来不和，两人心里都有数。左宗棠清楚，如果直接写信与李鸿章商量，事情在想法阶段就黄了。

左宗棠运用策略，先找到李鸿章的老部下、三品衔候补翰林院侍讲学士袁保恒沟通。

袁保恒是淮军大将袁甲三之子，其父已经病逝，他自己很有一番建功立业的想法，只是苦于没有机会一展身手。左宗棠找上门来，他求之不得，积极配合，自愿从淮军旧部中挑选精兵强将，组成一军，作为游击队（游剿之师），入驻山西归化县，做楚军的挡箭牌。

淮军游击队军饷哪里来？左宗棠向朝廷建议，由李鸿章负责发放。

朝廷也不征求李鸿章的意见，当即拍板同意。

待李鸿章得知这个消息，木已成舟，他这时就是一百个不情愿，也得同意了。

协助左宗棠平定陕甘，李鸿章内心里倒不怎么反感。他也不感到这全是为左宗棠做人情，毕竟，眼下捻军已被剿灭，淮军与四年前打下天京的湘军一样，面临大部解散。跟楚军去平定西北，刚好可以给兄弟们找条出路。

只是，李鸿章答应选拔淮军精锐相助，但并没有提士兵吃饭、穿衣、发工资的事仍要自己承担。这话题太敏感，李鸿章一生最怕人家问他要银子，他这时已经在为李氏家族集聚资产。

朝廷此时已将李鸿章调为湖广总督兼署湖北巡抚。同治八年（1869年）2月26日，他抵达湖北省城武昌，3月1日，接湖广总督篆印。下半年，他又收到朝廷让他以钦差大臣身份督办贵州苗乱军务的圣旨。10月9日，李鸿章前往贵州，会同贵州巡抚曾璧光办理遵义教案。次年，朝廷改命李鸿章大哥李瀚章督办贵州军务，李鸿章改代理湖广总督。他清楚，从此左北李南，两人以后难以扯到一块。

左宗棠这样做，有逼李鸿章为西征出力的意思。照官场的逻辑，为谁服务谁就负责找钱，淮军游击队的军饷，应直接由山西巡抚负责，或者左宗棠承担。但在讲究派系的清朝官场，山西巡抚怎么可能出钱支持这样一支外省军队？左宗棠自己也无力承担，只好拉李鸿章做一回挡箭牌，为自己守住山西大门。于公，李氏没有理由拒绝；于私，李氏又没法开口拒绝。毕竟，左宗棠起用闲置的淮军，是给李鸿章帮忙。何况，官场朋友都在看着，人情世故总要说得过去，才能免遭朋友圈内的书信非议。

李鸿章除了答应搞好后勤服务，已经没有别的办法。但世上哪有自带干粮千里迢迢去为他人卖苦力的道理？何况，李鸿章此时才四十五岁，正值春秋鼎盛之年，功名之心无以复加，他不是吃不了苦，只是对这种分担苦劳而功劳归人的事，他内心一百个不情愿。

回想近来发生的点滴，李鸿章敏锐地发现，自己已经中了左宗棠的计。唉！谋略不如人家周到深全，哑巴吃黄连，有苦只能往肚子里咽。这更加坚固了左宗棠在他心中的"曹阿瞒"形象。

到此为止，左、李之间这些摩擦、争夺，还仅限于个人名望，无非是你多我少，于国家大局无伤。随着左、李事功日显、地位日隆，两人逐渐主宰了朝廷内外大事。彼此的分歧，冲突也日益加剧，开始事关民族大计，国家根本。

左、李在直面如何处理外交事务上第一次出现根本的分歧，在"天津教案"发生之时。

第
七
章

外交：刚与柔的角力

　　大清国"海防""塞防"全面出现危机之际，李鸿章高举"海防"，左宗棠却亮出"海塞并防"。左宗棠因政治策略高出一筹，压倒李鸿章，成功出兵，收复新疆。慈禧开始密谋以勋臣左宗棠加醇亲王奕譞，取代权臣李鸿章加恭亲王奕䜣，宫斗揭幕。

教案争端

前文所述决定"常胜军"首领白齐文去从，是李鸿章生平第一次处理"外交事件"，事情虽大，但终究是淮军内部的"家事"，毕竟"常胜军"隶属于淮军。

李鸿章第一次处理事关大清国的重大公共外交事件，是天津教案。左、李第一次公开出现重大的外交分歧，也发生在此时。两人在处理天津教案时不同的说法跟做法，既是左、李三年后在"海防"与"塞防"问题上出现分歧的前奏跟预演，也是贯穿两人洋务的思想主线，因此，聚焦左、李外交的分歧，不妨从这里说起。

跟剿捻临阵换帅类似，天津教案发生后，最先领钦差大臣之命处理的官员，是曾国藩。

事件的基本经过是：同治八年（1869年），法国传教士为了在天津繁华的三岔河口一带建造教堂，拆除了当地有名的宗教活动场所"崇禧观"和"望海楼"附近一带的民房、店铺，导致当地群众流离失所，无家可归。法国传教士为了防止群众聚集闹事，招募了一批地痞恶霸、流氓无赖为教徒，这些跟美国盲流白齐文一样在本国处于底层的不安定因素，平日里借助教会势力狐假虎威，在当地积下不少民怨。

同治九年（1870年）6月，法国天主教仁慈堂收容的中国儿童，恰逢当地发生烈性传染病，出现大批死亡，仁慈堂将病死的儿童集中安葬在河东盐坨之地，每二三人一棺。这些尸体大多被野狗扒出来，"死人皆由内先腐，此独由外先腐，胸腹皆烂，肠肚外露"，令人目不忍睹。恰好在这段时期，天津不断发生有儿童被人麻醉后遭拐骗的事件，被捕案犯供称系受教堂指使，拐骗到儿童后即卖给教堂，教堂对收购的儿童进行挖眼、剖心。

教堂对孩童"挖眼""剖心"的传言像飓风一样迅速在当地传开，一时间，

165

民情激愤，舆论大哗，群众自发聚集起来，到"望海楼"仁慈堂门前声讨抗议。

朝廷负责处理此事的官员，是三口通商大臣崇厚。

崇厚最初出面，与法国驻天津领事丰大业约定于6月21日当面商议处理。崇厚令天津府知府张光藻、天津县知县刘杰押带拐骗犯武兰珍到"望海楼"面见法国天主教教士谢福音，令两人当面对质，核实是否确有拐骗儿童卖与教堂之事。武兰珍指认交易的房屋，经核查，地点不符，武兰珍就被押带返回。

随后，法国传教士谢福音随崇厚来到三口通商署，共同商量查办拐骗犯的办法。商妥之后，崇厚随从却紧急回来报告，"望海楼"教堂里的传教士与围观的群众因为口角，发生掷砖斗殴事件。

崇厚赶紧派士兵前去弹压。不料，法国领事丰大业带着两杆洋枪，气势汹汹地冲进崇厚办公室，一名助手紧随其后。丰大业把对教堂前抗议群众掷砖的怨气发泄到崇厚身上。他不由分说，抬枪朝着崇厚就是一枪，逼迫他赶紧平息暴乱。待放下枪杆，丰大业咆哮着将三口通商署办公桌上的物件一通乱扫。崇厚被吓坏了。待两人稍微冷静，崇厚判断"民情汹汹，恐激成事变"，劝丰大业不要走出办公楼。丰大业不听，提着两把枪，带上助理，一路疾奔赶回教堂。路上遇到正奉崇厚命令前去弹压群众的天津县知县刘杰。丰大业怒气冲天，抬枪朝刘杰打去，一枪打中刘杰的随从高升。

丰大业气焰如此嚣张，对群情激奋的舆情无异火上浇油。直接后果是，"百姓激于众忿，将该领事群殴致死，并焚毁教堂等处房屋"。跟丰大业一样直接被群众在混乱中打死的还有他的助手西蒙。

丰大业一死，失控的群众将对"望海楼"天主堂积累的怨气无保留地发泄出来，他们冲进教堂，打死多名传教士，最后放火焚毁了望海楼天主堂、仁慈堂、法国领事馆，以及当地英美传教士开办的其他四座基督教堂，整个过程持续三个多小时，从而酿成了震惊天下的天津教案。

教案发生后，法国人迅速牵头，组织法、英、美、俄、普、比、西七国联名向清廷发出抗议；同治九年（1870年）6月24日，七国调集军舰开到天津大沽口进行军事威胁，七国公使同时向总理衙门提出抗议。

意识到事态严重的慈禧，立即委派直隶总督曾国藩以钦差大臣身份前去处理。

曾国藩战战兢兢接过使命，经过前期充分的调查取证，证实望海楼教堂对中国孩童"挖眼""剖心"纯系谣言。经过一番审慎的思虑，他作出如下判决：

第一，对于拐骗儿童的罪行、证据，暂时不予讨论。

第二，确定教堂对中国儿童"挖眼""剖心"的说法纯系谣言。

第三，邀请七国公使与受损教堂的代表当面商议赔偿方案。

本着理学的"诚"字方针，曾国藩认为，天津群众听信谣言冲击外国教堂，理曲在大清国，而中国古人的传统思维，无辜伤害对方，一般以自我惩处来求得对方原谅。

为了向七国充分表达自罚的"诚意"，曾国藩宣判处死带头冲击望海楼教堂杀人的八名群众，充军流放二十五人，并将天津知府张光藻、知县刘杰革职充军发配到黑龙江，赔偿七国损失四十九万七千两白银，由崇厚派使团亲自去法国道歉。

曾国藩没有料到，这个判决导致自己两边不讨好，里外不是人。对大清国的群众而言，天津群众带头冲击教堂，只是他们多年来饱受洋人欺凌的一次爆发，他们希望朝廷能强硬起来，代表他们发声出恶气。对遭受损失最严重的法国人而言，他们期望的是获得物质的赔偿，以及名誉的恢复，而不需要大清国政府自罚的"诚意"。

一个判决，全国上下顿时响起一片"曾国藩卖国贼"的声讨，内外交困，曾国藩的精神防线被摧垮，身体随之迅速衰老。他自叹"外惭清议，内疚神明"，向朝廷申请退休。

|二|

同治九年（1870年）8月29日，慈禧调曾国藩回任两江总督，改派李鸿章出任直隶总督，继续负责天津教案。9月30日，师生见面，曾国藩将直隶总督关防印信慎重托付给李鸿章。

曾国藩继续传授学生"诚"字外交诀。李鸿章默不作声。

曾国藩问：少荃以何种方法办外交？

李鸿章答：我跟洋人只有打"痞子腔"而已。

曾国藩再次低头沉吟，不再回应。

李鸿章同意朝廷出任直隶总督之前，公开提出要求，要等到老师将所判处的"教案凶犯"全部议罪正法后才前往天津，以免"初政即犯众恶"。这明显有让曾老师一人承担全部恶名的用意。事已至此，羽毛已脏，曾国藩只好按照学生的要求，在李鸿章到任前十二天将前述的宣判落实到位。

李鸿章不愿采用曾老师的"诚"字外交，在于他看问题更为深远。天津教案只是一次冲突事件而已，但背后的隐患，才刚刚冒出来：

> 最可虑者，教士专于引诱无赖穷民，贫者利其资，弱者利其势，犯法者利其遁逃，往往怂恿教主与地方官相抗。因习教而纵奸徒，固为地方之隐患；因传教而招党类，尤藏异日之祸根。

换成白话，西方传教士进入中国后，最令人担心的局面是，传教士专门引诱中国底层那些无业游民信教，家贫的游民看中教会的高工资，弱势的游民看中教会的气派跟势力，作奸犯科的乱民看中教会可以提供庇护，这三种人入教会趋之若鹜，进去后热心怂恿教主跟地方官对抗。招募作奸犯科的无业游民入教，对中国的地方治理必将是个隐患；传教士借传教的名义在地方结党营私，形成一股势力，这个在将来必是扰乱中国的祸根。

跟曾国藩认为曲在群众不同，李鸿章认为，天津教案之所以发生，根源出在三口通商大臣崇厚身上。因为崇厚平日里谄媚洋人，遇事不能持平，导致洋人气焰太盛，大清国的乡绅、群众含愤已久。

虽然看问题的深度跟追查问题的原因，师生均大为不同，但李鸿章认为，曾国藩"坚持和议，不开衅端"的外交方针是对的。本着让曾国藩一人承担恶名的策略，李鸿章最终按照曾国藩既定的判决执行：张光藻、刘杰革职，发往黑龙江效力；判处二十名"凶犯"死刑，二十五名充军流放；赔偿及抚恤银四十九万七千两白银；派崇厚为特使，前往法国"道歉"，表示中国愿与法国

"实心和好"。

这一时期，陕甘总督左宗棠正在前线督师作战，朝廷通过圣旨向左宗棠征求对天津教案的看法及处理意见，左宗棠根据"理势外交"（"论理亦论势"）的方针，给到朝廷完全不同的观点。

左宗棠说：法国在天津设立天主教堂，本身就有大问题，因为"法国教主，多半匪徒，其安分不妄为者实不多见"。

在这一大前提下，虽然法国教堂没有被查到收买中国儿童"挖眼""剖心"的事实，但受害的群众有质疑的权利，事件起因，在于丰大业首先向中国官员崇厚开枪，而且打伤了天津县令的随从，咎在法国，老百姓闹事事出有因。如果只是索取一些赔偿，可以允许。但不能以无辜百姓的性命抵偿。

> 津郡事变之起，由迷拐激成，百姓群起与之为难。虽受迷无据，而幼孩百许童贞女尸从何而来？王三虽不承招，武兰珍则生供俱在，不得谓无其人无其事也。百姓之哄起，事出仓促，非官司授意使然。丰领事且以洋枪拟崇大臣、天津令从人已受伤矣；其时欲为弹压，亦乌从弹压之？愚见法使所称四层，如志在索赔了结，固无不可通融；若索民命抵偿，则不宜轻为允许。一则津郡民风强悍，操之过蹙，必起事端。万一如该公使所言，激成变乱，中国萧墙之忧，各国岂独无池鱼之虑？

如果按照这一方针处理，有可能激化中法两国矛盾，甚至可能引发战争。左宗棠回复朝廷：不必害怕事态扩大，外国人喜欢通过威胁政府官员去压制群众，如果群众起来闹事，他们就会变得慎重，不敢轻率挑起战争。

> 泰西各国与中国构衅，类皆挟持大吏以钤束华民，至拂舆情，犯众怒，则亦有所不敢。

左宗棠之所以主张运用群众的力量去刚硬回应法国，除了他一贯刚硬的外交风格，还基于他了解到一则时事：法国在普法战争中遭遇惨败，拿破仑三世在色当被俘，本国爆发了革命，革命群众推翻了法兰西第二帝国，成立了国防政府，普鲁士军队已经包围巴黎。法国不可能有能力对中国发起战争。法国公使罗淑亚对待直隶总督李鸿章的态度印证了这点，两人见面商谈，罗淑亚"词气极为和婉"。但李鸿章既然坚持"坚持和议，不开衅端"的外交方针，也就无意逼迫法国让步。对于向内"弹压士民"，对外"议恤赔偿"的结局，李鸿章本人自我评价为"似亦惬心"。

天津教案虽然是大清国面临的一次重大国际外交事件，但到底属于直隶总督李鸿章可以单独办理的事情，所以左宗棠只是通过向朝廷呈递奏折发表个人意见供决策层参考，左、李之间不必直接沟通，观念虽然大相径庭，但仍不构成实质性的冲突。

同治、光绪交接之际，中国边疆危机全方位凸显。左、李分歧震山摇海，牵动朝野上下。两人因政见不同，价值观念有异，外交判断相反，在朝堂内开始首次发生激烈冲撞。

海塞激辩

|一|

同治四年（1865年），在沙俄以及大英帝国的幕后支持下，中亚地区浩罕国的陆军司令阿古柏（国籍为乌兹别克斯坦）率军侵占新疆的喀什噶尔，两年后，占领南疆，成立"哲德沙尔汗国"。显然，这是一个由外国人在中国领土上建立的非法政权。

同治十年(1871年)，沙俄派兵入侵北疆军事重镇伊犁，名义上是帮助中国守卫，事实上已经造成割占。

如果继续听之任之，不但新疆可能从此脱离中国版图，而且沙俄与英国极有可能以新疆一百六十六万平方公里的领土作为跳板，建立据点，威胁中国北部数省安全。

危机还不止于此。当时中国遭遇的实情是，东南沿海与西北数百万平方公里的领土同时面临危机。

东南沿海危机的严重性表现在，除了道光二十年（1840年）第一次鸦片战争以来西方列强相继侵掠，日本作为东洋威胁国，也首次进入中国海防的视线。

同治十年（1871年）底，琉球船民遇飓风漂到台湾岛，与当地居民发生冲突，五十四名琉球船民被杀。日本以此为借口，悄悄开始作出侵台的准备。

同治十二年（1873年）2月，日本派外务卿副岛种臣为特命全权大使来华换约，换约期间，又发生了四名日本人漂流到台湾，后转经上海被送回日本的事件。中日摩擦增多，外交冲突进一步加剧。

为了实施背后的侵台计划，同治十三年（1874年）4月，日本在国内专门设立了"台湾事务局"，任命陆军中将西乡从道为"台湾事务局都督"，在日本长崎设立侵台基地。5月初，三千余日军从台湾南部登陆，入侵台湾。

迟到5月29日，大清国总理衙门才获悉日军已经登陆台湾的消息，于是向

171

朝廷申请授予沈葆桢就近处理台案的专权，任命沈葆桢为钦差大臣办理台湾等处海防兼理各国事务大臣，同时明确授权沈葆桢可以节制调度福建驻军以及申请调动江苏、广东等沿海地区的蒸汽动力军舰。

沈葆桢接令，立即将福州船政局水师的"扬武""飞云""安澜""靖远""振威""伏波"等六艘主力军舰调集于台湾门户澎湖。由这六舰组成的舰队，从此成为船政水师常设、常练的在福建省的基干舰队，区别于临时驻防各省的其他军舰。

日本鉴于沈葆桢部署兵力已经造成侵台阻碍，综合权衡之下，判定自己现在还没有侵占台湾的实力，于是暂时放弃武力侵台，改为向大清国索赔的方针。在李鸿章的建议下，总理衙门代表大清国于同治十三年（1874年）10月底与日本达成协议。

本着保全颜面、息事宁人的方针，大清国在协议的第一款承认日本此次出兵台湾是"保民义举"。关于赔偿事宜，大清国"向日本国从前被害难民之家"支付抚恤银十万两，日本在台军队于同治十三年（1874年）12月20日全部撤走，届时中国将为日本原先在此修道建房等支付四十万两白银。两项合计五十万两。

作为直隶总督，李鸿章虽建议以赔款来息事宁人，但通过这次冲突，他看到了明治维新后的日本对中国潜在的巨大威胁，他同时考虑到英、美等列强对中国的海防安全构成严重挑战，主张"联俄制日"，全面加强中国海防。

早在同治三年（1864年），李鸿章在写给军机大臣奕䜣、文祥的信中便颇有预见性地说：

> 夫今之日本即明之倭寇也，距西国远而距中国近。我有以自立，则将附丽于我，窥伺西人之短长；我无以自强，则并效尤于彼，分西人之利薮。

李鸿章看清了日本狼性"机会主义"的特点，知道对付日本的唯一办法，是将它打趴，以实力将它的狼子野心压住，此外别无办法。

同治十三年（1874年）7月，日本驻华公使柳原前光来到天津，与李鸿章会谈。李鸿章见到柳原怒不可遏，在给总理衙门的书信中，自述当时其强硬的态度："鸿章系原议和约之人，深知若辈伎俩，又恨其行径诡变，不得不嬉笑怒骂，厉声诘责。"根据这段文字，李鸿章根本没把柳公使放在眼里，很可能当着柳的面拍桌子骂娘了。

这次会谈，李鸿章利用各种假设的情形，对柳原前光进行事先的恫吓，试图从源头上熄灭日本打中国领土主意的念想：

> 今日如此办法，中国文武百官不服，即妇孺亦不服。中国十八省人多，拼命打起来，你日本地小人寡，吃得住否。大丈夫做事总要光明正大，虽兵行诡道，而两国用兵，题目总要先说明白。所谓师直为壮也。

意思是说，日本想打台湾的主意，大清国上到朝廷官员，下到地方群众，都不会答应。中国人多势众，日本地窄人少，就是当面单挑打肉搏战，日本也打不赢。何况，日本想侵略中国，总得师出有名，现在根本没有任何理由站得住脚。

此时肩任陕甘总督重任的左宗棠，则早在同治元年（1862年）便看出了海防的重要性。为应对挑战，巡抚浙江期间，他曾自制轮船在西湖上航行，结果发现行驶不速。到同治五年（1866年），他着力创办福州船政局，全面学习英、法两国造船、驾驶技术，将外国技术本土化，意在巩固海防。

作为"中国近代海军之父"，左宗棠看出了李鸿章所急的海防，是一个长期性的问题，但迫在眉睫的西北陆防危机，如果办理不当，可能会让中国在短短几年内丢失三分之一以上的领土，因此他主张先集中精力办塞防。

| 二 |

左、李应对日、俄危机的困惑，如果发生在大清国国力上升时期，根本就不是一个值得讨论的话题。回看少年康熙皇帝亲政之初，南面有三藩割据，西面有蒙古铁骑骚扰，东面有台湾宝岛被郑氏家族霸占"独立"，皇室又为权臣

鳌拜把持，朝廷内部亦有大臣、朋党争斗，可以说比同治、光绪之交面临的国家困境更为棘手，但少年天子凭借他超凡的政治勇气跟旷古的权术谋略，将立国未稳的大清国不但建筑得坚如磐石，而且将一个才从乱世中脱胎不久的穷国发展为盛世强国。

大清帝位传到咸丰皇帝之后，由雄才大略的君主来开拓大清国辉煌灿烂的时代似乎一去不复返了。跟活到六十八岁生了三十五个儿子的康熙恰好是两个极端，活了三十一岁的咸丰皇帝，虽有后宫佳丽三千，却只生下爱新觉罗·载淳（1856年4月27日—1875年1月12日）这么一个儿子。六岁的载淳从同治元年（1862年）开始做皇帝，到同治十三年（1874年）腊月便不知何故病死了，活到十九岁，正值在皇位上有一番大作为的年龄，身后无子，令人叹息。

爱新觉罗·载湉（1871年8月14日—1908年11月14日）是同治皇帝的堂兄弟，他的父亲是醇亲王奕譞，生母是叶赫那拉·婉贞，为慈禧皇太后的亲妹妹。咸丰皇帝有兄弟上十人，后辈中不乏年富力强的才干之士。载湉之所以在四岁时被扶上皇帝位置，完全出于慈禧的一手设置，慈禧看中的是他身上兼具丈夫爱新觉罗家族与自身叶赫那拉氏家族的血统。四岁的载湉，年龄上最合适慈禧"垂帘听政"。

咸丰皇帝去世后，慈禧在二十六岁之年通过发动"辛酉政变"夺取大清国最高权力，开始垂帘听政，把政时期，接连遭遇太平天国、捻军起义，陕甘内乱与边疆危机也同时凸显，作为秀女出身的她，没有接受过正规的文化教育，靠着当年陪咸丰皇帝批奏折积累的一点经验治国，政务上主要依靠恭亲王奕䜣。但她又时刻提防奕䜣分权，早九年前就剥夺了他的"议政王"一职，连批示奏折都倍感吃力的慈禧，勉为其难地支撑风雨飘摇的清朝。接连带出两任"儿皇帝"，要她像孝庄皇太后一样培养出可以独当一面继承大清家业的康熙，谈何容易。

朝廷没有康熙那样雄才大略力挽狂澜的君主，只能依靠勋国柱石的重臣。但巧妇难为无米之炊，能臣难办缺钱之事。到光绪继位时，朝廷的财政收入已经锐减，从康雍乾盛世年入七八千万两白银，跌到已经不足六百万两白银。凭这点财力，即使单办一防，也感到吃力。

但严峻的现实逼迫慈禧必须迅速作出选择：既重海防又重塞防？先办塞防再办海防？全心投注海防？

| 三 |

国防问题上的严重分歧，让李鸿章与左宗棠水火难容。

所谓"海防"，首先是防止日本入侵。同治九年（1870年）9月底，日本外务全权大臣柳原前光代表日本政府来天津会见直隶总督、三口通商大臣李鸿章，要求中日订约、通商。

仅仅一年后，李鸿章便对日本产生警觉。原来，同治五年（1866年），一艘美国商船擅自闯入朝鲜海域，被朝鲜烧毁，美国派出一艘兵轮去朝鲜论理，而日本也偷偷派出兵轮随美国同往。通过这个细节，李鸿章看出了日本的狼子野心。

同治十年（1871年）4月9日，李鸿章去信总理衙门提醒："东洋与中土最近，既议通商，稍有不慎易滋后患"，"日本与西国情好渐密，与朝鲜猜衅较深，彼既通商，朝鲜恐不能独抗，抗之则日本尤为朝鲜之近患"。李鸿章最后得出结论："日本伺我虚实，诚为中国永远大患。"

正是基于这种超凡的洞见，李鸿章提出了"联俄制日"的外交策略。

左宗棠同样也看出了日本对中国的潜在威胁，但他认为，海防有茫茫大洋做屏障，陆防则没有任何自然地理可以仰仗，因此两者之间有个轻重缓急的问题。海防主要依靠国家实力支撑，国力强盛，则海防稳固。陆防则不然，必须靠毅力与气势争胜，一旦领土丢失，不但难以讨回，而且丢失的领土将成为帝国的战略据点，其后患远比海防失守严重。

俄国对中国领土安全的威胁，数百年来一直存在。在16世纪80年代，沙俄派兵越过亚欧分界线乌拉尔山，迅速向东扩张，穿越西伯利亚到达东方后，在中国的黑龙江流域肆意烧杀抢掠。即以清朝为例，康熙皇帝对俄用兵并击败俄国人，签署中俄《尼布楚条约》，才止住这股侵占的势头。眼下，俄国以代中国守卫伊犁的名义而强行侵占，如果不能斩断这股蔓延的势头，其后果不堪设想。

左宗棠指出，西北如果"自撤藩篱，则我退寸而寇进尺"。英国、沙俄和奥斯曼等国都会觊觎中国领土，沙俄也必将从中段边境和东段边境对中国持续施压，大清国领土将发生全面危机。

朝廷决定在群臣中展开一场大清国国防全面大讨论。

在承认国防两面同时出现严重危机的大前提下，朝廷确定一个供大臣讨论的核心主题：一百六十六万平方公里的大西北领土既然已被外族占领，到底要不要收回？能不能收回？

朝廷先是让六部九卿官员与八大督抚之间，通过明折与密折，从正反两面作了充分论证。其后，慈禧太后又亲自出面，组织亲王、郡王、大学士、六部九卿官员，进行"廷议"。所谓"廷议"，即由参会官员直接在朝堂上当面商议并发表个人看法，相当于官场内部的"民主评议会"。

慈禧太后一听，分歧集中表现在两个方面。

一种观点认为：中国的当务之急，是海防。论者认为，以目前的国力，不足以顾全西域，朝廷宜撤兵回关内，严守边界，将停撤的军饷，全部用来充实东南海防。

这是"海防派"的观点。

"海防派"的代表人物，是直隶总督李鸿章。

持相同主张者有：两江总督李宗羲、湖广总督李瀚章、浙江巡抚杨昌浚、福建巡抚王凯泰、江西巡抚刘坤一、钦差大臣督办台湾军务沈葆桢。

另一种声音则认为：中国国防危机，皆因边塞陆防而起。只有塞防是真问题，海防是一个伪命题。中国应将全部兵力用来西征，只要解除西北边患，东南海防自然稳固。

这是"塞防派"的观点。

"塞防派"的代表人物是湖南巡抚王文韶。

持相同主张者有：江苏巡抚吴元炳、漕运总督文彬、山东巡抚丁宝桢。

两派观点一开始就截然对立，势如水火。但主张"弃塞防而专海防"的声音逐渐占据压倒性优势。不只是"海防派"在人数与实力上举足轻重，最关键的是，权臣李鸿章此时已经站出来支持。

| 四 |

李鸿章为了集中全国力量专一筹办海防，如此阐释中国为什么要"弃塞防而专海防"：

第一，中国的综合国力衰弱，财政极度紧张，必须将国防危机作全面通盘考虑，再决定国家大政方针。他说：

> 近日财用极绌，人所共知。欲图振作，必统天下全局通盘合筹而后定计。

第二，自大清立国以来，新疆是个让国家年年大把烧钱，却始终看不到任何收益的无用之地，这是个吸金器、无底洞，只见投入，没有产出，从经济回报的角度看并不值得。原话是：

> 新疆各城自乾隆年间始归版图，无论开辟之难，即无事时岁需兵费尚三百余万，徒收数千里之旷地，而增千百年之漏卮，已为不值。

第三，新疆地缘位置特殊，为沙俄、英国和奥斯曼所觊觎，即使收回来，将来也守不住。原话是：

> 且其地北接俄罗斯，西界土耳其、天方、波斯各回国，南近英属印度，今昔异势，即勉图恢复，将来断不能守。阅外国新闻纸，喀什噶尔回酋新受土耳其之封，并与俄英两国立约通商，是已与各大邦勾结一气，不独伊犁久踞已也。揆度情况，俄先蚕食，英必分其利，皆不愿中国得志于西方。

第四，本朝重臣曾国藩在世时也主张放弃新疆，不只是我李鸿章一个人这么认为。万一因出兵新疆而生出其他变故，中国完全没有实力应对。所以，中国最好是保持现状，已经丢失的不要急于收回，没有丢失的分封给当地少数民族首领，让他们实行部落自治，按藩属国的标准对待所分封的部落。

李鸿章这样启奏：

> 而论中国目前力量，实不及专顾西域，师老财匮，尤虑生他变。曾国藩前有暂弃关外，专清关内之议，殆老成谋国之见。今虽命将出师，兵力饷力，万不能逮。可否密谕西路各统帅，但严守现有边界，且屯且耕，不必急图进取；一面招抚伊犁、乌鲁木齐、喀什噶尔等回酋，准其自为部落，如云贵粤蜀之苗瑶土司，越南、朝鲜之略奉正朔，可矣。

第五，假如没有新疆，中国将会怎样？并不会伤到国家元气。打个比方说，中国割舍新疆，就像得了一场小感冒；但海防一旦失守，就如患了心脏病。原话是：

> 况新疆不复，于肢体之元气无伤；海疆不防，则腹心之大患愈棘，轻重必有能辨之者。此议果定，则已经出塞及尚未出塞各军，可撤则撤，可停则停，其停撤之饷，即匀作海防之饷。

作为淮军统帅、直隶总督，李鸿章的"国防论断"足以震慑一班朝堂之内的文官。

来自对立的两方声音，经朝廷组织讨论，舆论不断发酵、沉淀，倾向性渐趋明显，朝野舆论普遍倒向"海防派"。

令"海防派"颇感意外的是，慈禧太后并没有当即表态。

古话说："天下安，注意相；天下危，注意将。"国防问题的看法，朝野舆论与文官建言，对朝廷而言只是参考。关键时刻，朝廷会专心听取军事重臣的看法。

慈禧太后将目光投向远在兰州前线督军的左宗棠。

左宗棠如何应答？这将直接决定朝廷的决断。

春风玉关

| 一 |

以"今亮"自称的左宗棠，擅长军事战略。用曾国藩评价他的话说，左宗棠平生擅长"审势"。也就是说，左宗棠高瞻远瞩，能站到全局高度审视具体问题，删繁就简，一眼洞悉关键，条分缕析，方案明白如画。

但收复新疆不是一个单纯的军事问题，它首先是个政治问题，它的政治意义甚至大于军事意义。作为政治家的左宗棠看清了这点，所以，置身这场鼎沸的争论场之中，他一开始别开生面，既不赞成片面"海防"，也不赞成片面"塞防"。

左宗棠主张说："东则海防，西则塞防，海塞并重。"即是说，国防不分轻重，海防与塞防同等重要，海塞应该同时设防。

问题是，塞防紧急而海防不急，大家心里都明白。左宗棠将缓急一锅煮，看似在和稀泥，其实在试图调和两种对立的意见，背后隐藏着一个用心极深的策略。

这一策略是：作为军事战略家、政治家的左宗棠非常清楚，如果自己单方面赞成塞防，则等于将"海防派"全部树作政敌。办事先树敌，取败之方。没有"海防派"的默许和支持，不说全国舆论一边倒，"塞防派"形单影只，茕茕孑立，难以争取到全国上下的舆论支持，即使违心噤声，后面麻烦更大。办塞防首先需要全国各省支持数额巨大的军饷，东南沿海各省督抚如果不实心出力支持协饷，则西征军孤悬西域，不出数月便会弹尽粮绝。以这种没有后勤保障与援兵支持的冒险轻进，与大英帝国跟沙俄帝国幕后支持的"浩罕国"对敌，无异于以羊投狼，只能是坐以待毙。

但左宗棠内心同时又很清楚，经受二十余年战乱，国家财力已经十分有限，"海塞并重"事实上根本不可能做到。一定时期之内，不是"重海防"，就

179

是"重塞防"，国家哪里有实力做到平均用力，全面布防？

左宗棠之所以一出面就调和双方，提出"海塞并重"，他本人其实也明白，这只是一个凝聚一时人心的政治口号而已。李鸿章说得很实在，以当时中国的实力，单重一防都会感到吃力，绝无实力"海塞并防"。

左宗棠的真实用意，是"先急塞防，再急海防"。但话不能直接这么说，说出来争议更大，被人家抓住话柄，事情就黄了。他得用"海塞并重"的政治口号先团结人，最大限度地缓冲两派矛盾，在朝廷内部先迅速求取共识的最大公约数。只要先达成共识，再运用先后次序，解决这一口号的逻辑漏洞，让"海塞并重"实至名归，才能如愿达到既平息舆论，又保卫国疆的目的。这是左宗棠一贯的"以术运经"策略。在原则性与灵活性发生矛盾时，他可不是照着书本办事的书呆子。

左宗棠要先从舆论上稳住"海防派"，等办完了塞防，再解决海防，中间需要打出一个漂亮的时间差，这样就不会让"海塞并重"沦为有名无实的政治口号。

这一招果然极其高明，效果也立竿见影。尽管海、塞两派仍在各说各话，相互攻击，但很少有人反对"海塞并重"。

左宗棠的观点最终能够真正令人信服，还缘于他之前有一个加重话语权的身份——他是福州船政局的创办人。这是一个不言而人人心里自明的身份，作为近代中国最早的"海防派"，谁敢说自己比左宗棠更懂得海防的重要性与具体操作的方法呢？

因为左宗棠抛出"海塞并重"的政治口号，朝野争论终于逐渐平息下来。接下来最重要的事情，左宗棠得说服朝廷，予以采信。

这是一个万斤重担。根据朝廷不成文的规定，谁主张，谁负责。人人望而生畏的西域戈壁，左宗棠真有信心拿回来？

即使左宗棠心中完全有数，慈禧太后仍然悬测无底。

| 二 |

到底是否出兵新疆，这是一件关系国运的大事。慈禧太后不但要考虑胜算

的把握，而且要考虑能否承受万一失败的最坏后果，不可能仅凭左宗棠一个左右逢源的政治口号，就匆促拍板。

左宗棠懂得：与官员谈事情，成功要靠求取"最大公约数"，取得共识，以得到朝野舆论支持；与朝廷沟通，最有力量的话语，莫过于单刀直入，只谈利害。

在慈禧太后面前，左宗棠开门见山，用沙盘推演的方式，跟慈禧太后作出这样一个假定：如果放弃新疆，中国将会怎样？

情况出人意料地严重：新疆一旦丢掉，蒙古将岌岌可危；不但陕西、甘肃、山西完全有可能丢失，即使直隶一带，也将成为中国军队的前敌指挥部；中国丢掉的，将绝对不止一百六十六万平方公里，而是有可能沦丧掉一半以上的国土，中国很可能重演不足三百万平方公里的南宋小朝廷的故事。

> 是故重新疆者所以保蒙古，保蒙古者所以卫京师。西北臂指相联，形势完整，自无隙可乘。若新疆不固，则蒙部不安，匪特陕、甘、山西各边时虞侵轶，防不胜防，即直北关山，亦将无晏眠之日。而况今之与昔，事势攸殊。俄人拓境日广，由西向东万余里，与我北境相连，仅中段有蒙部为之遮阂。徙薪宜远，曲突宜先，尤不可不豫为绸缪者也。

这段话让我们瞬间能感觉出隐藏问题的严重性：如果新疆领土出现意外，首当其冲的是蒙古，蒙古一旦失去安定，不只是陕西、甘肃、山西三省成了中国的边防省，敌国从此骚扰、侵略防不胜防，而且直隶等省，从此也没有安生的日子。更何况，现在跟康熙、乾隆时期西北边境的情势已经大为不同。俄国从西向东扩张领土，不但西北与中国接壤，北部边境也与中国紧密相连，潜在威胁如此巨大，因此必须事先做好最坏的打算，守住底线，做到未雨绸缪。

这段文字力透纸背，起到了一锤定音的作用。慈禧太后在心惊肉跳中看完，脑海中自动形成这样两个判断：

其一，新疆不仅仅是中国的边疆跟国防线，事实上与中国内陆每一寸疆土都生死攸关；

其二，新疆一旦丧失，不但咸丰一朝逃难热河的事件会再次上演，而且大清王朝可能要像南宋一样偏安江南。

俗话说，两害相权取其轻。国土沦丧、朝廷苟安，这已经是最坏的后果了，出兵新疆，最坏也不可能坏到这种程度。这是促使她横下心来，最终拍板，决心不惜举全国财力支持左宗棠出兵新疆的最为关键的原因。

为什么统兵收复新疆的人选是左宗棠，而不是其他人呢？

左宗棠能够赢得慈禧太后无以复加的信任，全在他陈述后表达的忠心与袒露的担当。

在另一封奏折中，左宗棠这样跟慈禧太后表态：愚臣已经位极人臣，执意收复新疆，是为了报答朝廷知遇之恩，不是为了立功升官。何况，我已经是六十五岁高龄的老人了，之所以将收复新疆作为己任，是为了实现儒家士大夫治国平天下的抱负，而不是另有他图。

> 臣本一介书生，辱蒙两朝殊恩，高位显爵，出自逾格鸿慈，久为平生梦想所不到，岂思立功边域，觊望恩施？况臣年已六十有五，正苦日暮途长，乃不自忖量，妄引边荒艰巨为己任，虽至愚极陋，必不出此。

这封从兰州前方寄来的足以与诸葛亮的《出师表》媲美的"西征表"，解决了慈禧太后担忧主持新疆军政者"不忠于朝廷"与"不敢担当责任"两个关键顾虑。

朝廷托付臣属以国家大事，最担心地方官员两点：一是功高震主，二是外重内轻。如果左宗棠忠心不够，收复新疆后挟兵威自重，封土建国，封王称帝，对朝廷也是后患。

道理说明了，忠心表了，到了这一步，朝廷基本可以放心了。余下的事情，慈禧太后要左宗棠抓紧密折上奏，将陕甘前线情况、现有实力、现存问题、解决思路，统统详细报告上来，供她在最终决策时参考。

慈禧太后虽是秀女出身，本人没多少文化，甚至写不全一个像样的批示，但她具备精明的驭臣能力。治国需要文化，管人只需心计。她知道如何恩威并施，将一班文臣武将屈服于权威之下，她这个无师自通的天赋，是丈夫咸丰皇帝所不具备的。咸丰皇帝生前的重大决策，经常会受到意气跟情绪的牵引而走偏，慈禧太后虽然也有同样的毛病，但她的精明跟直觉有时反倒可以弥补这个缺陷。

作为一个内心凌厉的强悍女人，一旦有真正敢于担当、能够成事的官员出头来主动请缨独当一面，她也有魄力大胆放权。换句话说，就内心凌厉的一面而言，左宗棠跟慈禧太后颇为相似，他俩在这一点上心气相通。区别仅仅在于，左宗棠作为臣属，其学问修养让他可以"养中制外""以志帅气"，所以在重大家国决断面前，不至于像慈禧那样不时流入情绪意气，歇斯底里。

慈禧知道，开弓没有回头箭。自己拍板到底是否出兵之前，先得全面盘查一次西征军的家底，做到心中有数，才敢最后定夺。

| 三 |

左宗棠主动详细向朝廷全盘交出西征军现有家底：打下肃州后，楚军遣散了四十营，淘汰后现存马兵、步兵共一百四十一营，共计七万余人。金顺所部，现有十二营，从原乌鲁木齐提督成禄旧部挑选出三营，可以合成十五营。金顺又从楚军马队冯桂新增一营，炮队一起，加起来近万人。此外，西宁、甘州、凉州、肃州四镇共有标营数万，全部西征人马，超过十万。

十万大军讨边，人马够了。

第二个最重要的问题是军饷。

左宗棠列了一个明细单：西征军的军饷，每年需五百数十万两。军装、军火、采买置办费，每年需三十余万两；棉衣、单衣及防军的粮价津贴，需四十余万两；水陆转运脚费、台局薪粮津贴，每年需三十余万两。再加上已经办理的西路出关采运投入的二百余万两，所缺合计，首批需朝廷支持经费八百余万两白银。

慈禧太后看后心里完全有底了。既然已经坚心出兵，她绝对不会吝惜钱。她当即特批从户部划拨五百万两。余下三百万两亏欠，朝廷实在拨不出来了，须左宗棠先自筹救急。左宗棠当即安排胡雪岩从英商怡和洋行与丽如洋行两家借得银子，一举解决了缺饷难题。

这里提前算一笔事后总账：左宗棠西征新疆五年，共花费军饷五千八百五十万两。胡雪岩向洋商借款占总额百分之二十三左右。从左宗棠同治五年（1866年）接任陕甘总督算起，到光绪六年（1880年）离任止，十四年西征，共开销军饷银九千零九十八万两。

这笔消耗朝廷完全能够承担得起。胡雪岩所借银两，事实上是用中国五大海关税做担保，相当于现代银行按揭。抛开政治、道德不谈，即使纯粹从利益计算的角度去看，按现代人的理性思维做一次性价比换算，左宗棠收复新疆每平方公里，所费白银约三十五两。

后世有少数论者认为，左宗棠为收复国土而大借外债，加重了人民负担，并不一定值得。从关心民生的角度去看，这话当然不无道理。但从国家领土主权的角度去看，尤其是站到国家政治的层面去看，这个观点近似迂腐不通。

国家领土固然有经济利益的方面，但国家领土主权是立国的根本，是政治问题而不是经济问题，完全不能作庸俗的经济换算。即使纯粹从经济利益的角度去看，保家卫国战场取胜，是最大的经济效益。比较李鸿章后来主持甲午海战失败而被迫签订《马关条约》，导致二亿两白银的赔款，收复新疆的开销只有它的四分之一；比较李鸿章后来代慈禧太后签订《辛丑条约》，导致九亿八千万两白银的赔款，不过二十分之一。

左宗棠当然懂得，战争依靠经济，战事取胜，就是最大的经济。何况，领土主权事关国家政治生命，不只是一个简单的经济问题。

而慈禧太后当时并没有想过左宗棠头脑中这么多大道理，她只相信一个最为简单的个人道理：大清国的领土是爱新觉罗家族的私产，不能丢失；大清国这个大家庭，必须由她来当家做主，而不能换作任何其他人。至于其他问题，都可以协商，也可以让步，哪怕变法改革，求新图强。

慈禧太后当然完全称不上是政治家，但她确实是一个出色的权术家。尤其当皇室发生安全危机，她不是一个故步自封之人，她豁得出去。

慈禧太后最后要做的一件十分重要的事情，是关外人事的人选安排。

| 四 |

新疆关外统帅，其时是钦差大臣督办新疆军务将军景廉；西征军粮台总负责人，其时是户部侍郎、新疆帮办大臣袁保恒。

慈禧太后安排左宗棠密折谈论对此二人的看法，以便朝廷最终定夺边疆人事。

左宗棠策略地先评价景廉其人的优点："素称正派，亦有学问，承平时，回翔台阁，足式群僚。"

即是说，景廉人品、道德都不错，做个太平官也足以长袖善舞，领袖群伦。

但对于他的缺点，左宗棠也毫不客气地指了出来："惟泥古太过，无应变之本，所倚信之人，如裕厚等，阿谀取巧，少所匡助，而依势凌人，时所不免。"

即是说，景廉是一个按书本做官的"教条主义"者，平时多不敢得罪人，只敢用几个会阿谀奉承、溜须拍马的小人，习惯通过背后小动作来处理掉官场内的害群之马，以弥补办正事魄力欠缺而导致的漏洞。

左宗棠同时告诉慈禧，景廉之前在新疆军事上已经犯了一个致命的错误，"寓兵于农"。他将屯兵的生产建设民团当作上前线打仗的士兵用。问题是，清朝屯兵边疆日久，士兵的考核以是否会种地为主要标准，所以屯兵名义上是兵，事实已是农民，无作战能力。

为了表示自己不是风闻奏事凭空臆测，左宗棠举例论证：同治十三年（1874年）冬，景廉派出五营屯兵驻扎济木萨，敌警一响，五营士兵作鸟兽散，逃得一个不剩。

袁保恒原是淮系新人。

同治七年（1868年），左宗棠经朝廷批准，挖李鸿章的墙脚，将一旅淮军拉去替楚军守住山西的大门，袁保恒被安排负责楚军粮道筹运。袁保恒是科班进士出身，京城关系广，搞后勤工作卖力，因此左、袁配合工作一直做得不错。

但自从朝廷因袁保恒办粮道有功，提拔他做了西征帮办粮台总负责人，左、袁关系出现转折。用左宗棠自己的话说，"一变其从前所为，不特遇事不相关白，即奏报亦不令臣预闻"。袁保恒升官后，不但买粮、调粮、运粮的事一个人说了算，不再向左宗棠请示，即使给朝廷的奏报，也不给左宗棠看，将左氏完全置身于局外。

尽管两人在公事上已经严重隔阂，私人关系也糟糕透顶，但左宗棠还是不带情绪地客观评价说，袁保恒的优点是"姿性警敏，素尚圆通"，缺点是"豪侈骄矜，习惯成性"。也就是说，他的长处是反应快，消息灵，会拉关系，能团结人；缺点是为人高高在上，有权就任性，且本性难改。

左宗棠这样对两人作出正反两面的客观全面的评价，慈禧读后没有反感。朝廷最终采信左宗棠的意见，完全按照他的意愿，做出新的人事任命：授予与左宗棠配合融洽的金顺为乌鲁木齐都统；将景廉调补正白旗汉军都统；取消袁保恒西征粮道总负责的任命；景、袁同时调离新疆，改回北京供职。

经过这场人事重大调整，最高军事指挥权与粮道的总负责经办权，完全集中到左宗棠一人手里，避免了三人之间日后相互掣肘或扯皮。

事实证明，左宗棠收复新疆能够做到缓急有度，将真正的作战时间控制在一年半内，此时的人事安排是根本保证。战争打响后，只要有一人站出来掣肘搅事，西征胜利便有可能毁于一旦。

但凡重大的领命之前，先通过正面刚硬与背后智术的运作将事权集中于一人，再以法家手段保持内部高效畅通，这几乎是左宗棠军事生涯中成事的基本秘诀。同治四年（1865年）以钦差大臣之职督办福建、广东、江西三省军务消灭太平军二十余万残余兵力时是如此，现在收复新疆的事前布局，同样还是如此。

左宗棠计划用五年时间收复新疆全境，而消灭乌兹别克斯坦籍首领阿古柏的浩罕国政权，只用去一年半时间。随新疆南北两境收复，左宗棠在光绪三年（1877年）腊月由伯爵晋升为二等侯爵。至此，只剩新疆伊犁，仍被沙俄以替中国保护的名义，控制在手里。

左宗棠以军事作为底气，以外交为手段，与曾国藩的长子曾纪泽里应外合，一唱一和，联手导演一曲"外交双簧"，成功将伊犁抱回祖国。

|五|

光绪六年（1880年）8月29日，左宗棠突然接到朝廷的一封特快专递圣旨，

全文如下：

> 左宗棠现已行抵哈密，关外军务，谅经布置周详。现在时事孔亟，俄人意在启衅，正须老于兵事之大臣，以备朝廷顾问。左宗棠著来京陛见。一面慎举贤员，堪以督办关外一切事宜者，奏明请旨，俾资接替。此外带兵各员中，有才略过人、堪膺艰巨、秉性忠勇、缓急足恃者，并著胪列保荐，用备任使。将此由五百里谕令知之。

大意是，收复伊犁的各项军事准备工作，左大臣应该是布置得差不多了。现在军机中枢急需能人，所以还请左大臣抓紧进京。陕甘任内的事情，可以托付给后来人。

左宗棠将代理陕甘总督政事托付给楚军部将杨昌浚，陕甘军事则一手转交给了楚军部将、老湘营统领刘锦棠。

同时保举两员汉官镇守广袤的大西北，大清建国以来还是头一回。慈禧太后之所以二话不说便批准左宗棠的申请，而不再援朝廷旧例在大西北改派满洲官员、八旗将领驻守，一个最根本的原因，八旗子弟已经无人可派。

八旗、绿营衰退的标志性事件，暴露于18世纪末。嘉庆元年（1796年），川、楚两地白莲教起义，绿营兵竟然已无力对付擅长游击战的白莲教徒。嘉庆四年（1799年），八旗中最精锐的皇家禁卫军神机营中的健锐营与火器营被派往前线，尚未投入战斗，便匆忙败退回京。

咸丰、同治年间，八旗子弟中闪亮登场的最后两员虎将，是多隆阿与僧格林沁。

但多隆阿不幸战死于陕西战场。同治三年（1864年）3月30日，多隆阿亲自击鼓督阵，士气大振。不料，敌军一颗子弹从鸟枪中飞来，击中多隆阿头部。次日虽然城破，但多隆阿因伤势过重，于5月18日病死。

僧格林沁一生的厄运，发生在同治四年（1865年）5月18日。这天，捻军采用诱敌深入策略，将僧军诱至山东曹州（今山东菏泽地区）高楼寨。等僧格林沁发觉，已身陷重围。他率随从冒死突围，逃至曹州西北的吴家店，被捻军士兵杀死于麦田。

此后，满洲贵族再没有产生一名可以独当一面的大将，隆、僧的陨落，标志着八旗在大清覆亡前近半个世纪便告别了历史的舞台。

任命凭借能力与实力说话的汉官取代满洲贵族与八旗将领，是朝廷唯一的选择。

经营大西北十四年（1867年—1880年），塞防已经如愿巩固，左宗棠人生又面临一次重大转折。

新任命发布前的过渡阶段，如何称呼职衔？"朝廷顾问"。这与左宗棠咸丰十年（1860年）以四品京堂候补带楚军出江西一样，是个虚职。这是朝廷重用能臣前的惯例。

朝廷选择在这一时间点召左宗棠回京，主要原因是左宗棠已经六十八岁高龄，精力不济。左宗棠抬棺出征，虽出于"论势"，但在朝廷看来，这是准备拼命。以李鸿章为代表的主和派怕真的打起来，因此反对不断。朝廷综合两方意见，需要平衡。同时，作为老成谋国的重臣，左宗棠万一在边疆真有个三长两短，朝廷在舆论上也说不过去。加之，左宗棠军事部署已完全稳妥，再亲自驻军哈密，也就起个象征性的鼓舞士气的作用，召回北京影响不大。另外还有一个原因，慈禧太后也担心中俄擦枪走火，真打起来。

接到朝廷圣旨，左宗棠第一时间通知驻军喀什噶尔的刘锦棠疾驰哈密，前来办理新疆军政交接手续。内部军事分工方面，左宗棠将刘锦棠与张曜做了对调。新疆南八城，张曜负责西四城，移驻喀什噶尔；刘锦棠负责东四城，移驻哈密。此外，调楚军得力干将王德榜、刘璈各带一营会师中卫，赶往归化城，屯兵张家口。

离任前夕，左宗棠最后以陕甘总督的名义，给总理衙门写了一份汇报，定下外交的总基调："主战古以自强为急，即主和亦不可示弱以取侮。"

他以下围棋做比方，提醒总理衙门，只要坚定既定思路，败局中也会有胜利的招数，有胜利的转机；但如果心生恐惧，优柔寡断，举棋不定，则一定会全败。

左宗棠总结自道光二十年（1840年）来中国外战屡屡失利，有两个根本原因：开始坏在不知洋务之人手里，他们对外国人真实情况全然不知，侥幸求胜；后来坏在自负深知洋务之人手里，他们没有政治大局观念，一味求和，苟且图存，越办越坏，没有下限。

到光绪六年（1880年）12月，左宗棠顺利抵达兰州。他向朝廷保举杨昌浚为护理陕甘总督，负责督办新疆军务；保举刘锦棠为新疆总督（后降格为巡抚），负责新疆地方政务。这次见面，他将陕甘总督官印交付杨昌浚。

左宗棠知道，这次离开新疆，意味着永远告别这块他魂梦倚依的热土。从道光十二年（1832年）自画新疆地图，到如今已近半个世纪，他用数十年的努力，如愿以偿，实现第一次会试时燕台杂感诗中许下的筹边梦想。真要离开时，除了留恋，还有一丝隐忧。他知道，没有自己亲手主持，陕甘军饷以后筹集难度更大。他决定利用自己的威望与影响力，对杨、刘"扶上马，送一程"，催促朝廷抓紧落实各省驰援的五百万两协饷。并安排款到后由杨昌浚负责分配，四成留甘肃，六成援新疆。

｜六｜

就在左宗棠与杨昌浚、刘锦棠别之时，大清国钦差大臣曾纪泽与俄国外交大臣格尔斯正在圣彼得堡进行谈判。

转眼已经谈了近四个月，双方僵持下来，没有实质性的进展。但左宗棠悄然回京，给渐入僵死的谈判桌，带来意想不到的转机。

据《伊犁定约中俄谈话录》记载：光绪六年（1880年）12月11日，俄方谍报人员探知左宗棠行踪，立即发电报回国。格尔斯得知后高度紧张，以为中方要主动出兵了，当天紧急约见曾纪泽到外交部会客大厅对谈。这已经是他们各自代表中、俄两国第十二次谈判了。

格尔斯试探着问：我听说左宗棠已经进京，恐怕是回去唆使朝廷同意他出兵伊犁？不知道这条消息是否准确？

曾纪泽不假思索地回答：这是谣言。

格尔斯说：是啊，中俄两国和睦相处已经两百多年，友谊来之不易。如果为一些不值得的事打起来，既不合情，也不合理。

曾纪泽答：自然。

这次谈判结束，两国外交官开始就谈判的具体细节进行落实。到光绪七年（1881年）1月17日，格尔斯约曾纪泽谈判已经进行到第三十一次。

左宗棠隐秘莫测的行踪，成了中俄外交的晴雨表。这时，曾纪泽事实已得到朝廷密件，对左宗棠的军事部署、人事安排，了如指掌，但仍装作什么也不知道。

俄国方面高度重视，召集俄国驻中国大使布策也回国参加谈判。俄方没有就商务、界务展开讨论，却仍在为左宗棠进没进京的问题纠结。

格尔斯问："我最近接到北京方面的来信，说左宗棠打算进京面圣，似乎有向朝廷请示出兵伊犁之意。我担心左宗棠到京后，万一受中国好战分子的怂恿，在中国东北三省调动兵力，可就不好了，我对这件事严重不放心。"

曾纪泽仍不紧不慢地回答："这是谣言，不可轻信。如今国际社会因为听说左宗棠削平陕甘变乱，立了大功，便以为左宗棠专好用兵。其实，左宗棠已经是快七十岁的老人家了，向来老成望重，哪里有主动唆使朝廷出兵的道理？我说一句老实话，中俄两国和好，固然不需要调左宗棠入京；假使中国想在伊犁用兵，就更没有将主帅调离前线的道理。"

布策迅速接过话头："是的呀！那么，依阁下的意思，左宗棠确定没有进京？"

曾纪泽果断地答："并未进京。"

曾纪泽的话让布策听得完全没底了。俄国谍报工作素来发达，布策有铁证知道左宗棠确已进京。而眼前的曾纪泽却刻意隐瞒，其目的到底是什么。

布策与格尔斯展开了私密交谈，分析了各种可能性，但依然猜不透曾纪泽的真实意图。

两天后，沙皇尼古拉耶维奇终于也扛不住了，他安排两国外交官面对面展开了第三十三次谈判。

这次，格尔斯开门见山地说："我们的皇帝说，听闻左宗棠是奉诏入京的。贵国这是什么意思呢？我们今天抓紧议定条约，免得节外生枝。"

曾纪泽说："早点确定条约最好。但有一句话我得说明白，我没有接到任何关于左宗棠进京的材料。"

格尔斯带点神秘地接过话："我国驻贵国的官员最近发回几封电报，都说左宗棠已经进京。"

曾纪泽说："左宗棠贵为相国，老成持重，凡事明白，绝对不会主动打俄国。我们不用再去讨论他到底进没进京了，只要条约签得合情合理，能够和平商定解决问题，左宗棠亦必喜欢。"

格尔斯说："不是我喜欢纠缠左宗棠到底进没进京这件事。我今天说的话，只是原原本本转告本国皇帝的话。"

曾纪泽说："那我请你尽快转告贵国皇帝，请他务必放心，左宗棠肯定没有进京。退一万步说，即使进京，左帅也不会将我从谈判桌上拉回国内，非得要一意孤行打进俄国来。我在这里说的每一句话，都有敝国皇帝的电报指示做根据，大清皇帝要我跟你们和谈签约，谁敢阻止？"

这次商谈之后，两国代表诚心坐下来，加急草拟《中俄伊犁条约》。光绪七年（1881年）2月14日，条约正式签字确定。

但在《中俄伊犁条约》最后签字之前，两国外交官就划分界务、商务仍有分歧。

双方签字前九天，曾纪泽选择时机，正式向俄方宣布："我已经知道了，左宗棠是按照地方总督向朝廷汇报工作的常例进京的。他现在刚在陕西过完年，下个月可以到京。你们的布大人上次问起这些事，我也是刚刚才听说的，所以一直没有答复。"

曾纪泽选择在这个时间点确认左宗棠进京，与之前一直隐瞒左氏行踪有同样的心理震慑效果。俄国方面一直担心的事，终于得到印证了。他们开始推算，从陕西到北京，不过半月行程。左宗棠进京面圣，对俄国无论如何都不是好消息。他们必须抢在君臣见面前将条约签订。可见，曾纪泽宣布消息九天后俄国便抓紧签字，这也是俄方精心选择的一个时间节点。

整个谈判关键阶段，曾纪泽一直打"左宗棠牌"，每次将新闻事实与谍报传信交错起来运用，虚虚实实，恰到好处，终于争取到了一些谈判的主动权。这在近代外交史上也是孤例。

曾纪泽凭口舌，左宗棠论战阵，两人配合默契，这是左宗棠与朝廷共同谋划的结果。离开新疆前夕，左宗棠系统总结了道光二十年（1840年）来中国外交失败最主要的原因是，中国的内政与外交透明度太高，屡屡被外国谍报人员探得，中国方面由此完全陷入被动。要想取得主动权，只有让本国信息不透明。

　　在给刘锦棠的一封密信中，左宗棠说出了伊犁收复的一些幕后原因："疆吏如能持正，使臣尚或有凭借，多说几句硬话。否则依违迁就，在所难免。"

　　伊犁收复，新疆全境回归中国版图，左宗棠声威令世界为之敬佩。

扬左抑李

至此，回头再看左宗棠与李鸿章为"海防"还是"塞防"而起争辩，站到全国战略的高度，放进时代背景中考察，当时到底是一种怎样的情况？

就全局而论，左李之辩，是国家战略层面的一次观念大分歧；就官僚集团内部而论，是当时朝政用人策略的一次大调整。

在国家战略层面，李鸿章之所以主张放弃"塞防"，主要原因在于李鸿章当时判断，"塞防危机"只会丢弃国土，而"海防危机"会动摇国本。基于这一判断，他践行"联俄制日"，试图通过拉拢俄国，共同对付日本正在积极酝酿的海战，来维护国家整体的安全。

左宗棠之所以主张先"塞防"后"海防"，在于他审清了一个基准的形势：欧美、日本与中国远隔重洋，有万里海涛做屏障，军事防务可以依靠地理自然条件，形势相对缓和，而且列强对中国并无领土主权要求；"塞防"问题则不然，边境线达数万公里，一旦新疆丢失，不但几无可能讨回，而且将成为他国侵略中国的据点。综合权衡之后，他判断结论，"海防"危机不如"塞防"紧急。

认识到问题的轻重缓急，左宗棠便有了解决问题的先后次序。他选择从解决"塞防"入手，重点针对俄国与英国，着力缓和跟日本及其他西方诸国的矛盾，以便先集中精力来收复新疆。

事实证明，左宗棠判断对了。因为在李鸿章看来绝无可能收回的新疆，最后通过左宗棠系列超越常规的方法，重新回到中国版图之内。

新疆如期收复，左宗棠在朝野内外的声望，随之达到巅峰高度。朝廷寄予左宗棠的期望也达到了空前的程度，这直接酝酿并最终引发大清王朝中枢"扬左抑李""暗倾恭邸"的人事大变动。

事情的经过是，光绪六年（1880年）夏，左宗棠在收复新疆南北两境之后，令士兵抬着棺材驻军哈密凤凰台，准备出兵伊犁。

左宗棠抬棺出征，震撼的不只是敌国武将，还有本国朝堂之内的一班官僚。在晚清万马齐喑的官场生态里，左宗棠以决绝之举打破了长期以来因循守旧与沉闷萧条的官场生态，让实心谋国者看到了榜样，尤其是那些对时局与现状不满的官员，也在他身上寄托了莫大的期望。

"清流派"要员、御史邓承修即是期望者代表。他当即上呈《时局艰危请饬调辅臣赞枢密折》，指责朝廷内以奕䜣为首的军机大臣"泄沓失职"，建议慈禧太后将他训斥后降级，改调远在新疆、"志虑忠纯"的左宗棠进京，对他"委以军国之大柄，使之内修政事，外揽兵权"。邓承修声称："当今要务，莫逾于此。"

一般地说，御史弹劾与保举官员，在大清帝国内是常态，因为它是日常工作，一般不会引起朝廷的特别重视，除非有位高权重者附和加码。

果然，颇受慈禧太后器重的醇亲王奕譞此时站出来再添了一把火。他认为论经国治世，"左胜于李"，主张让左"入赞纶扉"，将李鸿章置于地方。其实，李鸿章已在光绪元年（1875年）1月9日被授文华殿大学士，在内阁居首席，位列东阁大学士左宗棠之前。

在醇亲王奕譞跟"清流派"要员看来，无论资历还是声望，威名震动中外的左宗棠是坐镇朝堂的不二人选。奕譞之所以力挺左宗棠，有他强烈的个人目的，他主要是想借重左宗棠在地方的威望跟实力，伺机夺取恭亲王奕䜣手中的权力。更何况，作为继曾国藩之后湘军系内的最高军事统帅，左宗棠名动公卿，对外"锋颖凛凛向敌"，将他召进北京来，既有利于应对因伊犁交涉而激化了的中俄矛盾，又可借助他如日中天的声威，牵制奕䜣和李鸿章。

> 至持清议诸臣以外交事素不惬鸿章所为，知宗棠持议与鸿章左，益扬左以抑李。

这次"扬左抑李"，很有可能出于慈禧事前的授意。年近半百的太后，开始为娘家人的利益盘算，试图将国家实利逐步转移到叶赫那拉氏手中。但左宗棠确实赶上了国家权力重新调整的时机。因为，恰好在这段时间里，慈禧太后对恭亲王奕䜣的做法颇为不满，正在考虑如何削弱他手中的实权。

这是慈禧继同治四年（1865年）首次贬斥奕䜣之后的第二次打压。第一次打压奕䜣时，三十岁的慈禧太后亲自披挂上阵，代尚是幼儿的同治皇帝写了一份错别字连篇的圣旨，轻轻松松剥夺了奕䜣的"议政王"官职。第二次打压，慈禧同样胜券在握。

叔嫂之争的最终结果，慈禧采信妹夫醇亲王奕𫍽及一些"清流派"要员的建议，将左宗棠从新疆前线调入京，预备做"朝廷顾问"。

慈禧试图通过扶持奕𫍽的势力，来取代奕䜣集团。

｜二｜

光绪七年（1881年）2月25日，左宗棠从崇文门进入北京城，住长沙会馆。次日，入金銮殿面圣。慈禧太后正式授命他入值军机处，在总理衙门行走，兼管兵部事务。

此时，左宗棠在军机处的位置虽排在军机领班大臣宝鋆之后，但他的实权已经仅次于慈禧太后。中国人对官场人事变动素来敏感，而且喜好茶余饭后津津乐道。当时的北京城流传开一句话：左宗棠"明代沈相，暗倾恭邸，其势其焰，几于桓温"。

这里提到的"沈相"指军机大臣沈桂芬，"恭邸"指恭亲王奕䜣。"桓温"是晋明帝的驸马，因溯江而上灭亡成汉政权而声名大震，后又三次出兵北伐前秦、羌族姚襄和前燕，战功累累，独揽朝政十余年，一度操纵国君废立。

从京都传言可以见出左宗棠权势之大，朝廷倚望之重。

在国家权力中枢机关走马上任的左宗棠，虽然得力于慈禧太后宠幸的醇亲王奕𫍽跟部分"清流派"大员的支持，但内心"惕励"如他，开始有意避开派系明显的激烈"党争"。他可能从中嗅出了某种危险的味道，不愿卷身酷烈的宫斗中。

以办事能力见长的左宗棠，并不习惯离开具体政事与民事去搞权力争斗。他擅长作国家政治战略（如一手促成新疆建省、将台湾建省落实、创立中国近代海军等大手笔规划），却短于宫廷政治斗争。他是草根起家的军功勋臣，是为国家建功立业的朝廷重臣，不愿也不懂如何做一个成功的权臣。他仍像早年初出山时那样，立志有一番名垂青史的作为。

但左宗棠没有想到，作为实干家而言，他这样选择是无可非议的，但作为已经置身于最高权力中心的政治人物，制定国家宏观战略，布局官场人事是最重要的工作，但他碍于慈禧的绝对权威，有意避开自己擅长的国家政治战略、人事布局，这也让他对后世的影响力打了折扣。

他试图说服慈禧太后"从新鼓铸，一振积弱之势"，并从改善民生的角度，提出了急于实施的施政纲领，"河道必当修，洋药必当断，洋务必当振作"。

显然，实干家左宗棠在避开政治敏感区，试图从民生入手，勾画一幅扎扎实实的中兴蓝图，并计划以此破题，将之逐一付诸实施。他与正醉心于为叶赫那拉氏家族揽权的慈禧太后，无疑是两条没有交集的平行线。

第一次做京官的左宗棠并不知道，紫禁城内，天子脚下，大佬云集，自己的权力已经有限了，再不像以前在地方做实权督抚，可以一手布展一切。如今身处慈禧太后眼皮底下，跟远在新疆奏报交流也完全是两回事。京城远离地方，京官远隔实务，纯粹是签字画押，最重要的本事是回旋台阁，长袖善舞，而不是臣代君谋，身先士卒，率先垂范。

更让左宗棠感到严重不适应的是，他跟当年在京时的曾国藩一样，遭遇到世俗文法的罗网，导致每每事与愿违。因为朝廷"成例具在，丝毫难于展布"，"有所建白，亦为同僚所尼，多中辍"。也就是说，朝廷的礼法规矩特别多，牢牢限定了各级官员，谁要想多做事谁就最容易犯规越界，往往落得个事情还没做，人已经出事，被淘汰出局了。

更大的问题还在于，左宗棠依照做封疆大吏时的揽权的方法与惯性，大刀阔斧地施政，将官场固有的生态打破，引起诸多要员的严重不适。举其大者，内有奕䜣，外有李鸿章。

与奕䜣最为接近的军机领班大臣宝鋆，多次遭遇到左宗棠的逾格冲击，心有愠怒，干脆公开嘲笑左宗棠是"一团茅草"。

同僚之中，也极少有人愿意主动配合。中国官场奉行"中庸"原则，讲究权力"平衡"，以维系一团和气，保证皆大欢喜。左宗棠来京前呼声高是一回事，待他真要改革政事，进行人事洗牌，又是另一回事了。众官多在龟缩中观望。

没有在朝大员的实心支持，左宗棠做出的规划，大多沦为"放空炮"。他虽然极力试图振兴，但很少见出具体政绩。

时间一长，廷臣对左宗棠新鲜感已过，官员之间的"平衡"文化心理开始起作用了。原先反对左宗棠的人，继续一致笑话他"浮夸"，并引经据典，用"春秋谨严，左氏浮夸"的历史典故，来嘲笑他"放空炮"。潜台词是，左宗棠言过其实，有千年家姓传统。

这一时期，大学士李鸿藻对左宗棠试图布展不能，循规蹈矩不甘的状态，以旁观者看热闹不嫌事大的心态，作过一首形象的打油诗予以嘲讽：

> 军营弄惯入军机，饭罢中书日未西。
> 坐久始知春昼永，八方无事诏书稀。

岁月空耗，不见功绩，对左宗棠寄予重望的醇亲王奕譞和一些清流要员，也不免大感失望。

舆论在两派势力的博弈中逐渐开始出现反转。批评、指责左宗棠的声音，很快进入了官方的正式文件。奕𬜯、张佩纶、张之洞等人相继站出来，指摘左宗棠"浮夸"，"行径粗率，任性自便"。不能说这些批评全来自政敌，是漫无理由的派系攻击。平心而论，居高位者寄望必高，各方挑剔再正常不过。何况，军机大臣左宗棠自入值以来，确实不见刷新朝廷气象。

|三|

以"今亮"自命的左宗棠，是一个谨慎且擅长计算的人。他很少想过在官场自保，但现在不得不考虑自保。手头无事可办，他发觉自己已经身陷困境，几乎要晚节不保。年轻时，他曾撰写对联"立品当如山有岳，持身要比玉无瑕"以自勉，如今居高位而没有布展，无论立品还是持身，本身已是瑕疵。

进退失据之际，他想到抽身退出，离开宫斗繁剧的京师。但公开辞呈究竟不合朝廷体制，他只好以"年老体衰，诸病侵寻"为由，不间断地向慈禧太后请病假，少则三五天，长则一两个月。

这段左右夹击、里外不对的遭遇，左宗棠本人其实也看出了根源：无意实心办事的朝廷大员们，无非需要一个集体诿过的靶子，而不是一个真正能改革弊政的能人。

他写信跟朋友倾吐说："前之集矢合肥（李鸿章）者，今又以弟为众射之的矣。"意思是说，朝廷兴利除弊，自己根本无法推进，以前大家都将办事的李鸿章当靶子，以批评他来显得自己富于正义感，言行符合道义，如今李鸿章随奕䜣遭遇冷落，大家将所有的矛头都对准左宗棠，其用心立意在"左代李僵"。

左宗棠的这段不愉快的京官经历，似乎可以侧面印证，在左宗棠身后的日子里，被慈禧太后倚重的权臣李鸿章确实也并不容易。

年轻时曾梦想"拜相封侯"的左宗棠，在光绪四年（1878年）已经全部实现夙愿。既然在军机大臣的位置上难以作为，独立决断干事业的自由也难以再得，他决定到地方上发挥余热，继续干出一些宏图大业，在青史上再留下浓墨重彩的一笔。

左宗棠申请外放两江总督，慈禧太后当即批准。

慈禧太后虽然不懂谋国，但对治人洞若观火。七个月处下来，她看出了左宗棠处境尴尬。对左宗棠在地方时忤逆自己意志的奏折，她有时也选择曲意听从；如今在京城天天见面，内心凌厉强悍如她，确实也无法容忍左宗棠刚直的冲撞。

她选择做个顺水人情，给他一级台阶，外放两江。

光绪八年（1882年）2月12日，左宗棠到达金陵，正式就任两江总督兼南洋通商事务大臣。

总督两江期间，左宗棠又找回了做陕甘总督时大刀阔斧的自由挥洒状态，为官理政，全面布展。

如果说这其中还有一层不足为外人道的曲折心意，就是左宗棠收复新疆之前"海塞并防"志愿的兑现。七年前，左宗棠奏章中的"海塞并防"言犹在耳，事实上只完成了一半。新疆收复，是如期巩固"塞防"，确保"汉业唐规，西陲永固"；如今主政两江，他可以专心"海防"，治水行盐，建设国家，像前辈偶像陶澍、林则徐那样，追求身后不朽。

左宗棠能如期兑现自己的志愿吗？

何况，江苏、上海在两江行省辖内，曾经是江苏巡抚李鸿章的发迹地，李在此地不但根深基厚，而且人脉广泛。作为政见严重分歧者，左宗棠要布展宏图志愿，必然会伤及他的根基，枝斩他的人脉，引起他的不适。

果然，在左宗棠总督两江任上，围绕如何办"洋务"、筹"海防"，左、李"矜而不伐"再次升级，裂痕持续拉大。

第八章

洋务：冲突总爆发

　　洋务跟商务，内政与外交，左宗棠、李鸿章彼此各行其是。相互有团结，也有分裂；有合作，也有争夺。左宗棠朝着名臣的路艰难寸进，李鸿章朝着权臣的路高歌猛进，慈禧太后则坚持以乾隆为学习榜样，有事时忙制衡重臣，无事时忙大清国体面。

南洋北洋

近代洋务运动观念兴起的源头，在"睁眼看世界第一人"的魏源。

曾国藩、左宗棠两位洋务实践的先驱，深受魏源观念的影响。尤其是他那句著名的"师夷长技以制夷"，事实上一直贯穿以"求强、求富"为目的的晚清洋务运动始终。

近代中国最早的洋务实践，由曾国藩最先发动。咸丰十年（1860年）12月19日，曾国藩上奏《遵旨复奏借俄兵助剿发逆并代运南漕折》，在这份近三千字的奏折里，曾国藩首次提出"师夷智以造炮制船"的主张，明确提出学习西方制造大炮、轮船的技术。作家唐浩明先生称之为"一份揭开洋务运动序幕的重要历史文献"。

曾国藩的首次洋务实践，对几千年的中国传统观念而言，无异于一场革命。它对中国传统造成的巨大冲击，不在"以夏变夷"，而在于"以夷变夏"。"天朝上国"体制根本上难以允许。

咸丰皇帝为什么敢于违背祖制，立即批准同意？根本原因在于，第二次鸦片战争失利给皇帝本人带来了沦肌浃髓的教训。英法侵略联军将大清皇室逼得逃到承德避暑山庄避难，其后，英法侵略联军火烧圆明园，签订城下之盟《北京条约》，灾难深重的咸丰皇帝被西方坚船利炮的威力沉痛打醒了。

曾国藩向咸丰皇帝提出的洋务主张，主要为三条：

其一，"驭夷之道，贵识夷情。"即是说，要打败西方，必须先了解西方。

其二，大清主动表示合作的诚意，与西方国家订立商业章程，以缓解日益复杂的中外矛盾冲突。

其三，大清主动学习西方科学技术，但目前仅限于商业、交通跟军事领域，将来再考虑借助西方技术造炮制船。

奏折中，曾国藩这样向咸丰皇帝详细陈述自己的洋务主张：

> 抑臣窃有请者，驭夷之道，贵识夷情。以大西洋诸夷论之，英吉利
> 狡黠最甚，佛兰西次之，俄罗斯势力大于米、佛，尝与英夷争斗，为英所
> 惮。美利坚人，性质醇厚，其于中国素称恭顺。
>
> ……此次俄夷既称美商情愿领价采米，似可即饬薛焕与美酋面订章
> 程，妥为筹办。庶几暗杜俄夷见好中国、市德美夷之心，而美夷知中国于
> 彼毫无疑忌，或且输诚而昵就于我，未可知也。
>
> ……无论目前资夷力以助剿济运，得纾一时之忧；将来师夷智以造炮
> 制船，尤可期永远之利。

基于上述观念，曾国藩于咸丰十一年（1861年）冬在安庆创办了安庆内
军械所，其后又创办了上海机器局。同治二年（1863年），李鸿章在上海设立
三所洋炮局。同治五年（1866年），由左宗棠奠基、沈葆桢承办的福州船政局
也破土动工。沈葆桢豪情满怀，题联自期："以一篑为始基，自古天下无难事；
致九译之新法，于今中国有圣人。"

中国最早的兵工厂、轮船制造厂，在这一拨洋务大潮中应运而生了。

洋务运动给大清国带来的第二个变化，是陆续创办了系列翻译学堂、派遣
留学生。

设立翻译学堂，完全为时势所迫。第二次鸦片战争后，清政府与英、法等
列强相继签订《天津条约》《北京条约》。条约规定，如果遇到文字发生歧义，
则以签约国文字为准。这让朝廷上下感到恐慌。中国读书人一直只学习中文而
不懂得外文，为了避免因不懂外文而在条约里吃亏上当，奕䜣启奏慈禧，提请
同意培养本国翻译人才。

同治元年（1862年）夏，奕䜣在北京开办了中国第一家外国语言文字学
馆——京师同文馆。不到一年，李鸿章又奏请在上海设立外国语言文字学馆，
定名为上海广方言馆。再两年后，左宗棠在福州船政局成立船政学堂，专门设
立班级学堂，系统教授英文、法文。

同治十年（1871年）8月18日，曾国藩上奏《拟选聪颖子弟赴泰西各国肄业折》。他听从容闳的建议，与李鸿章一同向朝廷申请选定一百二十名少年学子，年龄限十二岁至十四岁，分四批派送，每年选派三十人赴美留学，留学年限定于十五年。此举开了中国公派留学生的先河，其中，铁道建筑专家詹天佑、北洋大学校长蔡绍基、晚清外务部尚书梁敦彦、民国第一任总理唐绍仪，都是从这批留美幼童中成长出来的。

到光绪三年（1877年）3月31日，福州船政学堂也拉开了赴欧留学的序幕，第一批留欧学生三十人，在留学监督日意格、李凤苞的率领下从福州启程，经海路抵法国马赛港。学习驾驶的十二名学生赴英国留学，刘步蟾等六人先上英国军舰实习，严复等六人则进入格林尼茨海军学院学习。

洋务运动对清朝第三个最为重要的改变，是国家首次成立了专门的外交机构——总理衙门。

总理衙门于咸丰十一年（1861年）3月1日成立，初名"总理各国通商事务衙门"，简称总理衙门、总署、译署。最初设有英国股、法国股、俄国股、美国股。到光绪九年（1883年），又增设了海防股；光绪二十年（1894年），海防股改为日本股。到光绪二十七年（1901年），总理衙门改名外交部。总理衙门最重要的下属机构有京师同文馆、海关总税务司署。

自明朝意大利传教士利玛窦到中国算起，中西交流已有两百余年，为什么直到此时，清朝才考虑成立外交机构？

原来，第一次鸦片战争前三千余年里，中国同外国关系是"理藩而已，无所谓外交也"。"藩"是封建朝代天子称属国属地或分封的土地的叫法，"理藩"的含义，是"天朝上国管理藩属国"。比如，总理衙门成立之前，俄国使臣来华，沿例由理藩院接待，其他各国使臣来华则由礼部接待，从来没有国家提出过异议。

第一次鸦片战争后，情况逐渐发生改变。道光皇帝为了应对外交事务，给两广总督特加钦差大臣头衔，专办与欧美国家的交涉，称为"五口通商大臣"。

咸丰十年（1860年）《北京条约》签订后，情形开始大幅度改变。因为外国公使进驻北京，外交事务日益繁多，他们开始知道了"理藩院"的含义，对原有的外交方式表达不满，提出他们不能以"蛮夷"的身份同带有朝贡体性质的"理藩院"打交道，同时还认为，中国的地方总督无权代表国家处理涉外事务，故而多次敦促清政府，要求其设立专门的外交机构，由政府外交官直接和他们进行交涉。

总理衙门应西方外交需求而设，在取名上既尊重历史，又考虑西方感受，沿用了理藩院的"理"，而去掉了"藩"，多少也合了国家平等的要求，没有再将西方看成中国的属国。

在这场洋务大潮中，总理衙门作为中国近代首家外交机构，逐渐催生出两个重要的职位：南洋通商大臣、北洋通商大臣。

南洋通商大臣源于道光二十四年（1844年）设立的五口通商大臣。五口通商大臣的职事，是驻节广州、上海两地，负责管理广州、厦门、福州、宁波、上海五口对外通商、交涉事务。咸丰十一年（1861年）总理衙门设立后，五口通商大臣划归门下，职权有所扩大，增管东南沿海及长江沿岸各口岸，兼办海防和其他洋务，实际成为南洋通商大臣，驻地上海，后移金陵。

北洋通商大臣则是随总理衙门设立而同时出现的外交业务机构。朝廷在总理衙门之下又设立三口通商大臣，驻地天津，管理天津、牛庄（后改营口）、登州（后改烟台）三口与外通商事务。到同治九年（1870年），三口通商大臣改名北洋通商大臣，负责管理北方直隶、山东、奉天三省对外通商、交涉事务，兼办海防和其他洋务，驻节天津。

因为南北两洋通商大臣的划分，左宗棠与李鸿章各据一面，权力争夺趋向炽烈。

| 二 |

光绪七年（1882年）2月10日，左宗棠出任两江总督兼南洋通商事务大臣，在金陵就职。

两江总督管辖江苏、安徽、江西三省，南洋通商事务大臣的职事是代表朝廷主管南方的对外通商事务兼及海防。南洋通商事务大臣与由直隶总督兼任的北洋通商事务大臣分别成为晚清南、北方最有权势的封疆大吏。这也是太平天国运动之后，国家军权、财权从朝廷下移到地方督抚，造成封疆大吏权位重而朝廷之内京官轻的直接结果。

晚清"外重内轻"现象日益严重，这从光绪五年（1879年）御史邓承修给光绪皇帝上奏的一份弹劾奏折中可以直观看出：

> 祖宗立法，内外相维：故督抚则畀以重权，其如有怀奸挟诈，荼毒百姓，欺罔朝廷，必遣使查办，所以申不测之威而防畸重之势，责至重，法至密也。近来奉命查办事件，有关督抚者，率皆敷衍了事。臣伏见恩承等查办东乡数年之巨案，百姓之奇冤，一旦平反，虽于国家新政有裨，而于奸人敛怨必多。今言者不察，乃以小民一纸之呈诉撼以入告，朝廷未加诘问，便蒙罪责。弹疆臣如撼山，参廷臣如拉朽。臣恐自此以后，使臣习为畏阻，遇事悉相徇隐；疆吏知其易动，妄生揣测，轻量朝廷，长其骄蹇恣肆之习，驯至内轻外重之势。

奏折中"弹疆臣如撼山，参廷臣如拉朽"一句，最为直观形象。

在这样一种时势背景里，疆臣左宗棠、李鸿章，围绕办事权，多年来在地方展开激烈争夺。

左宗棠担任两江总督之后，以左、李为标志的南洋与北洋的地缘跟派系之争，一触即发。

自同治五年（1866年）在闽浙总督任上创立福州船政局，左宗棠与跟随他在南方的原湘系官员，以及部分"清流派"官员，逐渐发展成为南洋集团。

所谓"南洋集团"，是后世学界为了方便概括而使用的一个特定称谓，历史其时并没有这个叫法。它缘于"南洋通商大臣"一词，将此官职职权所及的诸省作为一个利益共同体看待。道光二十二年（1842年）8月，中英《南京条约》签订，广州、福州、厦门、宁波、上海五口通商事务划归五口通商大臣管辖，此职由两江总督耆英担任。道光二十四年（1844年）3月，耆英改任两广总督，五口通商大臣衙门移到广州。之后，由两广总督兼任五口通商大臣一职。咸丰九年（1859年）1月，两江总督何桂清任办理洋务钦差大臣，五口通商大臣衙门移到上海。之后，一直由两江官员担任。咸丰十年（1860年），五口通商大臣改称南洋通商大臣，由江苏巡抚兼任。同治五年（1866年）起，由两江总督兼任，同治七年（1868年），南洋通商大臣衙门迁至金陵，后一直由两江总督兼任。

如前所述，南洋通商大臣名为通商，实为外交，而兼任通商大臣的两江总督，又是地方军政一把手，所以称为"南洋集团"，事实上是集政治、军事、外交、商业于一体的大区利益共同体，而不是专指官僚利益集团。

自同治元年（1862年）从曾国藩门下独立出来起，李鸿章自立门户，逐步形成淮系势力，后来发展成北洋集团。

"北洋集团"的称谓同样缘于"北洋通商大臣"，是后世使用的一个特定称谓。跟南洋通商大臣相比，它的出现晚出近二十年。咸丰十一年（1861年）1月，清廷设总理各国事务衙门，下设三口通商大臣，三口通商大臣驻天津，管理牛庄、天津、登州三口通商事务，这是北洋通商大臣的开端。

到同治九年（1870年）11月12日，清廷裁撤三口通商大臣。将所有洋务、海防、外交事宜，全部归入直隶总督统管，颁发钦差大臣关防，称"北洋通商大臣"，简称"北洋大臣"。

北洋集团后世闻名，主要因为北洋海军影响中国历史深远，尤其是袁世凯、段祺瑞等这些清末民初的风云人物都出自北洋集团，让北洋的影响力盖过了南洋。但北洋海军直到光绪十四年（1888年）才正式成立，它是继南洋海军之后中国第二支规模最大的近代化海军舰队，也是清朝建立的四支近代海军中实力最强、规模最大的一支。

这里附带说一下清朝几支近代海军舰队的大致情况：

南洋水师正式建立在光绪元年（1875年），由两江总督兼南洋通商大臣沈葆桢建立。南洋水师负责海域为江浙一带，停泊地则主要为上海、金陵。至宣统元年（1909年），南北两洋水师合并，改成立巡洋舰队及长江舰队。南洋舰队正式消失。

北洋水师的创立者为李鸿章，成立于光绪十四年（1888年）12月17日，地点在山东威海卫刘公岛。在光绪二十年（1894年）爆发的中日甲午海战中全军覆没。

福建水师是清廷为加强台海防务，由福州船政局先行练成一军，于光绪五年（1879年）7月4日宣布成立。到光绪十年（1884年）中法战争爆发前，福建水师已经成为中国吨位最大的一支舰队，基地在马尾军港。光绪十年（1884年）8月22日，中法爆发马江海战，福建水师几乎全军覆没。

广东水师是清朝末期部署于南海区域的一支舰队，受两广总督节制，主要基地设在广州黄埔。

与李鸿章用心经营北洋集团派系不同，左宗棠无心打造一个官僚同进退的"大区利益共同体"，因此，相比于李鸿章的北洋集团内部高度一致，南洋集团派系复杂，且相对松散。

左宗棠无心打造集团派系，跟他非科班进士出身，缺乏过硬的官场人脉资源有一定关系。同治八年（1869年）3月16日，左宗棠给长子孝威的家书中自述"内无奥援，外多宿怨，颠越即在意中"，侧面见出他锐意进取的职场路上，缺乏官僚"同党"做有力支撑。

以左宗棠为代表的南洋集团，大员主要有张之洞、沈葆桢、刘坤一等人，集团内部关系并不融洽。比如张之洞、沈葆桢跟左宗棠、刘坤一，关系始终若即若离。尤其沈葆桢，办成福州船政局后，被李鸿章极力拉拢，在左、李之间一度摇摆。所以，南、北洋的争斗，事实上主要集中在李鸿章和左宗棠两大首领之间。

左、李"矜而不伐"阶段，围绕办事权而发生的分歧与争夺，主要表现在三个方面：

第一个方面，集中表现在军事。

左宗棠全力营建"海防"，李鸿章积极筹备"海战"。

第二个方面，集中表现在外交。

左宗棠践行针锋相对，力行"主战"，李鸿章践行"全神笼络"，推行"和戎"。

第三个方面，集中表现在商业。

左宗棠实践"商资商办"，李鸿章推行"官督官办"。

我们先来看第一个方面。

围绕"海防"跟"海战"，左、李如何争夺？

海防海战

| 一 |

鲜为人知的是，自左宗棠出任两江总督之后，围绕"海防"跟"海战"，左、李跟之前换了个位置。

在西北"塞防"问题上，左宗棠曾积极"主战"，李鸿章全力"主和"；但到了东南"海防"，左宗棠一门心思"备防"，李鸿章则积极"备战"。

李鸿章一门心思积极"备战"，跟他历年所处的职务有关。

同治十年（1871年）7月9日，李鸿章被朝廷派为全权大臣，奉旨办理日本通商条约事务。从这时起，为了应对茫茫大海之上随时可能到来的"海战"，他不惜一次性从欧洲购买每艘售价一百万余两银子的巡洋舰数艘，将北洋海军全副武装起来。

迫使李鸿章积极"备战"的第一个重大国际事件，缘于日本以侵吞之心瞄上朝鲜。

光绪元年（1875年）2月，日本避开宗主国中国，派出使臣前往朝鲜商议私交，日本使臣乘坐轮船、身着西洋大礼服，引起朝鲜方面反感，加之其国书中有"大日本""皇上""敕"等字样，朝鲜拒收国书，谈判陷入僵局。5月，日本派军舰"云扬"号擅自测量朝鲜海岸。在日本军事强势的逼迫下，朝鲜被迫签订《江华条约》，这是朝鲜自近代以来被迫同外国签订的第一个条约，国门终于被日本打开。此后，日本绕开朝鲜是大清藩属国的历史事实，借口朝鲜是"自主之邦"，"顺理成章"地越过中国直接与朝鲜交涉。李鸿章对此高度警觉，认为日本居心叵测，行为乖谬，恃强诈力，以鲸吞蚕食为谋，应及早设法防范。

导致李鸿章积极"备战"的第二个重大国际事件，是法国几乎在同时瞄上了大清国的藩属国越南。光绪元年（1875年）5月法国驻华公使罗淑亚颠倒事实，就"越南归属"问题照会大清国。大清周边的藩属国一旦不保，唇亡齿寒当是必然，预感到后患严重的李鸿章建议清廷采取较为强硬的"备战求和"政策。

藩属国朝鲜、越南同时遭遇危机，通过地方各省的奏报，很快在朝廷的圣旨中有了反应。光绪元年（1875 年）5 月 30 日，朝廷发布《著李鸿章沈葆桢分别督办南北洋海防谕》：

> 著派李鸿章督办北洋海防事宜，派沈葆桢督办南洋海防事宜，所有分洋、分任练军，设局及招致海道华人诸议，通归该大臣等择要筹办。其如何巡历各海口，随宜布置，及提拨饷需，整顿诸税之处，均著悉心经理。如应需帮办大员，即由李鸿章、沈葆桢保奏，候旨简用。出使各国及通晓洋务人才，著李鸿章切实保奏。即有需用外国人之处，亦当权自我操，勿任彼族挽越。

这道圣旨核心布置了两件大事：

其一，将海防大臣李鸿章、沈葆桢两人作明确的任务分工，李鸿章负责北洋水师，沈葆桢负责南洋水师，两人重新梳理检查属地的海防，将大清国的"海上长城"修牢。

其二，加大力度壮大海防队伍，培养出国留学的洋务人才，只要大清国能够掌握主导权，即使提拔任命外籍官员来办理海防也可以考虑。

|二|

光绪八年（1882年），左宗棠到了东南沿海，立即践行他出兵新疆前的"海塞并防"。左氏一改在西北的"主战"，转而稳妥"备防"。

"平生最恨是和戎"的左宗棠，为什么此时要一反自己一贯刚硬的"鹰派"风格？

不言"海战"，积极"海防"，这是左宗棠对洋务运动二十余年成果考量后作出的一个基准判断。在左宗棠看来，南洋海军习自英法，北洋船炮悉数购自欧洲，质量到底如何，战场能力如何，口头上可以长自己志气，灭洋人威风，心里其实没有多少把握。中国海军若主动应对"海战"，双方一旦真正开战，便成了"欧洲老师"打"中国学生"，中国难以取胜。擅长战前做军事"沙盘推演"的左宗棠，从来不打无把握之仗。

作为一手筹建福州船政局，亲手将法国的造船技术、英国的驾驶技术全部照搬进国内的近代中国海军奠基人，左宗棠十分清楚这点。作为"每发一兵，须发为白"的军事谨慎之人，左宗棠跟诸葛亮一样，总是临事而慎，不是不顾实力的豪放"鹰派"。

面对万里波涌、海浪涛汹的洋人军事威胁，左宗棠的态度比起李鸿章谨慎得多。

在左宗棠看来，中国"海战"绝对没有胜利把握，但如果专注"海防"，则可以化被动为主动，情形将大为不同。依靠茫茫大洋做屏障，中国只要做好沿海港口重点城市的军事防御，便可凭借现有的新造船炮御敌于国门之外，国内照旧可以安心生产建设，富国强兵，洋务强国。

本着摈弃"海战"、专注"海防"的战略定位，左宗棠特意请来长江巡阅使彭玉麟做自己的"海防顾问"。彭玉麟从咸丰三年（1853年）办湘勇水师起步，经营长江水师二十余年，对内陆河道布防是行家里手，有举足轻重的发言权。

彭玉麟到来后，站在内江、内河的角度，提出侧重巩固"江防"。他的考虑是，即使沿海失守，只要内防巩固，西方坚船利炮同样无法打进来。

李鸿章则认为，左、彭态度同样过于消极、保守，尤其是彭玉麟，醉心发展舢板船之类"江防"军备，不懂得西方现代船炮已经先进到何等程度，其观念落后国际社会甚远，用这些土得掉渣的军备做"海防"，效果形同虚设。

左宗棠既不赞同李鸿章积极筹备"海战"，也不同意彭玉麟纯粹的"江防"，他在彭玉麟与李鸿章之间取折中。理由是，他不认为中国当下真的有实力、有必要发展19世纪的规模化"航空母舰"（大型巡洋战舰），但也认为彭玉麟建议的东南沿海新增十艘小炮轮确实太少，所以他在彭玉麟建议的基础上，增加了五艘快船。

左宗棠这样向朝廷汇报：我原计划用作"海防"的小炮轮，造价每艘需八万两银子，但预算之后，发现事先估计不足，实际上，每艘需银十八万两到三十万两不等，还不包括配置枪炮位。一共需花费三百余万两。

从当年的"海塞并防"，到如今折中李、彭意见，不难看出左宗棠为官的"中庸"策略。左宗棠的为官之术，部分从陶澍那里学来，陶澍最厉害的一手，在官场内部发展"统一战线"。左宗棠活学活用，前面用作平息海塞之争，现在继续拿来办"海防"。

|三|

为了争取李鸿章对"海防"的支持，左宗棠一开始试图在南洋跟北洋之间调和。表现之一，他放手起用李鸿章提拔起来的人，其中关键的人物是黎兆棠[①]。

保举黎兆棠之前，左宗棠这样跟彭玉麟说：

"黎兆棠先后两次以年老多病向朝廷申请提前退休，朝廷还没有批准。军机处的大臣们对慈禧太后的挽留很不以为然，不知道最后到底是太后按自己意愿拍板，还是会采纳军机处臣僚们的意见？我刚才与李鸿章谈到了这件事，我建议同他联名写一份奏折，请朝廷选拔黎兆棠做福州船政局的船政大臣，你觉得怎么样？"

黎兆棠出自李鸿章幕府。左宗棠提请他总理船政，用意明显在联合李鸿章，以联手达成"统一战线"，避免南、北两洋派系矛盾激化。

基于这一策略，光绪八年（1883年）1月2日，左宗棠在《购造快船各节并恳简员任船政事务片》中，专意向朝廷保举黎兆棠就任：

> 惟念福建船政，自臣奏设至今已十有七年。当时立法，本极意讲求，诸称周密。嗣后屡易其人，坠绪难寻，殊深惋惜。此局颇为外人侧目，隳坏非宜。近闻船政大臣黎兆棠久病不瘥，屡次陈情乞假，未蒙允准。现值

[①] 黎兆棠，1827—1894年，字召民，广东顺德昌教乡人，咸丰三年（1853年）进士，历任礼部主事、总理衙门章京、江西粮台、台湾道台、天津海关道台、直隶按察使、布政使、福建船政大臣、光禄寺卿。

增造快船，事尤为烦剧。可否仰恳天恩，俯念船政紧要，迅赐简员任事，以重职守，庶臣得随时商榷，俾费节工竣，得免疏误。

这份奏折要表达的核心意思是，左宗棠办船政事业已经十七年了，无时无刻不在留心此方面的人才。如今，自己年老体衰，急需起用能人担当大任，黎兆棠是不二人选。

左宗棠对此次保举是有胜算把握的。自入值军机后，他开始明显感觉出慈禧在他与李鸿章之间玩制衡，于是试图将计就计，打着慈禧的旗号，干自己的事情。他以为主动投太后所好，任用李鸿章的门人故旧，便可以消除慈禧对左、李争夺的顾虑。这也是他自总督两江以来，第一次在重大的政治问题上不动声色地测试朝廷的态度。

令左宗棠颇感意外的是，朝廷批示为"留中"。既不否定，也不同意，慈禧采取拖延的方式，将此事暂时压了下去。显然，左宗棠背后的用意，被慈禧看出来了。

推测朝廷用意，慈禧太后不想让左李南北洋结盟，更不愿意看到李鸿章被左宗棠成功"统战"。

左宗棠大概没有想到，朝廷可以要求左、李精诚团结，这样朝廷就掌握了控制左、李的主动权。但左宗棠主动要求精诚团结，等于抢了慈禧的话筒，反倒让朝廷感到对左、李同时失控。自咸丰十年（1860年）曾国藩出任两江总督以来，朝廷"外重内轻"的现实，始终是慈禧的一块心病，如果不能以中央的政治领导力驾驭地方重臣，朝廷就成了一块橡皮图章，这是控制欲极强的慈禧绝对不能接受的。何况，李鸿章谋事不是左宗棠的对手，慈禧从左宗棠拉李鸿章淮军为西征军看守大门那次已经看出来，因此对左宗棠权力扩张更加防范。从朝廷其后起用黎兆棠来看，并不是其人不可用，只是朝廷不想交付给左宗棠使用。

左宗棠闻朝廷弦歌而知雅意。他通过这件事，终于看出朝廷着意分化他与李鸿章联合来实现权力制衡的意图。他开始有意配合朝廷，自觉与李鸿章划清界线，但他并没有因朝廷有意分化"左李联盟"而停止办理"海防"的脚步。

他去信彭玉麟，透露目前工作进展："最近一段时间，我这个两江总督正在积极筹备造兵舰、买枪炮这些事。因为经验不足，摸索时间又太短，我考虑参照李鸿章相国以前的办法，召集了福州船政局船政学堂的一批学生来提建议。综合老规矩、新构想，我心中逐渐有了头绪。我打算跟吕耀斗合作，商量着一起先造出五艘大炮轮。"

左宗棠在这里提到提调吕耀斗，是将左、李矛盾再次公开化的表现。他之前在给吕耀斗的去信中明确表示，自己创办福州船政局"不独地势合宜，其规划布置亦颇不苟"。言下之意，船政局一旦出现经费紧缺等情况，都将是自己后任的责任，这明显是影射沈葆桢、李鸿章为筹备"海战"而不顾国力，劳民伤财，事后卸责于人。

就这样，左宗棠从原来准备"统战"李鸿章，到眼下主动将李鸿章推到对立面，甚至不惜将自己一手举荐提携的船政大臣沈葆桢也推到了李鸿章的阵营。

左宗棠对李鸿章的态度突然来个一百八十度的急转弯，推测其用意，一半是为了争取政策资源以保证办事，一半纯粹是"表演"给朝廷看的。

李鸿章得知后，也适时配合"表演"。在与僚属的书信中，他公开嘲笑左宗棠总督两江，存在三大失误：

第一点，贪名且负气。李鸿章说："左公自谓到任后自有办法，其近名而多意气，政府同事无不相知。"

第二点，不懂现代海军。李鸿章如此上奏朝廷："左相于西国水师诀要茫未有知，恐未必大有振作也。"

第三点，不懂现代商业。李鸿章的原话是："招商局近来甚为兴旺，左相訾其为商人射利，于国家无益，亦可谓暗于大局矣。"

|四|

既然朝廷有意不让左、李联合，加之两人原本就存在诸多的政见分歧，无论是有意为之还是顺其自然，越行越远是必然的结局。

此后，两人围绕大清国政治方针、国防方略与具体事权，争斗再也没有消停。

事实上，早在左宗棠忙于收复新疆的第二年，李鸿章已经将福州船政局掌控于自己的令下。其时，福州船政局留学生李凤苞在英国打听到有两艘土耳其铁甲舰准备转售，每艘开价一百余万两。李鸿章当即抓住机会，建议朝廷将户部牵头筹措的福建省海防经费一百三十万两，转用于购买一艘铁甲舰。总理衙门和南洋筹措准备购买巡洋舰的六十五万两，也转用于再购买一艘铁甲舰；而剩余不足部分，由北洋水师负责补齐。至于南洋水师所需要的新式巡洋舰如何解决，李鸿章请求朝廷批准福州船政局建造当初已经购回图纸的巡洋舰。

此次经手购买巡洋舰设计的船政大臣是吴赞诚。他已请病假而离任赴江苏治疗，新任船政大臣黎兆棠赴任。李鸿章去信建议黎兆棠："停造寻常木船，专造快船。"光绪六年（1880年）5月，黎兆棠具折上奏，表示准备仿造巡洋舰。朝廷立即批准，至于庞大的经费支援，难题则抛给了时任两江总督刘坤一。

光绪七年（1881年）11月，黎兆棠率领船政全体工作人员，亲手将新巡洋舰的第一截龙骨捧上船台，船政第一号"巡海快船"开工建造。因为朝廷起初要求南洋仿照北洋购办的碰撞巡洋舰，福州船政局又将这艘军舰称为第一号"快碰船"，它实际上是法国地中海船厂设计的缩小版。

左宗棠向朝廷保举黎兆棠既已遭拒，他决定跟李鸿章就由谁担任船政大臣一事死磕到底，在朝堂之上公开将"海战"派的脚步拦停。

光绪九年（1884年）1月4日，左宗棠做出一件令人匪夷所思的事情。在《闽省船政局造船玩延诿饰请旨申饬奏》中，针对自己一手开创的福州船政局，作了自创办以来措辞最为激烈的参奏。

参奏事由因"开济"号巡洋舰而起。

光绪九年（1883年）10月22日，黎兆棠监造的"开济"号巡洋舰建成试航。接替黎兆棠出任船政大臣的张梦元在首航结束后上奏朝廷，称"开济"号于10月23日起航南洋，但直到12月9日才到达吴淞口。之所以拖延如此之久，是因为飓风导致军舰受损。

左宗棠称，他所得到的消息均出自"开济"舰管带何心川的报告，实际的情况是舰内抽水机不合用。据何心川说，"开济"舰于10月23日离开马尾五虎门北上，当天夜间突遭飓风。紧急时刻，舰上的抽水机竟然都不配套，导致舰内进水无法排除，"激翻铁板，碍及轮机不能旋转"，于是随即就近停靠抢修，经过三昼夜抽水，于 27 日回到船政修理。经查明，回到福州船政局后，何心川将抽水机故障导致被迫返航一事报告给船政大臣张梦元，不料张梦元竟然退回这份报告，要求何心川改写成"遇到飓风，船只受损"，绝口不提是抽水机的问题。

左宗棠根据这条，批评福州船政局所造巡洋舰"俨如居贾者以劣货售人，一出门则真赝皆弗顾。故一经风浪，百病业生"。接着矛头又指向"开济"号的技术参数，称"开济"设计吃水一丈七尺，实际却达到一丈九尺；设计航速每小时百里，实测只有九十里。同时，"开济"号账目也不清，预算四十万两，却与船政局新造两艘巡洋舰报的预算三十万两进行混淆。

最后，左宗棠在调查报告中感慨，"臣昔年奏设船政局，原为自强之计，具有深意"，"闻近年该局员匠愈趋愈下，制造学生之骄肆，监工之不力，均不似昔年规模"。意思是，现在的福州船政局的发展，已经严重背离了自己创办的初衷。他要求朝廷严行申饬船政大臣张梦元，命令新任船政大臣何如璋破除情面，切实整顿，革退不力的员匠。

这份参奏事实翔实，牵涉甚多，火力生猛，可以看作是左宗棠与李鸿章北洋集团公开决裂的信号。

明眼人看得出来，左宗棠明显在吹毛求疵。但他的真实用意，不是纯粹反对造巡洋舰，而是认为中国不应借发展巡洋舰之机而积极筹备好高骛远的"海战"，当务之急，应扎实做好"海防"。

|五|

左、李此时在"海防""海战"实践上的分歧，主要是两点：

其一，战守不同。左宗棠依据现有国力，最大限度地全面布防，以防为守；李鸿章则集中国家财力，以战为守。

其二，立足不同。左宗棠立足于福州船政局，依靠本国自造的现代军舰全面布防；李鸿章立足于购买西洋先进大型军舰，用全副武装的西洋军舰跟日本军舰竞赛。

左宗棠判断中国自造的军舰在茫茫大洋上积极开战毫无取胜把握，但用于国内防守却能发挥重要作用。李鸿章对中国自造军舰防守完全不自信，但相信购买的西洋大型军舰在主动出击时有把握战胜日本。

其时，对中国领土主权产生威胁的主要是日本、法国，李鸿章的"海战"，基本是为日本量身定制，他将大型西洋军舰看作一种威慑力量，以期能消除日本进犯的野心。左宗棠的海防则面对所有西方强国，以防为守，以不变应万变。

左、李围绕"海防""备战"办事权相互争夺，慈禧太后忙于制衡而心无定见，直接造成的严重后果是，封疆大吏各抱势力，彼此隔膜，"军力割据"形势出现，最终使一朝之内政出多门，国防能力严重下降。这是朝廷权力下移、"外重内轻"自然而然的恶果。说到底，这是大清国帝国体制固有的弊端所造成的。

光绪十一年（1885年）7月29日，左宗棠在去世前一个多月上奏《复陈海防应办事宜请专设海防全政大臣折》，将朝廷体制的弊端，据实指了出来，语气几近批评：

> 第念海防无他，得人而已。中国水师不力，或归咎于不自振作。其实内外臣工岂乏忠谅？所以处处牵掣，必有其由。臣曾督海疆，重参枢密，窃见内外政事每因事权不一，办理辄形棘手。盖内臣之权，重在承旨会议，事无大小，多藉疆臣所请以为设施；外臣之权，各有疆界，虽南、北洋大臣，于隔省之事，究难越俎。

左宗棠意思很明确，办理海防关键在用对人，中国并不缺乏海军人才，朝廷总将海防不尽如人意归咎于办事官员不得力，是不对的。朝廷将海防权控制在皇帝手中，而皇帝既不懂军事，又不知道地方具体详情，一切都根据看大臣的报告而定，政策因时因事，随时随地改变，导致办事的官员有心办事却处处碰壁，到处掣肘，很难办成事。廷臣坐在北京，凡事都要听报告，单凭报告做批示，不但影响效率，而且常犯官僚主义错误；疆臣都有自己的地盘，大家都一心想办好分内的事，也许自己做的每一件事都是对的，但放到全国大局中看，重复跟相互冲突的地方不少。

基于清朝军事体制的根本弊病，左宗棠这次奏请朝廷设立海军衙门（简称"海部"），目的是统一事权，集中规划管理，打破海防的地域局限。这也是他跟李鸿章在办理海防冲突时积累出来的经验教训。

在这样一种军事体制里，随后发生的一件大事，不幸将左宗棠谨慎保守的"海防"计划又击得粉碎。

光绪十年（1884年）7月14日，法国军舰在孤拔的率领下，借"游历"为名，陆续进入福州马尾军港，集结在罗星塔下。

大清国钦差大臣、会办福建海疆事宜大臣张佩纶，闽浙总督何璟，福建船政大臣何如璋，福建巡抚张兆栋及福州将军穆图善等人，联合会商应敌之策。五人竟然一致要求福建水师各舰"不准先行开炮，违者虽胜也斩"，就这样听任法国军舰进入马尾港。

8月23日，法军水师突然不宣而战。福建水师虽在港内派舰船驻守，但由于没有得到船政大臣何如璋的命令，事先没有任何准备，骤然遭遇法国军舰的猛烈炮火，竟然忘记起锚迎战。由于福建水师弹药装备严重不足，坚持不到十余分钟，便已作鸟兽散。

半小时后，法舰彻底摧垮了清军的抵抗力量。此时，张佩纶、何璟才收到孤拔事后递交的战书，匆促下令福建水师对法舰开火。但大势已去，再无力回天。最终，福建水师遭遇全军覆没，马尾港被法军占领，船政设施均遭受严重破坏。

福州船政局被法军摧毁，追问军事原因，在于法军战前迷惑中国，不宣而战；同时，船政局的监督日意格、德克碑都是法国人，舰船的军事机密，提前被法国人探得；再加之舰船更新换代极快，福州造于十余年前的现代炮船，已经落伍。

就大清军事体制而言，根源在朝廷战和不定，事先并没有授权闽浙总督、船政大臣、钦差大臣三方任何一方独立自主的指挥权，一切行动必须听朝廷圣旨指挥。而无论慈禧太后还是光绪皇帝，都不懂军事，在军舰一日千里的近代，朝廷还依靠日行六百里的快马传递圣旨。

作为福州船政局奠基人的左宗棠，从同治五年（1866年）奏请设立起，他与沈葆桢等几任船政大臣用心经营了十八年的福建海军，转瞬之间化作梦幻泡影。

战败后朝廷追责问罪，钦差大臣张佩纶是第一责任人。张佩纶是李鸿章的女婿，朝廷有意交付左宗棠查办，目的明显是进一步分化左、李。谁料左宗棠派员调查后上奏称，张佩纶所谓"怯战、潜逃"查无此事。或许，左宗棠已经看出是慈禧的制衡策略，才最终导致这一严重后果，所以故意重事轻判，意气敷衍，不让慈禧任意牵制。慈禧太后感觉出来了，她认为左宗棠有意包庇，曲意为张佩纶开脱，下圣旨予以申饬，同时将张佩纶革职，发配察哈尔察罕陀罗海效力赎罪。

福州船政局遭遇灭顶之灾，左宗棠内心其实是崩溃的，但他总不能据实指责朝廷错误，因为这不符大清体制。"法国老师"亲手摧毁"中国学生"，只需花半个钟头，左宗棠更加坚信只能"海防"，不能"海战"。

|六|

光绪十一年（1885年）7月29日，已经七十三岁高龄的左宗棠，常年肩负家国重任，身体急遽衰老，快要走到人生的尽头。他在前述的《复陈海防应办事宜请专设海防全政大臣折》中，从七个方面切题，提出中国系统筹办"海防"的战略思想。其中最重要的一点，是提出朝廷应设立海部，专设"海防全政大臣"，以统一事权，避免权臣掣肘，全面巩固"海防"。他看出了朝廷"外重内轻"局势造成封疆大吏"权力割据"是"海防"不力的根本，由此提出了彻底解决的策略。

其实，早在光绪七年（1881年），中国驻日本长崎理事余瑞就建议设立海军衙门。但此事真正提上朝廷的大事议程，则已经到了光绪十一年（1885年），中法骤然开战，东南海防告急，朝廷需要设立专门的海军指挥部来救急。

朝廷仍像十年前在百官中开展新疆问题大讨论一样，再次展开廷议，听取诸大臣意见。

李鸿章主张设立海部，并设专办海军之人。

左宗棠建议设海防全政大臣或海部大臣，总指挥部驻扎于长江。

穆图善则认为，海部宜设在天津统一指挥，并安排尚书、部曹职务，由直隶总督、两江总督、闽浙总督、两广总督分别兼任海部尚书。

吴大澂建议，应在北京添设海军衙门，特派亲王总理节制沿海督抚，另在封疆大吏中，选派一员督办水师，加总理水师衙门大臣衔。

朝廷在听取各方意见后，初步设想由李鸿章来出任总理海部大臣。光绪十一年（1885年）9月，李鸿章奉慈禧命令入京觐见，他在紫禁城内足足住了二十多天，慈禧太后单独召见就达五次之多。在此期间，李鸿章还会同醇亲王与全体军机大臣，几次密商设立海部之事。到10月初，官员内部意见已趋一致，总理衙门书面上奏，提出海部事务应派王大臣综理，并于疆臣中简派一二人会同办理。

10月12日，慈禧太后作出批示，发布懿旨：

> 着派醇亲王奕譞总理海军事务，所有沿海水师悉归节制调遣；并派庆郡王奕劻、大学士直隶总督李鸿章会同办理；正红旗汉军都统善庆、兵部右侍郎曾纪泽帮同办理。现当北洋练军伊始，即责成李鸿章专司其事。其应行创设筹议各事宜，统由该王大臣等详慎规画，拟立章程，奏明次第兴办。

慈禧让对海军茫然无知的醇亲王奕譞出任总理海军大臣，李鸿章负责海军衙门下属的北洋海军练兵筹备事务，确实有点出人意料。慈禧太后任命亲妹夫奕譞的用意，明显是为了将海军大权抓在有叶赫那拉氏血统的家族手中。

为官机灵的李鸿章身在局中，早在四个月前便推算到了这一可能的结局，他在给两江总督曾国荃的私信中透露："曾于二月十三日详复总署，请仿东西各国之例，在京添设海部，或令不才襄助商榷，嗣闻枢意不以为然，仍拟奏请在外设水师衙门。"这里透露的是，总理衙门想让李鸿章出任总理海军大臣，但醇亲王奕譞不以为然，所以尽管慈禧多次单独召见，但李鸿章对自己不能觊觎这一肥缺，内心仍有着足够的清醒与克制。

光绪十一年（1885年）10月24日，大清国首任总理海军大臣奕譞正式就任，挂牌"总理海军事务衙门"。中国海军衙门作为一个政府机构，在这天成立了。因为对海军事务茫然无知，奕譞既没有将衙门设到长江，也不安到天津，而是设到北京军机处神机营内。他的说法是，因为神机营内尚有空闲房间，稍作修葺便可作办公之用。醇亲王办公条件如此简陋节约，大约不是为朝廷省钱。因为神机营是保卫皇帝的禁卫军，是中央警卫部队，是大清国最为安全的机要密地，即使大清国海军全体覆灭，最高指挥官奕譞身家性命仍可以跟皇帝一样安全。

|七|

光绪十一年（1885年）9月5日，左宗棠因年老力衰，精力全部耗尽，向幕僚口授遗折之后，溘然长逝。

遗折中，左宗棠说出了他对大清国未来国防的担忧，语重心长，忧心忡忡：

> 方今西域初安，东洋思逞，欧洲各国，环视眈眈。若不并力补牢，先期求艾，再有衅隙，愈弱愈甚，振奋愈难，虽欲求之今日而不可得。伏愿皇太后、皇上于诸臣中海军之议，速赐乾断。凡铁路、矿务、船炮各政，及早举行，以策富强之效。然居心为万事之本，臣犹愿皇上益勤典学，无急万机，日近正人，广纳谠论；移不急之费以充军食，节有用之财以济时艰；上下一心，实事求是。臣虽死之日，犹生之年。

遗折中的"东洋思逞"，指日本跃跃欲试，狼子野心思图侵略中国。"再有衅隙，愈弱愈甚，振奋愈难，虽欲求之今日而不可得"一句，指如果日本也像法国攻击南洋海军那样，再来一场大规模的海战，则中国连目前的现状都无法维持。这些话在九年后的中日甲午海战不幸应验，在十六年后的八国联军侵华再次得到证实。以左宗棠虑事之深，谋国之远，不难看出他对身后将遭遇国难振聋发聩的清醒，以及天不假年的无奈。

其实，左宗棠即使再活十年，大概也会于大局无补。除非他回到四十八岁，按照第一次带楚军出山的锐气，将大清的陈腐旧气再荡涤一遍。左宗棠之所以能够成功收复新疆，在于他事前统一了事权，斩断了慈禧所有的插手干涉。新疆偏居边塞，将在外君命有所不受。一旦回到京师，左宗棠同样无法布展，他第一次出任军机大臣已经预演。

大清朝吏治全面涣散，慈禧太后精通驾驭群臣，却不懂国家政治战略，这才是导致国家"王小二过年，一年不如一年"的根本。左宗棠知其不可而为之，一直试图改变。他中壮年时期在闽浙、陕甘以铁血手腕整顿吏治，并一手推进新疆、台湾建省，增强地方造血功能，目的就是让瘫痪的地方吏治面貌发生改观，实现真正富强的目的。左宗棠当然有能力改变一切，但他没法改变或动摇慈禧太后，而太后恰恰决定一切。

回顾历年来，凡是与慈禧违逆的地方，左宗棠据理直陈，不惜多次顶撞。最极端的一次，同治十一年（1872年）弹劾慈禧亲信、乌鲁木齐提督成禄，左宗棠不惜以辞职离任相要挟，逼迫慈禧将成禄罢免，最终将他判为"斩监候"，左宗棠"知其不可而为之"的勇气，已经用到极限。

效果如何呢？见于一时，于大局无关轻重，因为一切很快又死灰复燃，故态复萌。左宗棠也因数次顶撞慈禧而付出个人代价，他收复新疆后非但没有封王，连侯爵也只列了个二等，这是后话。

左宗棠去世之后，左、李激烈的"海防之争"，骤然画上句号。海防之争、战和之争，事实上并未结束，只是，在慈禧的绝对权力笼罩之下，朝野再没有出现像左宗棠这样能办事、敢担当的重臣，没有人敢像他那样不惜以罢官为由，来扭转慈禧的错误决策。失去了左宗棠的制衡，北洋集团迅速发展壮大，壮大到联合南北两洋，成为地方上一家独大的官僚集团。

多年政敌故去，李鸿章不免有点伤感，毕竟英雄之间惺惺相惜。作为政坛老对手，他相信自己最了解这位老朋友，于是送来本书开头说到的那副挽联：

> 周旋三十年，和而不同，矜而不伐，惟先生知我；
> 焜耀九重诏，文以治内，武以治外，为天下惜公。

此后十余年，慈禧太后独揽皇权，朝廷的内政、外交，基本假于李鸿章之手。鸿章穷举国之力辛勤经营的现代化北洋海军，如左宗棠去世前所担忧的那样，在九年后的甲午中日战争中丧失殆尽。

割台护台

|一|

甲午海战爆发的源头，可以追溯到朝鲜。同治十年（1871年）9月13日，李鸿章跟伊达宗城签订修好条约、通商条约，确认日本与中国享有平等地位，朝鲜有"独立自主权"。日本以此为由头，开始侵入朝鲜，阴谋以朝鲜为跳板，来炸开大清国国门。

李鸿章没有料到，他从西洋各国购买大型军舰积极"备战"，严重刺激到了日本，客观上加速了甲午海战的到来。19世纪七八十年代，大清国军事硬实力一直占据优势。对比军力去看，光绪十六年（1890年），北洋海军二千吨位以上的战舰有七艘，总吨位二万七千多吨；日本海军二千吨位以上的战舰仅有五艘，总吨位约一万七千余吨。

日本军界要人山县有朋针对北洋海军大购军舰，不惜公开宣称："邻邦之兵备愈强，则本邦之兵备亦更不可懈。"他开始有跟李鸿章的北洋海军搞军备竞赛的意图。

为了在军备上迅速赶超中国，光绪十六年（1890年）起，日本以国家财政收入的百分之六十来发展海军、陆军；光绪十九年（1893年）起，明治天皇每年从自己的宫廷经费中拨出三十万元，从文武百官的薪金中抽出十分之一，用于补充造船费用。其孤注一掷挑战大清国的心态，已经昭然若揭。

到甲午海战前夕，日本海军的军力已经略微超过大清国。

李鸿章一开始极力避战。他深知清朝的实力，也明白战争的代价：如果战败，不但一手建立起来的北洋海军可能就此葬送，清王朝也会付出惨痛代价。因此，李鸿章战前积极展开外交手腕，寻求俄国与英国的斡旋调停。

李鸿章深知俄国和英国在远东和中国均有着巨大的利益，两国之间矛盾重重。俄国不希望中国舍俄而求英，致使英国有插手朝鲜问题的机会，当然英国也不希望如此。因此，李鸿章同时请求俄国公使和英国公使出面调停中日争端。在英、俄的调停下，日本一度出现议和姿态。但终究，李鸿章所希望的调停失败。

光绪二十年（1894年）7月25日，日本不宣而战，在朝鲜丰岛海面袭击了增援朝鲜的清朝军舰"济远"号、"广乙"号，丰岛海战爆发。

交战中，清军炮舰"广乙"号负伤脱离战场，搁浅自爆，"操江"号不战而降，"济远"号在交战中脱逃，三艘大清国军舰完全放弃护卫送兵船的职责。混战中，悬挂英国国旗的英籍商船"高升"号大摇大摆地通过战斗海域。"高升"号虽是英籍商船，但受雇于大清国政府，船内载有一千二百余名清兵，装载有十二门大炮与大量弹药，用以增援牙山清军。"高升"号士兵拒绝当日军俘虏，日本"浪速"舰击沉了毫无武装的"高升"号。

李鸿章没有料到，首场遭遇战便使清军遭受重大损失。"济远"舰重伤，死十三人，伤二十七人；"广乙"舰负伤搁浅自爆，死十人，负伤四十人，十八名水兵被英国军舰救助；"操江"舰投降，八十二名清兵成为俘虏。"高升"号上溺死清兵一千零三十人，菲律宾人三名，水夫六十四名。

他更没想到的是，丰岛之败还只是开端。由于李鸿章在官员任命上任人唯亲，北洋水师内部一直存在严重腐败，又他多年来为逢迎慈禧而挪用军费修建颐和园，北洋海军炮火弹药严重缺乏，再加之朝廷内部战和不定，清军在战场上节节败退。

11月21日傍晚，日本兵侵入旅顺口，震惊世界的旅顺虐杀事件，以惨绝人寰的方式发生了。据记录，日军在街市内搜索发现，逃亡的清兵换装改扮成当地住民混杂在百姓中间难以辨认，躲藏在民家的清兵继续开枪负隅顽抗。日本司令部接到报告后随即下达命令："凡穿着平民服装，疑为清兵的青壮年者一律诛杀。"之后，旅顺的大街小巷每一处都成了杀人现场，不论是否为清兵，一律被看成清兵，百姓中老幼妇女也成为虐杀的对象。日军的这次屠城，仿佛是"二战"期间南京大屠杀的提前预演。

尽管清军在海战和陆战中接连遭遇战场惨败，朝廷内慈禧太后跟光绪皇帝却仍在为是战是和各执一词。被朝廷意见严重干扰依然战和不定的李鸿章想到弃地存舰，"避敌自保"，以保存北洋海军实力。基于这一动机，在威海卫防卫战打响前，丁汝昌遵照李鸿章避敌保船的命令，下令北洋舰队躲在港湾内不准出港。

可怕的事情终于发生了。李鸿章这一侥幸怕事的指令，最终直接导致北洋海军被日军全部炸毁，片甲不存，悲壮可泣。

【二】

还在光绪二十一年（1895年）2月12日，距日军登陆刘公岛五天前，主战的光绪皇帝见败局已经无可挽回，紧急召集军机大臣议事："战事至此危机，伤及宗庙社稷，如今战和彷徨，诸爱卿有何见地？"话未说完，便长息悲叹、声泪哽咽，慈禧太后脸上完全没有了六十大寿的喜庆，亦表现得哀状涕零。主战派翁同龢枯坐一旁不知所措，军机大臣李鸿藻则正气凛然劝皇上罢免李鸿章官职，并追究战败罪责。就在朝廷内部哭成一团全无主见之际，一个灾难性的消息突然传进紫禁城内。2月16日，日本政府通过美国驻日本公使，向大清国开出和谈条件：

第一，赔偿战争军费；

第二，承认朝鲜独立；

第三，割让土地；

第四，重新缔结两国未来交际的相关条约。

日本方面特别强调，如果大清国不具备上述和谈的诚意，或派遣不具备谈判全权身份的使节，一切都将毫无意义。言语似乎在暗指某个他们所希望的人。

光绪皇帝召集军机大臣堂议，堂议的结果，大臣们一致建议派遣李鸿章交涉和谈。

2月22日，李鸿章被光绪皇帝召入紫禁城参加朝会。议论的中心话题是如何应对日本要求割让领土的要求。翁同龢主张，倘若大清国可以回避割地，即便巨额战费赔偿，朝廷也可以忍辱负重。大臣孙毓文、徐用仪认为当前形势急迫，若回避日本割地条件，和平交涉将无法继续。也有大臣主张效仿早年俄国皇帝迁都，最后打败拿破仑的事例。迁都案遭到激烈反对，被斥责为放弃国家宗庙社稷的逃跑主义。最终只剩下割让领土一案。李鸿章坚持不可割地，若议割地，立即归国。他同时奏请皇上此次和谈让翁同龢一同前往，但翁同龢坚称本人非洋务派，拒绝赴日参与和谈。

朝堂之上虽然悲情弥漫，有如逢国主大丧，但一班国家的主脑人物发表起意见来依然慷慨激昂，只是遇到具体事务便马上龟缩推卸，前后判若两人。

慈禧太后双眼红肿，最终亲点李鸿章赴谈。

战前寄望列强调停失败的李鸿章，在谈判前又试图依靠列强干涉作为谈判的主要筹码。

当时清廷内部为割地问题而争论不休，李鸿章感到最为难的也正是割地问题。他在北京期间曾经一连两天密访英国公使欧格呐用意即在此。第一天，他先试探地对欧格呐说，日本来电，中国大臣非有商让土地之权，勿往议和。但割北方领土会影响俄国，割台湾则会影响英国。中国拟抵制割地要求，是否能得到英国的某种支持？

欧格呐答曰："以个人之见，中国应与日本达成协议，以免出现北京被占领的结果。为了和平，中国值得作出巨大牺牲。"又称，他对日本之割地要求的了解还不够明确，但他必将尊意转告外交大臣。李鸿章看欧格呐并未采取拒绝的态度，认为寻求英国支持还有一线希望。次日，他又带一份由英国传教士李提摩太起草的《中英同盟密约草稿》去密访欧格呐。草稿包括四项内容：

第一，中国同英国建立联盟。英国应确保中国的完整，中国应在英国与另一国作战时帮助英国。

第二，中国陆军、海军、财政及民政管理事务的改革应征询英国的意见。英国将推荐合适的官员由中国任用；中国也有权雇用其他国家的官兵。

第三，中国准备在公允的条件下给予英国臣民以修筑并经营铁路、开发并经营煤矿、铁矿和其他矿山以及在通商口岸设立并经营各类工业企业的特权。关于铁路、矿山和内地工厂，中国可在二十五年之后按当时的合理市价收回。

第四，中国将本着友好的精神，考虑英国增开新口岸的要求以及发展商业和调整税收的建议，在不影响税收的原则下发展对外贸易。

这份草稿实际上是要把中国变为英国的保护国。但是，此时英国支持日本的方针已定，所以没有理会这份"诱饵"。最后，李鸿章提出派一名英国使馆人员随同前往日本，也被欧格呐加以拒绝。

不得已，李鸿章走到谈判桌前。

3月14日，七十二岁高龄的李鸿章代表清廷，带领随行官员三十三人，仆从九十人，乘中立国德国的商船"公义"号和"礼裕"号从天津大沽港出发，3月19日到达日本福冈县北部的小城门司港。两国代表在山口县赤间关市（1902年改称下关市）的旅馆春帆楼举行会谈。

从3月20日开始，到4月17日结束，前后经过七轮会谈，李鸿章代表大清国与日本最终签订丧权辱国的《马关条约》（日本方面称之为《下关条约》）。

签约期间，发生了一则意外插曲。轶史称，光绪二十一年（1895年）3月24日下午，李鸿章从春帆楼走回驿馆途中，一个叫小山六之助的日本愤青实施暗杀行动，子弹打到李鸿章眼下一寸。

李鸿章谈判遇刺，消息传出，舆论哗然。李经方在发回国内的电报中说："此事恐不能了局。"日本几乎同时破译了这份电报的密码，但猜不透背后的意思。日方代表陆奥宗光十分担心李鸿章以在日本遭遇暗杀为借口中途要求回国，再到国际报刊上披露谴责日本民间暴行。万一引发国际舆论同情，欧美列强出面干涉，事情就不好办了。日本天皇当即派出特使伊藤博文、陆奥宗光前来探望李鸿章伤情，并安排两位资深专家负责治疗。日本皇后甚至还亲自手制绷带，派人送来供李鸿章敷用。

日方谈判代表伊藤博文一方面担心李鸿章提前要求回国，同时也发自内心地为本国的暴民暗杀感到羞愧，为补偿李鸿章挨这一枪，主动提出将原定大清国赔款三亿两白银，减为两亿两白银。李鸿章听后，木然躺在病床上，面无表情地问："还可以再给我补两枪吗？"语气满含悲愤与无奈。

虽然身心同时遭遇重创，但为了顾全大局，不致引发更多的意外争端，李鸿章忍辱负重，在发给总理衙门的电报中称：

该国上下礼谊周至，不过敷衍外面。

| 三 |

力办"海防"的左宗棠在光绪十年（1884年）无力挽回中法马江海战的败局，践行"海战"的李鸿章在光绪二十年（1894年）中日甲午海战中更是彻底葬送了北洋海军。也就是说，无论"海防"还是"海战"，换来的都是同样的结局。堂堂大清国，为何陷入如此困境？大约只能首先从大清帝国体制与最高军事领袖慈禧太后个人身上找原因了。

中日甲午海战，大清国是否必败？类比十年前中法马江海战，按情势推论确是如此。但如果再类比左宗棠收复新疆，却完全不是这样。统筹十余万西征军将士，在荒漠戈壁收复新疆的艰难程度，比甲午海战取胜无疑要高出数倍。但我们会说，前者是陆战，后者是海战，没有可比性。

一个容易被忽视的细节是，南洋海军虽是左宗棠所创始，但指挥马江海战的另有其人，不是左宗棠本人。19世纪中后期，全世界海洋强国是英、法两国，英国的驾驶技术世界第一，法国的造船技术世界第一，日本海军排在世界第十名开外，属于第三梯队的海洋国家。如果左宗棠能够指挥楚军在海战与陆战上均打败法国军队，是否能够推论出如果他处在北洋海军统帅的位置，也会像打败法军一样让日军饱尝发动侵略战争的苦果？

左宗棠在海战与陆战中均打败法军，不是如果，而是事实。

这就需要提到左宗棠"护卫台湾"的一段往事。之所以是护卫台湾，而不是"收复台湾"，是因为法军占领台湾后，还没有来得及像阿古柏一样在新疆建立"浩罕国"，就被左宗棠率领的楚军打败赶跑，从此永久撤离台湾。

光绪七年（1881年），左宗棠调任两江总督，兼任南洋通商大臣。两江管辖安徽、江苏、江西三省，总督是最高行政长官，掌控南洋海军，包括长江水师与东海船队。刚刚稳固中国塞防的左宗棠，一肩担起中国东面的海防。

左宗棠护卫台湾的故事，在这段时期内发生了。

办事先用人，左宗棠经营台湾的第一件事，换人。

光绪七年（1881年）2月，左宗棠奏请朝廷将台湾兵备道道员兼提督学政授予勇于任事、敢于革新的刘璈①，获得批准。

有左宗棠的高度信任与大胆放权，刘璈在台湾任上一干就是四年，其间兴学校，招开垦，理冤狱，整顿盐、茶和煤矿、税务行业，干得风生水起，台湾政治、军事、防务被推进一大步。

光绪十年（1884年）春，中法战争骤然升级，台湾成为中法的重要战场。台湾像一只鱼泡，飘荡于大陆的肚皮，随时可能被法军卷走。

是年7月18日，朝廷任命军机大臣左宗棠以钦差大臣身份督办福建军务。左宗棠申请同时任命自己两位老部下穆图善、杨昌浚帮办福建军务，获得朝廷批准。

7月26日，第二次辞卸军机大臣官职，已经七十二岁高龄的左宗棠入宫向慈禧太后请训辞行，带亲兵数百人，冒着酷暑由北京启程南下。

左宗棠督师福建前线的消息传出，全国为之振奋。收复新疆已让左宗棠威望如日中天，他此时仍被国人视作国家支柱。时上海《申报》这样评价："以闽防慷慨请行，所谓一息尚存，此志不容稍懈，方之古名臣，曾为多让。"意思是左宗棠为了捍卫国防而放弃国家领导人职务，亲自去前线指挥督战，这种为国为民的抱负与情怀，跟古代那些高风亮节流芳青史的名臣可以相提并论。敬佩与褒扬之情，溢于字里行间。

左宗棠开赴福建之前，中法初战已经交手，中方失利。是年8月13日，法军纠集十艘军舰分别攻打台湾基隆、淡水。淮军将领刘铭传撤守基隆、驰援淡水，法军不战而胜，占据基隆。

10月26日，左宗棠一方面紧急向朝廷求助，另一方面火速将内部人事安排到位。他如此分析定位台海战略战术：从战略地理上看，台湾是中国南北海道的咽喉，一旦闪失，不但整个福建省震动，上海、江苏、浙江、广东等地，也都陷入戒严状态。综合权衡，台海战略的核心要地，在于牢守台湾沪尾、基隆两地。

---

① 刘璈（1829—1887），字凤翔，号兰洲，湖南岳州府（岳阳）人，祖籍在湖南临湘县桃李桥。早年办理团练出身，1860年经湖南巡抚骆秉章推荐，刘璈以县丞衔加入左宗棠所部楚军，独领一营，取名"岳营"。后历任台州知府、江苏候补道、兰州道台、台湾兵备道道员兼提督学政。

为达到这一目的，左宗棠找到新任两江总督曾国荃商量，两人联名上奏，建议朝廷从南洋水师中抽调五艘兵轮，守护沪尾。左宗棠同时写信找李鸿章商量，请北洋海军抽调兵轮四五艘，在沪尾会师。

为团聚一批真正能办事、敢办事的将才，左宗棠主动向朝廷申请任命湘军水师名将、前任陕甘总督杨岳斌做帮办军务，授命他率湖南八营四千名楚军，从湖南经福建，开赴台湾前线。

杨岳斌跟彭玉麟一样，是曾国藩咸丰三年（1853年）创办湘勇水师的元老，其人出身卑微，作战勇敢，后来成长为湘勇第一水师统帅。同治初年，他凭借军功由武职改文职，出任陕甘总督，只因无力应对陕甘复杂的时局，朝廷才将他罢免，将闽浙总督左宗棠平调做陕甘总督。

杨岳斌四千名楚军的军饷从哪里来？左宗棠向朝廷申请，由代理湖广总督卞宝第、湖北巡抚彭祖贤、代理湖南巡抚庞际云负责协助，每季度按时交寄，请朝廷批准。

部署完毕，10月27日，左宗棠由南平乘船抵达福州，在水口登岸，亲自到前线坐镇指挥。福建省官民在福州为他举行了隆重的入城欢迎仪式，当地士子在左宗棠行营大厅上张挂这样一副对联，以示感恩，以壮行威：

数千里旌节复临，水复山重，半壁东南资保障；
亿万姓辂车争拥，风清霜肃，十闽上下仰声威。

及时得知左宗棠挂帅亲征，楚军诸将精神大振，台湾兵备道道员刘璈备受鼓舞。

还在10月2日，刘璈便已亲自领兵与法军正面对战。战争进行四个多小时，法军被大炮打死百余名，阵斩十余人。清军伤亡人数不过数十名。这一举打破了法军不可战胜的神话。左宗棠在奏折中称"实属大获胜仗"！指挥刘璈乘胜追击，"趁此次沪尾大捷，军声方壮，分道夺取基隆"。

楚军旧部杨在元①受左宗棠感召，也率军赴厦门协助福建水师提督彭楚汉

---

① 杨在元，湖南宁乡人，曾两次出任代理台湾镇总兵。

征调民船，组织兵员赴台参战。

左宗棠利用多年积累的声望与人脉，再调遣随军西征的旧部、青年将领王诗正率"恪靖定边军"①三千余人，于12月下旬分乘渔船趁夜暗渡，在台湾中部笨港、偏港等处登岸，与刘璈、杨在元配合抗击法军。

援兵持续增加，登陆台湾的楚军实力大增，由防御转向进攻。

军事稳打稳扎之外，作为政治家的左宗棠尤其注重协力推进。他特别注意争取民心，用策略将法军陷于孤立。

法国军队远道两万里而来，军食如何供给？以前从来没有高官去想过。左宗棠派亲兵前往调查，找到了答案。原来，法军将船停在福建省芭蕉山、马祖澳一带，他们不习惯吃米饭，每天做汉堡所需的牛羊、蔬菜，全部高价从当地渔团中暗地购买。有些渔民贪图重利，不惜以食资敌。

左宗棠说："用兵之道，先清内奸；制胜之谋，必断接济。"

左宗棠针对法军的后勤补给，制定新的护台策略：通过政府组织渔团，来"消内讧而御外侮"。具体方法是，在福州、福宁、兴化、泉州四府各海口设局，由地方乡绅出面，地方政府组织，办理渔团。选渔民中骁勇善水者做团长，集体登记，统一纪律，每月付给团员基本工资，主要工作是阻止渔团团员私自给法军供食，附带工作是刺探法军情报。工作干出成绩，可以提拔做地方小官员；一旦发现暗地资助法军，除了罚款、通报，严重的还要罚蹲监狱。

此举一石二鸟，不但壮大了官军的外围力量，同时釜底抽薪，将法军食物供给链一刀切断。

这样，他对在战场上打败法军，心里有底了。

光绪十年（1884年）底，各路援军相继从福建渡台，台湾地区一时间大军云集。法军因军食供应被切断，纯粹依靠坚船利炮的优势逐渐丧失，为寻突围转机，法军在台北鸟嘴峰、月眉山主动发起攻击，又接连遭受重挫，台湾各口岸经左宗棠严密部署，森严壁垒，占据台湾的近二千名法军，由此进退失据，在基隆、淡水被楚军打逃，面临倾覆。

---

① "恪靖"是左宗棠的侯爵称谓，由嫡系部队与亲兵营使用。

但英国人与李鸿章在关键时候出面，救了侵台法军。李鸿章代表朝廷主动求和，让此时在台湾基隆、淡水海战跟中越边境的谅山、镇南关陆战双双失败的法国，通过谈判条约，将战场上的失利从谈判桌上获得了。

光绪十年（1885年）1月，在英国人的干预下，清廷与法国紧急签订《中法议和草约》；三个月后，李鸿章代表中国政府，与法国驻华公使巴德诺在天津正式签订《中法新约》。

条约大部分内容，是法军开打之前提出要求而清廷没有同意的。如果事先这样签订，法军根本不需要挑起战争，大清国也没有必要派左宗棠亲自挂帅，在台湾、中越边境实行自卫反击战。何况，条约中法军退出台湾、澎湖，是被楚军打得差点倾覆被动退出的，不是通过签订和约主动退出的。

《中法新约》的签订，使法国打开了中国的"后门"。此后，中法又相继签订了《越南边界通商章程》《续议界务专条》《续议商务专条》，具体确立了法国的侵略权益，使中国西南地区逐渐成为法国的势力范围。时人称中法战争的结果为"法国不胜而胜，吾国不败而败"。

中法战争进行过程中，慈禧为了制衡左宗棠，任命李鸿章以钦差大臣身份督办越南事宜、节制三省防军。李鸿章向左宗棠旗下的"恪靖定边军"将领下达了一条奇怪的战略指示："如法军打来，战亦违旨，退亦违旨，已电总理衙门请示。"对战争的结果，李鸿章同样作了指示："败固不佳，胜亦从此多事。"这其实是两条完全自相矛盾的指示，楚军接到指示，在战场上无所适从，恨恨连声。

问题是，李鸿章为什么要表现得如此完全违背常理？这不是三言两语可以说清的，我们在"战戎和戎"一节，专门来详细分析。

事实上，让李鸿章督办越南事宜、节制三省防军，出于慈禧的一手安排。我们对比去看看慈禧太后在中法战争中主和的心念，跟十年后甲午海战主和的心念，是完全一致的，这跟她在光绪二十六年（1900年）骤然发动义和团向由十一个国家组成的八国联军猛烈开战，构成"战和"天壤之别的两个极端。心念为什么如此难测，只有她本人最清楚。作为大清国最高军事领袖，慈禧无疑是完全不合格的。

这时再回头比较去看左宗棠收复新疆，左宗棠统率八万七千名楚军，再加上八旗、地方绿营支援的数万混合军，十余万西征军之所以能够成功收复新疆，原因在于左宗棠事前不惜以辞官为代价，强制逼迫慈禧太后将自己安插的乌鲁木齐提督成禄等人撤走；收复新疆过程中，因隔北京数千里之遥，沟通音信十分不便，慈禧没法派遣李鸿章以钦差大臣的身份前去监督、制衡左宗棠。如果按照中法战争牵掣制衡的模式，新疆也完全有可能无法收回。

|四|

左宗棠对中法之战中方在战场上获胜，在签订条约上失败恨恨连声。站在政治家的角度，他判断，李鸿章以和约来和稀泥，背后有深重的隐患。

左宗棠不是积极进攻的好战者，而是领土积极防御的守望者。面朝浩瀚的太平洋，左宗棠思考百年海防，虑患更加深长，这是他这段时间积极筹备推动台湾建省，且在临终前一个月积极主张成立海军衙门的关键原因。

左宗棠深知，台湾如果不单独列省管理，根本无法实现长治久安。

其实在同光交替年间，两江总督、督办南洋海军的海防大臣沈葆桢就提出将福建巡抚移到台湾去做的建议。光绪二年（1876年），侍郎袁保恒也曾提出，将福建巡抚改为台湾巡抚，福建省的政府工作，全部移交给闽浙总督。

为什么这些正确的建议都没有落到实处？

左宗棠追查原因，发现竟然如此简单：台湾产米，福建缺米；台湾缺钱，福建有钱。也就是说，福建靠台湾援米，台湾靠福建接饷。这是朝廷迟迟下不了决心的一大原因。朝廷担心，一旦台湾独立建省，则台湾内部钱、米交接无法由福建巡抚一人调节，可能造成台湾省人没钱用，福建省人没饭吃，导致两省社会震荡。

左宗棠认为，这是不成问题的问题。只要在福建运用市场手段，就完全可以解决缺米问题。因为早在康熙开发台湾之前，福州、兴化、漳州、泉州就缺大米。为什么四地没有人饿死？当时政府的方法，由浙江、广东两省的商船自由贩米解决。左宗棠说：缺米问题，恢复旧制就可以。只要撤销广东、浙江的商业关卡，允许台湾商船自由贩米，则福建人绝不至于饿肚子。因为"我朝天下一家，凡各行省，向无遏籴之举"。

台湾省缺钱的问题又怎么解决？左宗棠提请朝廷下旨规定广东、浙江、福建几省每年按期划拨协饷。协饷的数目，由新任台湾巡抚自行财政预算，将报表上报朝廷通过后就立即执行。

左宗棠说：这事朝廷千万不能提前跟各省总督、巡抚商量，因为一商量就会陷入相互推托、扯皮、拖欠的老路。新任台湾巡抚只需拿到朝廷的批示，要求各省在规定时间，将规定数目的银两直接运送到台湾省就可以了，涉事督抚完不成任务，朝廷可以直接行政追责。

为向朝廷示范这一政策切实可行，左宗棠以钦差大臣督办福建军务职权之便，与福建巡抚刘铭传商量，由福建省财政每年缴纳协饷四十四万两白银支援台湾。因为这笔钱本来就是左宗棠革新福建省熬糖方法赚来的，并不额外增加福建省政府的开支，刘铭传没有理由拒绝，何况，刘铭传已经内定为台湾省首任巡抚，将福建省的财政收入给到台湾省，等于从自家锅里倒进碗里，他当然乐得带头。朝廷有了福建省这个样板，可以要求其他省跟着学样，协饷问题便迎刃而解。

以上是左宗棠这位早年的"理工技术男"独到细致的办事手段，这是词工文臣出身的李鸿章所不懂得，也不具备的能力。

经济、军事、政治上准备就绪，台湾建省条件成熟。光绪十一年（1885年）7月29日，左宗棠向朝廷上奏《台防紧要请移福建巡抚驻台镇摄折》，开始有主张、有步骤、有方法地向朝廷提出单独建省的具体操作主张。

慈禧太后接报告后立即组织廷臣召开会议，商讨怎么将左宗棠的建议落实。是年10月12日，廷臣商讨意见渐趋一致，支持新建台湾省。这天，慈禧太后根据醇亲王奕譞、庆亲王奕劻、大学士世铎、额勒和布、阎敬铭、张之万和直隶总督李鸿章的联衔署名，正式下诏：

> 台湾为南洋门户，关系紧要，自应因时变通，以资控制。著将福建巡抚改为台湾巡抚，常川驻扎。福建巡抚事，即著闽浙总督兼管。所有一切改设事宜，该督抚详细奏明办理。

台湾设省，这是台湾有历史以来开天辟地的一件大事。光绪十一年（1885年）10月12日因此被看作台湾在中国历史上正式建省的日子。首任巡抚由福建巡抚刘铭传担任。只是，左宗棠已经看不到这一天了，这年9月5日，他因劳累过度生病，在福州前线已经逝世。

如果将两组相关的历史镜头剪接放到一起，我们可以看到，在帝国奄奄的夕阳残照中，左宗棠为国家赤胆忠心，东西并力经营，在新疆、台湾两地相继建省，给老弱的大清国带来别样的沉雄与喷薄的生机：

光绪十年（1884年）11月19日，新疆建省。在中国广袤的西北大漠，老湘营统帅刘锦棠骑马入疆，接过鲜红大印，出任首任新疆巡抚。

光绪十一年（1885年）10月12日，台湾建省。置身中国东南孤海，刘铭传手捧巡抚印盒，担任首任台湾巡抚，指挥"万年清"军舰①驶进台湾岛，调兵遣将，伏海平波。

"西则塞防，东则海防，海塞并重"，这是左宗棠当年为平息收复新疆引发朝堂争议而采用的一套政治话语策略，他没有玩弄政治手腕食言而肥，而是言出行随、剑及履及，在新疆塞防上确保"汉业唐规，西陲永固"；在台湾海防上做到"瓯浙越梅循，海国仍持使者节"。

收复新疆，护卫台湾，在两地相继成功建省，可以看出，如果没有主和的李鸿章常年掣肘，左宗棠还可以做得更好。问题是，同样忠心谋国的李鸿章为什么要屡屡反左宗棠而行，坚定不移地推行"和戎"外交？

李鸿章本人又有怎样一番说法？

---

① 左宗棠创办的福州船政局自造出的第一艘国产大型军舰。

和戎战戎

|一|

李鸿章确定以"和戎"为基本外交政策，基于这样一个基本判断：中国对列强，不可轻言战争。

如果西方列强主动前来挑衅，又该如何应对？

李鸿章说，应以"羁縻"之策，谋求"中外相安"之局。

"羁縻"一词，最早见于《史记·司马相如传》。"羁"指马络头，"縻"是牛靷，"羁縻"合用，引申义为"笼络控制"。直白地说，就是中国通过利益让步的方式，对他国实现柔性的软控制。

为什么不能对西方列强正面强硬，而要以"羁縻"为手段？

李鸿章通过观察中国三千余年历史，有了自己独特的理解跟发现。他说：

> 自周秦以后，驭外之法，征战者后必不继，羁縻者事必久长。今之各国又岂有异？

意思是说，古往今来，凡是通过战争手段解决国际争端，最终不论胜利还是失败，都不能将胜利成果保留长久；相反，凡是通过"笼络"手段维系国家平安、调和国际矛盾，均可以确保千秋万代平安无事。

基于这一基准判断，他认为，一切试图通过战争的手段来解决问题，观念都是错误的，方法亦不可取。

从历史的经验回到晚清大变局时代的现实，李鸿章认为，造成大清国积贫积弱的根本所在，不在其他方面，而在"君意"与"民意"割裂，导致国家无力与列强争战。

同治十一年（1872年），李鸿章开始认真分析中、日两国之不同，他拿两国政体做比较，结论是：

> 中国政体，官与民，内与外，故难合一，虑其始必不能善其后。……但有贝之财无贝之才，不独远逊西洋，抑实不如日本。日本盖其君主持，而臣民一心并力，则财与才日生而不穷。中土则一二外臣持之，朝议夕迁，早作晚辍，固不敢量其所终极也。

在李鸿章看来，大清国皇帝制度导致的最大问题，是朝廷不能代表老百姓的意愿，老百姓也不愿意听信朝廷。朝廷既然不能凝聚民意、组织群众，官方跟民间，便成为两股完全分散的力量。日本国则不同，日本行君主立宪制度，首相的意愿则代表老百姓的意愿，全国上下君民一心。两者制度的差异，造成一个后果：中国无论是国家的钱财，还是统治集团内部的人才，皆比不上日本国；皇帝往往只宠信一二个权臣，听凭他们操弄，朝廷的政策也经常因皇帝心意、情绪而朝令夕改，随意东西，国家大政方针如同儿戏。在这样令人沮丧的事实面前，国力自然难以与西洋竞争，"和戎"是基于现实国情唯一的自存跟自强之路。

李鸿章认为，既然大清国的根本问题只是"官与民，内与外，均难合一"，解决它的方法，只能是官僚们团结起来，同心协力，守土有责，守土担责，臣属将全部希望寄托在最高统治者身上，而不应再分散力量，自弱其国。

由此，他得出结论：

> 抚绥之责在疆吏，振奋之本在朝廷。

在李鸿章看来，以当时的国际形势，大清国要求得自存跟自强，根本出路在朝廷励精图治，皇帝需要冲破"文法拘束"，抓住"官"这个联系"君"与"民"的中间环节，着重整顿吏治，裁汰冗员，酌增廉俸，停止捐例，多用"以国事当家事"的"血性人"，"整顿地方"，"县令得人，则一县受其益；郡守得人，则一郡受其益"。

上述观点总括起来，就是：中国要求得自存跟自强，朝廷必须改革官场烦琐、低效的文法制度；皇帝对帝国子民应该实行"开明专制"；大小官员都对国事实心负责，每个官员都应做到尽职尽责，做好分内工作。

朝廷在内政方面行"开明专制"之道，国家在外交方面执"羁縻""笼络"之术，是李鸿章认定的大清王朝在与西方列强竞争中自存、自强的基本国策。

本着这一根本观念，李鸿章以曾国藩处理的"天津教案"为案例，系统总结大清帝国自开国以来外交的得失，进而提出了自己"柔远"的方略，以应对外国教会势力。

"柔远"一词，出自《尚书·尧典》，本义是指"安抚远方邦国"。李鸿章根据晚清时代新的特点，赋予"柔远"一词以与时俱进的内涵。他说：

> 《书》云"燮友柔克""高明柔克"者，非事事将顺之谓柔也。绕指柔中，自有百炼刚在。

即是说，中国面对强敌环伺，不要在战场上硬碰硬，而应以柔克刚。就好比说，西方人约中国打拳击赛，我们不必理会它，只管用太极应对，不跟他玩同一套路数。

|二|

李鸿章推行"以柔克刚"的"鸽派外交"，与左宗棠"绝口不谈和议事""锋颖凛凛向敌"的"鹰派外交"反道而行，这是两人在外交上逐渐对峙成政敌的根本原因。

李鸿章不赞同左宗棠在抵御外辱时的积极主战，与官员通信时，将他收复新疆的行动嘲笑为"豪举"，意思是左宗棠不顾现实、不识时务地逞个人英雄。他本人则一直试图通过外交上"笼络控制"的方式，以折冲樽俎为手段，来达到"不战而和"的目的。

以西征军（楚军西征时的名称）出征新疆为例。其时，影响中国新疆能不能顺利收复，主要有两大邻居，俄国与日本。李鸿章认为，既然要"以柔克刚"，必须向外寻求帮助。与其联络地狭国小的日本以对抗强大的俄国，不如联络地大物博的俄国共同压制野心膨胀的日本。正是基于这种考虑，李鸿章倾向"联俄制日"。

李鸿章对局势洞察不能说不清楚，用心也不可谓不周全，但无论是与左宗棠合作，还是他本人独立主事，却总是被历史事实教训，这是什么原因呢？

李鸿章事实上并没有看清楚，他的逻辑推论虽然全部成立，但逻辑起点却错了。

"柔远"外交的逻辑起点是什么？是大国对小国、强国对弱国采取的安抚策略。大国声强气盛、不怒自威，足以震慑四方；如换以和颜悦色，则完全能不战而屈人之兵，实现"近者悦，远者来"。但缺乏强大的国力跟过硬的军事实力做后盾，不能在战场上战胜对手，自称对他国"柔远"，本质上已是一厢情愿，自作多情，像一只绵羊以王者的姿态，去安抚一头草原雄狮，却不想狮子随时可以用指爪打瘫绵羊，撕食羊肉。

对比左宗棠"鹰派"的做法，国力衰弱并非就没有取胜的可能，所谓"兵熊熊一个，将熊熊一窝"，关键在统帅。左氏出兵收复新疆，是在国力更为弱势的前提下取得的。中法战争中，左宗棠部将冯子材取得的谅山、镇南关大捷，也是在强硬的坚持下取得的。事实证明，弱国要赢得生存空间，需要依靠独立自主的军事实力争取，而不是凭借飘逸的智术跟痞子的手段便可以赢来。

对于李鸿章缺乏学问依据与理论根据的外交手段，其利弊得失，梁启超在《李鸿章传》中十分全面地总结分析出来了，笔者在这里直接引述：

> 李鸿章之手段，专以联某国制某国为主，而所谓联者，又非平时而结之，不过临时而啖之，盖有一种战国策之思想，横于胸中焉。观其于法越之役，则欲啖英德以制法，于中日之役，则欲啖俄英以制日，于胶州之役，则又欲啖俄英法以制德，卒之未尝一收其效，而往往因此之故，所失滋多。胶州、旅顺、大连、威海卫、广州湾、九龙之事，不得不谓此政策为之厉阶也。夫天下未有徒恃人而可以自存也。

　　梁启超看明白了，李鸿章是在运用战国纵横家的策略办外交。纵横家属杂家，用无常道，醉心投机，唯利是图。实践证明，晚清大变局时代，以纵横术应对洋人，画虎不成反类犬，结果丢失国土反而更多。以李鸿章之智，他聪明过了头，对高深复杂的时局洞若观火，却始终没有弄明白一个常识：以中国之大，离开自力更生，自立自强，结果不外靠山山倒，靠人人跑，靠他国来自立自存，是自取灭亡之道。

　　李鸿章试图通过中国让出利益的手段，运用合纵连横的外交言辞智术，从中煽风点火，引发列强之间相互争夺，从而牵制列强确保清朝安全，让清朝在夹缝中求得生存。这种痞子式的旁门左道，被事实证明走错了。

　　这种纵横家外交得到的血的教训是"三国干涉还辽"事件。中日《马关条约》割让辽东半岛给日本，仅仅六天后，沙俄帝国、德意志帝国和法兰西第三共和国为了自身利益，以提供"友善劝告"为借口，迫使日本把辽东还给大清国，日本则趁机向清政府勒索三千万两白银作为赔偿。"三国干涉还辽"成了九年后日俄战争爆发的原因，日俄军队在中国排兵布阵，大打出手，两国损失的只是枪炮，中国辽东却被他们打成了一片焦土。

　　"和戎"的李鸿章既然跟"绝口不谈和议事"的左宗棠根本对立，而朝廷又以权术节制两人，缺乏一以贯之的整体系统国策，只好听任左、李争夺事权。这导致的直接后果是，国家军事、外交政策缺乏主心骨，随时势飘荡不定，出了问题再查漏补缺。

　　正是在这样一种逼仄的现实里，坚持"和戎"的李鸿章成了不遗余力拖左宗棠后腿的不二人选。这又是导致光绪十一年（1885年）中法战争不败而败的根本原因。

　　回看发生在光绪九年（1883年）12月中旬的中法战争，其时，法军进攻驻越南山西的清军，左宗棠以钦差大臣、两江总督兼督办福建军务身份，亲自指挥中法战争。左宗棠统率的"恪靖定边军"不但成功护卫了台湾，而且将它从法国手中夺了回来。尤其是到光绪十一年（1885年）3月下旬，在左宗棠的督导下，部将冯子材带领中国军队相继取得谅山、镇南关大捷和临洮大捷，中国军队事实上完全掌握了战场主动权，法国政府对华军事惨败引发了政治危机，导致主战的茹费理内阁直接倒台。

即使在如此有利的战局形势下，主张"柔远"的李鸿章仍积极站到前台，打乱左宗棠的系统部署。李鸿章代表中国政府，与法方代表在巴黎签订《中法停战协定》，导致大清国出现"战场打了胜仗、外交却打败仗"的历史奇观。

中国有句古话："打得一拳开，免得百拳来。"法军落在中国身上的拳头，既然已被左宗棠成功打开，李鸿章却主动选择将它落到自己身上，这跟其后列强的拳头接二连三朝中国打过来，存在前因后果关系。这些拳头，在左宗棠身后，果然都落在了李鸿章的胸口上。李鸿章晚年的系列悲剧，颇有咎由自取的意味。

中法战争后，李鸿章继续以"柔远"国策主持外交。他利用列强相互牵制，迎来大清国外交史上惨不忍睹的至暗时光。最高军事领袖慈禧为推卸责任，授权他代表清廷，相继签订了《马关条约》《辛丑条约》等系列丧权辱国的不平等条约。这两个条约是大清国赔偿外国银两最多的条约，不但国家主权受辱，民众权益沦丧，李鸿章本人也被拖进历史泥潭，承担了屈辱的历史名誉代价，虽然他始终忠于朝廷，忍辱负重身心俱伤，仍难得到后世一些同情者的原谅。

如果说，外交上左、李争斗得不偿失，在发展民族工商业的内政方面，两人的争夺又是怎样一番情形？

我们继续来看第三个方面的分歧。

问题得从左宗棠由军机大臣外放为两江总督时说起。

重臣权臣

| 一 |

左宗棠就任两江总督之时，一个突如其来的变故，为左宗棠摆脱李鸿章掣肘提供了绝好的机会。

光绪八年（1882年）4月19日，李鸿章母亲在大哥李瀚章所在的湖北武昌湖广总督署内病故。

根据儒家"以孝治国"的古制，直隶总督李鸿章需主动申请辞官回家，在母亲坟前守孝三年。

左宗棠闻讯后，当即赠送挽联："德赞两宫，荣垂双节；福隆八座，寿跻九龄。"

李鸿章按要求接连三次上奏，请求开缺回籍守孝。但当时朝鲜内乱一触即发，强邻日本虎视眈眈，形势已经万分危急。朝廷一方面留任李鸿章以大学士衔署理直隶总督，另一方面批准他辞官回家守孝，待满一百天即行回任，着手处理朝鲜问题。

百天期满后，李鸿章匆匆赶回天津。正待处理完朝鲜壬午兵变善后事宜，法越边衅又起，战事一触即发。

光绪九年（1883年）2月，李鸿章再次上奏朝廷，恳请朝廷赏假数月，以便回籍葬母。朝廷准假两个月。这年3月29日，李鸿章再次由天津乘轮船南下，4月26日到家，将母亲合葬于父墓。

就在他守孝兼忙于北国事务期间，两江总督左宗棠按照"海防"的规划，将淮军体系内政见不合与吏治腐败的官员，作了一番全面的洗牌。

两江总督辖内的江苏省，原本是李鸿章的发迹之地，也是他筹办洋务的根基之地。

同治四年（1865年），李鸿章在曾国藩支持下，收购了上海虹口美商旗记铁厂，与韩殿甲、丁日昌的两局合并，扩建为江南制造局（简称"沪局"）。与此同时，苏州机器局也随李鸿章迁往南京，李鸿章将它扩建为金陵机器局（简称"宁局"）。

同治九年（1870年），李鸿章调任直隶总督，接管了由崇厚创办的天津机器局。

其时，李鸿章对移督两江的曾国藩说："沪、宁两局，敬求倍加提振，鸿章虽远，亦不敢忽视。"意思是说，对于自己一手创办的江南制造局、金陵机器局，不管谁来管理，自己都会关注它的成长。这跟左宗棠同治五年（1866年）创立福州船政局（简称"闽局"）之后的想法颇为相似，两人都将自己一手创办的企业当作孩子来呵护。

然而，随着淮系势力从两江地区逐渐转移到直隶，李鸿章对江南制造局、金陵机器局的控制权逐渐有所削弱，尤其是左宗棠担任两江总督后，两局逐渐跟他无关了。

左宗棠将上述两家企业全部接管过来，委派潘露取代李鸿章的部属，总理江南制造局、金陵机器局；派陈鸣志随潘露前往上海帮同办理，兼顾金陵机器局事务。

经过这样一番人事重组，潘露、陈鸣志就成了身兼沪、宁两局总办加会办。左宗棠这样做是为了使二局摆脱李鸿章的影响，以集中办事权力于一身，方便自己布展。

在左宗棠这次动手调整人事之前的十余年内，李鸿章跟左宗棠相互争夺海洋人才，也一直是暗流涌动。

李鸿章担任两江总督与直隶总督期间，不仅竭力控制沪、宁、津三局为自己所用，而且设法插手福州船政局的事务与人事任免，试图控制南洋海军。

同治六年（1867年）初，总督闽浙的左宗棠出任陕甘总督前夕，已举荐沈葆桢担任总理船政大臣，并安排自己的亲信周开锡、胡光墉充任船政提调（即校长）。

与左宗棠通过保举沈葆桢出任福建船政大臣而将海防纳入掌控一样，李鸿章掌控福州船政局，同样通过沈葆桢。

事情的转机，发生在沈葆桢升迁之际。

光绪元年（1875年）5月30日，朝廷任命沈葆桢出任两江总督兼南洋通商大臣。船政的继任人选变得敏感重要起来。

早在同治十三年（1874年），李鸿章因与沈葆桢联手处理日本侵台事件而逐渐走近。加之两人是进士同年，李鸿章有意拉拢，便经常就海防事宜问计，两人公交、私情同时快速升温。沈葆桢离任之际，李鸿章与他商议继任人选，极力推荐淮系部属丁日昌。沈葆桢性情刚直，为人慷慨，不知李鸿章背后用意，热情答应。

光绪元年（1875年）10月1日，丁日昌在天津接到圣旨，三天后去福州赴任。

对福州船政局而言，这是一个双重转折：不但掌控的官员的派系挪移了，船政局地位也骤然下降了。朝廷下发给丁日昌的任命书是"督办船政大臣"，沈葆桢在任时可是"总理船政大臣"。其间的区别是，前者相当于正厅级，后者相当于正部级。显然，朝廷有意给福州船政局降级。

左宗棠创办福州船政局的初衷，是定调为中央直管部门，与朝廷六部平级。人事每况愈下，现实与初衷已经差出三个级别。

朝廷将船政局降级的用意，是开始重北洋而轻南洋，将海防重心与资源配置北移。清廷天心扭转，背后主要是李鸿章在起作用。

丁日昌在任上干了不到四个月便匆匆离任，接替他的是顺天府尹吴赞诚。

吴赞诚与李鸿章同岁，与李瀚章有同年之谊。李鸿章通过他，顺利掌控住福州船政局。

到光绪五年（1879年）10月22日，广东顺德籍人黎兆棠接任。他虽然曾在直隶总督李鸿章手下担任过按察使，但籍贯属于南方，不像前面两任的淮系烙印深刻。这就不难理解，为什么左宗棠曾试图借保举黎兆棠来"统战"李鸿章，直到发现朝廷不允，才重新改换人选。

光绪八年（1882年）左宗棠一上任即抓住时机，设法排除淮系势力，重新控制福州船政局。光绪九年（1883年），左宗棠奏准撤换黎兆棠，任命张梦元继任船政大臣。

最后剩下一个天津机器制造局（简称"津局"）。此局原本由三口通商大臣崇厚创办，同治九年（1870年），直隶总督兼北洋通商大臣李鸿章接办后将密妥士撤职，改由江南制造总局督办沈保清主持。光绪六年（1880年）起，户部规定筹办经费从西北边防饷内增拨一万两，左宗棠通过提供西北边防饷的经济手段，将影响力渗入进去。

争夺南北洋海军军事工厂控制权的角力，李鸿章至此完全落到下风。在通过智术运筹政治争夺人事方面，左宗棠确实技高一筹。区别在于，左宗棠"以术运经"，李鸿章"机灵应变"。

但事情的转机，发生在光绪十一年（1885年）。这年9月5日，左宗棠因病在福州总督署内去世。李鸿章没有了对手，立即卷土重来，将人事全部重新洗牌。

光绪十二年（1886年），福州船政局提调出缺，船政大臣裴荫森电商李鸿章，委派当时办理天津水师学堂练船事宜的吴仲翔接任。至此，福州船政局又重新置于李鸿章的掌控之下。中国南北洋两大海军，李鸿章成了实际的掌控者。

| 二 |

鲜为人知的是，正是在对南北洋海军控制权的争夺中，李鸿章从左宗棠那里学到不少办理北洋海军的实践经验。

左宗棠一手创办的福州船政局，是中国近代海军的奠基之作。在发展海防与军工、商业方面，它一直是李鸿章模仿与借鉴的样板。中国古代只有帆船，而依靠现代机器作为动力的铁轮，是从福州船政局开办时才有的事。左宗棠摸着石头过河，依靠沈葆桢，历经千难，终于将大业办成。李鸿章创建北洋水师时，由于没有前人可以参照，便只能摸着福州船政局过河。他将左宗棠的经验、沈葆桢的团队当作第一手教材。

李鸿章着手创建北洋海军时，中心思想是"一手抓机器，一手抓人"。

李鸿章为官"机灵应变"的一面再次派上用场，他借鉴的经验，不是学左宗棠培养海军人才，而是直接从左宗棠手下挖人才。

左宗棠创办福州船政局时，同时创办了求是堂艺局，即后来的福州船政学堂，专门用来培养造船与驾驶人才。鉴于新式船舰需要"文武兼资，素习风涛驾驭轮船操法者"，而"中国驾驶兵轮船学堂，创自福建船政"，所以北洋船舰

"所需管驾、大副、二副、管理轮机炮位人员，皆借才于闽省"。

即是说，福建船政学堂培养出来的学生，后来大多数被李鸿章任用，成了北洋海军的中坚。

福建船政学堂学生几乎囊括了北洋海军中所有铁甲船、巡洋舰管带的位置。闻名的有"定远"管带刘步蟾，"镇远"管带林泰曾，"致远"管带邓世昌，"靖远"管带叶祖珪，"经远"管带林永升，"济远"管带方伯谦，"来远"管带邱宝仁，"超勇"管带黄建勋，"扬威"管带林履中，"平远"管带李和，"广乙"管带林国祥，"广丙"管带程璧光。

不无遗憾的是，尽管李鸿章专注从左宗棠名下挖人才，但并没有学到左宗棠培养人才的秘诀，更没有学到他独到的用人方法。兴办企业用人，左宗棠遵循唯"廉干"原则，李鸿章则照旧偏好"唯才是举、任人唯亲"。因此后世有论者比较之后，对李鸿章不无诟病："北洋海军的致命弱点，在于选将不当，常常以亲属、淮籍及淮系为用人之资。"

李鸿章"唯才是举、任人唯亲"的做法，为北洋海军在中日甲午海战中全军覆没埋下了伏笔。

史实为证：丁汝昌系安徽庐江人，久随李鸿章转战南北，统带铭字营，在镇压太平军和捻军的战争中"迭著战功"。李鸿章认为"水上人才甚少，各船管驾由学堂出来者，于西国船学操法，固已略知门径，而战阵实际概未阅历，必得经大敌者相与探讨砥砺，以期日起有功，缓急可恃"。即是说，在李鸿章看来，丁汝昌既出身淮系，又曾"经大敌"，远非学生出身而"战阵实际概未阅历"的刘步蟾、林泰曾等可比，因而统率全军之任只能落到丁汝昌的肩上。

事实效果如何？丁汝昌虽然有丰富的陆战经验，对海战其实茫无所知。左宗棠门生、福建御史安维峻曾批评他"性情浮华，毫无韬略，虽为海军统帅，而平日宿娼聚赌，并不在营中居住。且一登兵轮，即患头晕之疾，左右翼总兵林泰曾、刘步蟾轻其为人，不服调度"，可见其无论个人能力还是道德，都存在一定问题。

李鸿章"任人唯亲"造成的又一后果，是淮军军中将官相互不服，导致派系很深，将领之间相互贬低、拆台，遇事不配合简直家常便饭。随便翻开相关书籍都可以看到这些，这里不再列举。

|三|

关于福州船政局的发展，其中还有一段相对隐秘的插曲。这段插曲，让我们再次见到了李鸿章为官投机主义的一面。

同治十一年（1872年）初，内阁学士宋晋突然上奏，矛头直接对准中国的自造蒸汽舰船事业，要求撤停船政以及一并停止江南制造局的轮船制造业务。

宋晋从制夷、捕盗、运粮等轮船的用途方面入手分析，抨击"自造轮船"无用，纯粹属于虚糜经费，建议朝廷全盘停止，以节省经费。

李鸿章闻知，于是年2月29日第一时间向福建巡抚王凯泰表明自己的态度，明确支持停办：

> 前雪帆阁部（宋晋，字雪帆）有停造轮船之奏，未知执事如何筹复……沪局系雇用洋匠，由我主政，行止尚易操权。左帅初定闽局合同，似有欲罢不能之势，或仅议定制造若干只，工竣即行截止。闽船创自左公，沪船创议曾相，鄙人早知不足御侮，徒添糜费，今已成事，而欲善其后，不亦难乎。

意思是说，左宗棠创办的福州船政局，曾国藩创办的江南制造局，对于加强海防，根本看不出作用。自己早明白了这一点，只是碍于情面，没有站出来阻止罢了。如今钱都已经花了，无论停办还是续办，都成问题。

3月5日，李鸿章同恩师曾国藩通信，根本态度仍是支持停办，他在信中附带将左宗棠又批评否定了一通：

> 兴造轮船、兵船，实自强之一策，惟中国政体，官与民、内与外均难合一，虑其始必不能善于后，是以鸿章于同治四、五年创议铁厂时，左公已先议造船，鄙意未敢附和，但主仿造枪炮军火，谓可自我发而收之也，即不备于水而尚有备于陆也。兹闽、沪造船已六载，成器成效，不过如

248

此，前兴之而后毁之，此信之而彼疑之，及今吾师与左公尚存异议已多，再数年、十数年后更当何如。财欲其费，效欲其缓，百年或有与洋制争胜之日。今世不欲多费财，又不欲缓收效，士大夫恒情皆然，岂独雪帆。雪翁此奏亦采中外众论而出之也。

李鸿章的意思是，中国自造轮船与洋人在海上对抗，要真正发挥作用，起码要等上一百年，左宗棠浪费国家当下紧缺的钱财，办百年后才能见效的事情，是一桩可悲可叹的迂腐举动。

但事情很快发生戏剧性的逆转，李鸿章突然闻风而动，迅速站到原有立场的对立面。

原来，这年5月13日，左宗棠上奏朝廷，明确表示"福建轮船局务，必有可成，有利无害，不可停止"。5月26日，沈葆桢也及时上奏，就宋晋暂停造船而节费的主张发表批评意见，并详细陈述，如果关闭船政，将有哪些害处。

左宗棠、沈葆桢的意见，让停办船政的议论在朝廷内开始出现舆情反转，朝廷内外支持继续开办呼之欲出。李鸿章一看形势不对，马上掉转立场，于6月20日向朝廷上奏，表态明确支持左、沈，反对裁撤福州船政局：

　　该局至今，已成不可弃置之势，苟或停止，则前功尽弃，后效难图，而所费之项，转成虚糜，不独贻笑外人，亦且浸长寇志。由是言之，其不应裁撤也明矣。

这段话的核心意思是，福州船政局是一定要办下去的，比较去看，停办才是最大的浪费。而且停办会让外国人看了笑话，长洋人志气，灭自己威风，得不偿失。

应该说，跟恩师曾国藩的通信，代表的是他真实的内心，写给朝廷的奏折，说的几乎是违心话。违心话能够说得如此滴水不漏，这是在曾国藩幕府做"政治秘书"那几年锻炼出来的本领。李鸿章的真实意图是，跟在左宗棠、沈葆桢身后投机押宝，惠而不费。他不愿意承担任何政治风险，却愿意获得他人顶着政治压力换来的经济实利。事实上，他已经不止一次地表现出这种行事的思维惯性，这正是他跟"实心办事"的左宗棠在做法上相反的地方。

曾国藩评价"李鸿章拼命做官"，很可能正是基于看透了学生这点。知学生者莫过于老师。曾国藩一生始终看破不说破的一处是，同治九年（1870年）2月，朝廷命令李鸿章督办贵州军务，鸿章嫌贵州地处偏远，迟迟没有成行。近一个月后，朝廷又改命他去陕西援助左宗棠平定陕甘之乱，他仍老大不情愿前往，拖到8月才率军出发。到西安仅仅待了七天，朝廷因天津教案担心北京城安全，命令他酌情带一定数量的军队，接圣旨之日即启程赴京，"移缓就急，相机驻扎"。李鸿章这次表现得十分积极，当天就率领二万淮军浩浩荡荡启程，将大部人马驻扎在河北省境。跟十年前提前预判咸丰皇帝逃往承德避暑山庄无须湘军派援兵保护一样，李鸿章判断这次自己会有升官机会。

果然，曾国藩身陷天津教案，"外惭清议，内疚神明"，主动申请辞职，朝廷立即就近想到以李鸿章替代。李鸿章因为选择不去贵州，离开陕西，就近优势让他终于获得机会一跃成为大清八大总督之首的直隶总督，在督抚中的位置首次超过恩师、两江总督曾国藩。之前，李氏的官职只是代理湖广总督而已。

李鸿章对曾国藩动起心机，表现在处理天津教案时，他私信要求曾国藩将判决落实，自己才轻装就任。结果老师办案落了一身骂名，不到两年就抑郁病逝，李鸿章却无牵无挂，平步青云。曾国藩再是优容，也不可能感觉不出学生背后对自己所动的那点小心思，只是有意成全他而已。

左宗棠去世后，在慈禧太后面前，李鸿章不像左宗棠那样据理力争、刚直谏议，而是阿谀讨好、曲意逢迎。

正因为李鸿章的迎合与纵容，甲午海战前面几年，慈禧太后竟然敢挪用北洋海军军费三千万两白银，用于修建规模浩大的颐和园工程，以庆祝自己的六十大寿。

慈禧太后修建颐和园"三海工程"（北海、中海、南海）的心念，早在咸丰十年（1860年）英法侵略联军火烧圆明园后不久便滋生了。因其时太平军、捻军未灭，朝廷财政捉襟见肘，而造园预算需三千万至五千万两白银之巨，相当于大清五年的财政收入，负责办事的恭亲王奕䜣、醇亲王奕譞、直隶总督李鸿章感到压力巨大，一致联名反对，慈禧才不得不暂时隐去这一念想。

光绪十二年（1886年），大清国经历前面四十余年与列强的战争与冲突，此时国际国内突然表面上同时一团平静，加之光绪皇帝即将亲政，慈禧太后宣布准备结束"垂帘听政"。

为了安抚慈禧大权失落的情绪，也为借机讨好老太后，作为光绪皇帝的生父，奕譞灵机一动，在奉慈禧之命巡视北洋海军时趁机上了一道《奏请复昆明湖水操旧制折》。

昆明湖原本是北京城西北瓮山泊的一处天然湖泊。乾隆皇帝为了给母亲祝寿，将瓮山改名万寿山，并组织人力对瓮山泊金海进行大幅开挖，改名昆明湖，用作操演水军。《清高宗实录》对这段史实的记载是："谕瓮山著称万寿山，金海著称昆明湖，应通行晓谕中外。"

因昆明湖练水师带有浓厚的皇家观赏性质，有视军国大事为儿戏的嫌疑，朝臣多有反对，昆明湖练兵不久便被废弃。

百年之后，奕譞又冒出借重造昆明湖的名义为太后修建颐和园的灵感，正合慈禧心意，二人一拍即合。光绪十三年（1887年）初，为迎接慈禧五十二岁生日，昆明湖水师学堂举办开学典礼。两个月后，慈禧以光绪皇帝的名义向全国发布圣旨，宣布将清漪园改名颐和园，按照近代园林的方式修建，在园内安装锅炉、电灯，具体由李鸿章承办。

光绪十五年（1889年），为了借昆明湖练兵的排场掩盖斥举国巨资大兴颐和园土木的事实，慈禧通过圣旨，命令李鸿章将北洋水师官兵及北洋学堂毕业学员共三千余人调来昆明湖，水兵将小火轮当作战舰在湖面实地操练，慈禧本人则站在南湖岛岚翠间的"阅兵台"上观摩，摇旗呐喊，以助军兴。作为清朝的最高军事领袖，慈禧太后对这次集观赏与娱乐于一体的体验式阅兵大为满意，她试图通过此举向反对建园者宣告，昆明湖练兵是货真价实的，修建颐和园只是为了方便自己检阅海军，不是为了愉悦享受。

光绪十六年（1890年），经李鸿章实心筹办，颐和园东宫门外右侧建成一小型发电厂，取名"颐和园电灯公所"，供给颐和园内所有的电灯照明。

光绪十九年（1893年），距慈禧太后六十大寿还有一年（慈禧1835年出生，属羊，其年五十八岁，因她要求光绪称她"皇爸爸"，自愿按男性方式过寿，古代习俗，"男做进，女做满"）。慈禧将此次寿庆看作关乎大清国的体面，廷臣察言观色，全力投其所好。为了按照乾隆皇帝六十大寿的规格给慈禧办好六十大寿庆典，已经捉襟见肘的户部不得不将海军衙门管辖下的关东铁路每年二百万两白银的路款"商借"过来。此举造成在后来甲午海战前起到重要运兵作用的关东铁路停工。

有史家统计，从光绪十二年（1886年）到光绪二十年（1894年），为了迎合慈禧太后修园，李鸿章从北洋海军中挪用军费三千万两白银左右。这笔数字还只是粗略估计，因为慈禧为了掩盖痕迹，私令造园经费不能报户部核销，导致后世史家无法精确统计。事实最能说明问题，从光绪十四年（1888年）北洋海军建军，到光绪二十年（1894年）中日甲午战争爆发前，中间六年，李鸿章绌于军费，再未为北洋舰队添置过一艘军舰、一门火炮。

放进全球对比去看，光绪十四年（1888年）12月17日，北洋海军在山东威海卫的刘公岛正式成立时，共有主力军舰二十五艘，辅助军舰五十艘，运输船三十艘，官兵四千余人，户部每年拨款四百万两白银用于海军建设。根据《美国海军年鉴》这年的世界排名，大清国舰队实力亚洲第一，世界第九，在日本舰队之前。（前八名分别为：大英帝国、法兰西第三共和国、俄罗斯帝国、德意志帝国、西班牙王国、奥匈帝国、意大利王国、美利坚合众国。）但六年过后，日本军舰无论规模还是实力，都开始出现一定程度的反超。就在甲午海战前夕，北洋将领还在源源不断地将用于购买火炮弹药的银两运往颐和园工程，此举直接造成北洋战舰在开战时大部分军舰里严重缺少炮弹。

时人胡思敬对于这段史事的内幕，这样分析："在内醇亲王奕譞主之，在外李鸿章主之，罔非献媚宫闱，以为固宠求容之地。"即是说，奕譞跟李鸿章一内一外，一唱一和，共同逢迎、误导慈禧。

日本军舰陈列国门，虎视眈眈，慈禧闭目塞听，移军费作修园费，直接导致北洋战船绝大部分只有外壳，没有炮弹，有如大型巡航展出的道具。

对于甲午海战战败的原因，后世流传有各种各样的说法，梁启超就认为，"甲午海战至其所以失败之故，由于群议之掣肘者半，由于鸿章之自取者亦半、其自取也，由于用人失当者半，由于见识不明者亦半"。在笔者看来，梁启超只看到了悲剧发生时的基本现象，并没有深究到背后的根源。

据研究者统计，李鸿章晚年代表大清朝廷，共签订屈辱条约近三十个，《马关条约》与《辛丑条约》只是其中最为醒目的两个。当然了，如果说《马关条约》的签订因李鸿章主持北洋海军惨败导致，他本人需承担直接的主要责任，《辛丑条约》则完全因慈禧太后独断专横一手造成，战争爆发后，李鸿章非但没有积极响应，反而与张之洞、刘坤一密约"江南互保"，从头到尾应该说没有半点责任。

问题的根源，出在太后。慈禧其人生平爱好虚华，不知自处在三千年未有之大变局中，错将农耕文明里的盛世皇帝乾隆当作毕生崇拜的偶像，一有机会便倾举国国力进行炫耀，将"同光中兴"诸能员大吏辛苦积攒的一点家底，旦夕之间全部挥霍殆尽。三十年前爆发的轰轰烈烈差点埋葬大清王朝的太平天国运动，并没有给这个垂暮的王朝带来半点反思跟教训。这也为后世研究失败的农民起义真正起到过什么历史作用，提供了一个判断的视角。

在慈禧的绝对权力笼罩下，李鸿章阿谀讨好、曲意逢迎，客观上误导了慈禧太后一而再、再而三的决策判断。

李鸿章对慈禧了解至深，两人私情甚密，所以逢迎、误导从不着痕迹，一则史料可以侧证。

康有为变法失败后，慈禧太后召见李鸿章。太后拿出一叠弹劾官员的密折丢到李鸿章面前，说："有人向我弹劾你，说你是康有为一党的。"

李鸿章不慌不忙地将密折捡起来，一边说："臣确实是康有为一党的。太后要废皇上而另立新帝，我不想听。朝廷的六部确实都可以废除，为什么不及早废除？如果按照过去的老规矩能够使中国强大，我大清国早就强大起来了，哪里还用得着等到今天？那些上奏密折的言官，将凡是赞成变法的官员一律说成是康有为一党的，那我也没有什么可躲避的，我确实是康有为一党的。"

慈禧太后静静听着，没有再说一句话。

如果彼此不是有相当的信任基础，李鸿章对慈禧太后的性格、为人有极深的了解，他断不敢当面这样正话反说，近乎骄儿负气地开这种政治玩笑（自认

"康党"），走在钢丝上玩火。要知道，朝廷当时正将康有为作为大清国头号通缉犯在全球缉拿，即使是皇家父子兄弟之间，也不敢当面自称是"国家一号政治犯"的同伙，何况李鸿章这个叶赫那拉氏家族的外人。

对于慈禧太后的性格、才能缺陷，左、李身在局中，同时洞若观火。不同的是，左宗棠刚直阻谏，即使希望渺茫，也从未放弃努力。

回看最能见出左、李不同为官风格，左宗棠坚持原则据理相争，李鸿章曲意逢迎的案例，是处理"问题高官"吴棠①的不同做法。

吴棠生于乱世，举人出身，才干平平，无论政绩还是战绩，都乏善可陈，却仍能平步青云，位列封疆，什么原因？

轶史称，道光年间，湖南籍道员刘某去世，其子扶棺回籍，丧船抵达清河县(今江苏淮阴)地界时，派人向刘父故交、清河县令吴棠报信。吴棠派仆役带去三百两白银相送。

仆役见一艘丧船停在河边，便呈上三百两白银，作为祭礼。姐妹俩接过银钱，千恩万谢，自称此船的灵主是安徽皖南道道员惠徵，今扶柩还乡，因路费不够，正处于困顿之中。

吴棠听了汇报，感觉拜错了人，派手下再去打听，才知道码头上停有两艘丧船，仆役确实送错了地方。他干脆将错就错，次日再封三百两银子，亲自送到刘某船上。祭拜之后，上到另一艘丧船，看望惠徵亲人。

姐妹俩见吴县令如此仗义，当场感激涕零。姐姐对妹妹说：千万要记住咱们的恩人，他日若能富贵，一定报答这个贤良的人！说完，将吴棠的名帖珍藏在妆盒中。

咸丰初年，姐姐被选入宫，成为咸丰皇帝的嫔妃，她就是日后的慈禧太后。

不管轶史真假如何，慈禧对汉官吴棠的偏袒庇护完全超出常理，私恩极深确凿无疑。

---

① 吴棠（1813—1876），字仲宣，号棣华，安徽盱眙（今安徽明光市三界镇）人，1835年（道光十五年）举人，1849年（道光二十九年）以"大挑一等"授予淮安府桃源县（今江苏泗阳县）县令，后调任淮安府清河县令。其人历年官运亨通，先后出任漕运总督、两广总督、闽浙总督、四川总督、封成都将军。

同治五年（1866年）冬，闽浙总督左宗棠调任陕甘总督，慈禧亲自任命吴棠接替前职。因吴棠并无为官情怀，加之短于办事，上任之初，对左宗棠刚刚创立的福州船政局百般阻挠，极力拦截，试图中止。他担心船政事务给自己增添额外的工作负担。吴棠如此向朝廷奏报："船政未必成，虽成亦何益？"

除了在朝堂之上公开反对左宗棠，吴棠还借故参劾左宗棠一手提拔的船政局要员，如周开锡、叶文澜、李庆霖等人。闽浙总督出面拆台，船政局一时间人人自危，船政大臣沈葆桢几乎无法开展工作。在剿捻前线的左宗棠得报，当即对吴棠进行措辞激烈的弹劾，慈禧接报，不得不考虑尊重重臣左宗棠的意见，迅速罢免吴棠闽浙总督一职，改调四川。

或许是那些口碑不好、能力欠缺的大员走到哪里都格外打眼，令人想参，毕竟群众的眼睛是雪亮的。同治八年（1869年）吴棠改调四川总督不久，又遭到邻近的云贵总督刘岳昭的激烈弹劾，刘岳昭指控吴棠涉嫌"贪污受贿"，身边秘书向四川地方属员索取馈赠。慈禧太后接报，派时任湖广总督李鸿章前往调查核实。

长于做官的李鸿章早已知道吴棠曾有恩于叶赫那拉氏家族这段隐史。这年6月，他接到圣旨，迟迟不愿出发。拖到8月，他才从武昌启程，到10月下旬才到达成都。到后短短十多天，案情的来龙去脉都来不及完全摸清，李鸿章便根据预先起草的《查覆吴棠参案折》回奏慈禧。他作出两个重要结论：

其一，慈禧用人得当，吴棠是造福四川人民的好父母官；

其二，四川官场人心刁蛮，风气近来保守、排外，爱好对外来官员造谣打击。

前一结论的原话是：

> 若非朝廷知人善任，力为主持，虽忠贤亦将自危，而奸回转为得计。
>
> …………
>
> 吴棠善政宜民，可为川省造福，亟求扶持正人以伸公道。臣详查事实，密察舆论，该督被参各款毫无证据，断不敢稍涉徇隐，自干咎戾。亦不敢误信谣言，紊乱是非。

后一结论的原话是：

近来川省官场习气颇尚钻营，遇有大吏新任，多方尝试。稍不如意，则编造竹枝词等私行散布，以讹传讹，使人莫测其从来，远处闻之，或因他故微嫌，遂至摭拾入告。

事实上，对于吴棠为官期间贪污受贿、纵容亲信、德不配位、力不胜职等诸多劣迹，精明过人的李鸿章比左宗棠、刘岳昭等同僚也许看得更为通透。他之所以一反左、刘据事实揭发，选择曲意迎合慈禧，固然有不愿得罪慈禧的原因，但最根本的原因，恐怕还在于他看清楚了，如果自己据实陈述，也无从改变慈禧定见。既于大局无补，反倒得罪太后私人，影响日后升迁，不如顺着慈禧心意编造调查报告，至少可以让自己讨好。

因为李鸿章这段纯粹敷衍与黑白颠倒的调查报告，吴棠随后被朝廷免去追究责任。四川官场虽然进一步走向糜烂，李鸿章本人却成了慈禧倚仗的臂膀。

早在同治皇帝登基之初，左宗棠便在家书中透露，自己将国家希望寄托到了小皇帝身上。光绪皇帝登基后，左宗棠又希望他尽快长大，能够有振兴朝廷的作为。

同治元年（1862年）2月3日，左宗棠在家信中这样跟儿子们交流："尔曹在家读书学好，免我分心虑尔，即是尔等孝思。至于军国大事，我应承当，无可推诿，亦不烦尔等挂念也。"

在临终前的遗折里，他预料到了中国其后几十年可能遭遇的厄运，对朝廷仍不忘泣血忠告。

明知未来是一场悲剧，左宗棠依然认真地将它引向正剧。

李鸿章以其机灵与精明，同样看出了在慈禧主导下朝廷政事、举国外交是一场闹剧的实质。但他宁愿咸与维新，同沉共浮，在朝堂内部，只做一些类似裱糊匠的工作。后文会详细评述到。

直至甲午战败后，躲无可躲的李鸿章跟着慈禧太后不幸被拖进历史的泥潭，他才敢愤愤不平发泄积压在心底多年的不满：

我办了一辈子的事，练兵也，海军也，都是纸糊的老虎，何尝能实在放手办理？不过勉强涂饰，虚有其表，不揭破犹可敷衍一时。即有小风小雨，打成几个窟窿，随时补葺，亦可支吾对付。但裱糊匠又何术能负其责？

回看左、李，两人均以军功发迹，并列成为晚清勋臣，两人凭借各自杰出的办事能力，又同时晋级为朝廷重臣。

成为重臣之后，两人出现分野：左宗棠朝着一代名臣的方向继续艰难前进，李鸿章向着一代权臣的目标孜孜以求。名臣致力于办事，通过事功业绩，追求身后不朽；权臣孜孜于升迁，通过官阶权位，实现现世成功。

如果我们再回头看两人二十岁左右时"拜相封侯"的理想，会发现青年的志愿与毕生的道路，有着一条十分清晰的逻辑线。青年时代发誓要"八千里外觅封侯"的李鸿章可能忘记了，无论是勋臣阶段，还是重臣时期，或者权臣之日，他身上肩负的始终是家国命运，而不再是私人前途。身处"大变局"之中，"裱糊匠"曲意逢迎、粉饰欺蒙，当然需要承担重大的家国责任。在其位者必谋其政，这是中国传统。回看左宗棠第一次入值军机之时，仅因没有如清流官员所愿大刀阔斧改革朝政弊制，便同样遭受了朝野如潮恶评，他也不能推卸、辩诬。

李鸿章对外"和戎"、对上逢迎，导致个人无可摆脱的宿命，最终为慈禧太后的任性胡为背黑锅。这也刚好应了孔夫子的那句话："斯人也，而有斯疾也。"什么样性格的人，作什么样的选择，有着对应等待他的命运。

将上述这些内容作为考察大局时势的背景，我们继续来看左、李商业方面的分歧。

官办商办

|一|

左、李第三个方面的分歧，表现为"商资商办"跟"官督官办"的区别。

左宗棠一直推行"商资商办"。

以经营福建为例，为了筹集台湾建省所需的经费，左宗棠运用商业眼光，开始规划在福建办蔗糖企业，以取商利。

福建山多田少，土少沙多，种什么不长什么，唯有甘蔗生得茂盛。数百年来，沿海的农民，百分之七八十靠种甘蔗熬糖售卖为生计，每家人虽不能赖此致富，但能够维持温饱。

福建小农田园牧歌式的宁静，到19世纪80年代已被无情打破。

原来，从道光二十年（1840年）西方兵船打破中国国门，经过四十年的繁育，西方商人大批量入驻大清国。泰西诸商做进福建，福建糖农纷纷破产。原因呢？大清国本土熬糖法是粗放型的，十三石甘蔗才熬出一石糖，而欧美商人带设备来中国后，出糖率是大清国的两倍。

左宗棠亲自考察，细心算了一笔账：如果福建老百姓购买美国机器来熬，用现有的原料，整个福建可多产糖二十多万石。按现有市场价每石售四两白银，可增收八十万两。除去机器、厂房、人工成本及一切杂费开支，纯利润可增收五十万两。

左宗棠决定通过政府发起倡导的方式，带动福建民间来实现熬糖产业鸟枪换炮，更新换代。他以谨慎的态度，从外国银行贷款中先拿出几万两白银，派熟悉熬糖工作的人员去美国产糖区参观考察，学习熬糖的先进方法，回程时精心购买一批小型机器，雇用几名美国糖工来中国试制。

官方带动民间办企业，在大清国是新鲜事物。

从咸丰二年（1852年）随张亮基主持湖南，积三十余年经验，左宗棠对政府引导商业已经驾轻就熟。在两江总督任上，他通过在江苏徐州办利国驿煤矿，已经得出明确结论：官督官办、官督商办都不如商资商办。因为以政府权力推动商业，只有一时功效，无法持久。如果官方带头发起，让民众看到切实的利益，他们就会慕利而来。民间自发兴办，自我规范、管理，则官民两利。

在规范商业的制度设置上，左宗棠的具体方法是：官办先垫资办糖厂，成立之初，就吸纳民间资本，允许他们入股。等企业办成，政府收回投资本钱，将糖厂直接转让给民间商人，立下政策法规，以后政府除了按量收税，按质检查，对该厂不再做任何行政干预。

这次技术革新与政府体制配套改革，带来的收益牵一发动全身：通过改进糖厂生产、加工技术，老百姓的收入得到了增加，政府的税收也水涨船高。

福建援助台湾的军费，从此很大部分依赖于蔗糖税收，首任台湾巡抚刘铭传建省所依赖的四十四万两白银，也从这笔收入中支出，前文已经述及。

光绪八年（1882年），担任两江总督、南洋通商大臣之后，左宗棠凭依在陕甘总督任上开创西北毛纺民生工业积累的经验，继续探索在两江地区开创民生工商业发展的新路。

其时，左宗棠办洋务已有十六个年头。随着洋务运动深入发展，国家办企业弊病开始显露，"朝廷所有制"与商人"私有产权"发生冲突。

此时，洋务运动在全国已经陆续兴起，但囿于大清王朝"家天下"的体制，模式一直是"官办"。这个模式的弊病，左宗棠总结为"所铸之器不精，而费不可得"。不但产品质量不过关，成本往往还高于收入。

左宗棠深入企业中去调查原因，发现问题出在"产权不清"上。为了破解这一难题，他从理论上先分清国家、私人、洋人三者之间的利益，提出了三条解决问题的总体原则：

其一，"与民争利，不若教民兴利"；

其二，"不夺民间固有之利，收回洋人夺取之利，更尽民间未尽之利"；

其三，"民利仍还之民"。

左宗棠认为，要做到商人对企业自主、自决，基本思路只能是"商资商办"。也就是说，国家只负责通过制定法律约束企业、管理商人，而不是运用权力，通过行政命令的方式，规定商业具体如何发展；在企业产权、企业管理上，行政命令尽量退出，具体商业的事情，商人自己说了算。

在具体实施中，左宗棠尝试在帝国体制内做变通。

光绪八年（1882年），左宗棠奏请朝廷批准创办利国驿煤矿。这是一家由商人投资的民族资本主义性质的近代化煤矿，经营上采用招募商股，民营管理的方式，是一家能独立经营的私人资本煤矿。创办人胡恩燮、胡碧澄父子及亲戚吴子实、方彦卿等金陵绅商占据大股，扬州盐商和苏州商人分入小股。

秉持"商资商办"原则，利国驿煤矿始终"未请官本"，虽然在资金周转不灵时曾向官府借过"官款"。光绪十年（1884年），在左宗棠的帮助下，该矿曾向"江宁藩司"借过巨款，后来又向徐州道、府两级官署借过"官款"，但"俟有余利，先将官项摊还"，如逾期不还，"则公家之债颇催"。

从资金来源看，利国驿煤矿名义上是"官督商办"，实际操作则完全是"商资商办"，煤矿股东拥有最基本的独立自主权。此矿办后如期赢利，左宗棠将经验在辖内推广。

光绪十一年（1885年），左宗棠督办福建军务期间，又向朝廷上折，建议中国学习西方制糖技术建厂，并将该省糖厂一律由"官办"转制成"商办"。

鼓励民间商人自主开办新式企业，企业得到了真正的发展，政府从这里也尝到了利税的甜头，左宗棠从中看到了振兴国家民族经济的希望，并形成了初步的"兴商"思路：

其一，"如官倡其利，民必羡之"。如果政府不去自己办企业，而是负责鼓励支持民间商人多赚钱，老百姓必然对赚到了钱的民间商人心生羡慕。

其二，老百姓纷纷跟从效仿，从事经商活动，他们通过自己的辛勤劳动发家致富，政府通过税收杠杆，不用搭进任何物质成本，便可以收取可观的商业税。

其三，"官本既还，只收税课，不必派员管厂"。对朝廷而言，不但可以获得巨利，而且大大节省了"官督商办"模式中政府派官员的人力资源管理成本。

|二|

比较去看，李鸿章主导的企业，则完全又是另一番情形。

李鸿章发展商业的基本思路，是"官督商办"。

导致左李差异的原因，在于两人发展商业的目的不同：左宗棠着眼提高民生水平，李鸿章侧重增加朝廷收入。

因为着眼提高民生水平，光绪五年（1879年），陕甘完全平定后，左宗棠关心的一件大事是创立甘肃织呢总局。

创办这样一家民族轻工业企业的初衷，基于两个条件：一是甘肃盛产羊毛，以创办前的年产量计算，西宁达十万担，甘州七万担，平番、武威八万担；按传统手工业加工成布匹、服装，不但造成原料的极大浪费，而且效率极低。二是左宗棠在大西北一律禁止种植鸦片，奖励农民改种棉花，棉产量增加迅猛。

左宗棠筹建织呢总局的想法，动心起念，始于光绪三年（1877年）冬。左宗棠任命两人专门负责，一是甘肃省制造局委员赖长，二是老搭档胡雪岩。

甘肃缺水，织布需大量用水。左宗棠交付胡雪岩一手解决，方法有二：一是从兰州附近开河导水；二是在机器局选址凿深井地下抽水。至于前期经费，只能由胡雪岩垫资，累积到一定程度，由左宗棠到工部报账。

织布厂所需大量机器从哪里来？去德国购买。左宗棠采取业务外包方式，交付上海德商承办的泰来洋行承办，具体负责人叫石德洛米。

规划妥当，光绪五年（1879年），所购二十架机器，共计四千箱，分成大小不等一千二百件，从德国出发，经海路运往中国上海。

但怎么从水路发达的上海运进山路崎岖的兰州？胡雪岩承包了轮船招商局一艘巨轮，通过长江先运到湖北汉口。从汉口再整体转运到老河口，余下便全是山路。从龙驹寨经西安再运抵兰州，没有水路，只能借助马与车。因织布机系蒸汽动力，锅炉偌大，只能先拆分再托运。从湖北到甘肃，沿途既多峡谷，又兼山道，道阻且狭，运输队不得不停下马车，临时开山辟路，通过人工挖掘，铺成新路。如此艰难日进，单是从汉口到兰州，便需三个月。因运输量实在过于庞大，运输队人手又不够，还得分两次，等最后一批机器设备运到，第一批已经到了八个月之久。

甘肃织呢总局设立的基本思路，仿照同治五年（1866年）的福州船政局。

但毕竟培养民族轻工业与发展国防军事重工业的具体方法大不相同，左宗棠确立基本思路，先学习，后仿造。总局首批雇请德国技师五名，负责现场指导生产与培训中国工人。左宗棠认为，与福建的造船业和驾驶技术高精尖不同，织布只需普通工人，便安排从楚军中挑选，凡是悟性好、手脚灵敏的士兵，先组织到甘肃制造局学习，经过考试、试用合格者，正式聘用。

织呢总局厂房设计分为三大块：东部为纺线、织呢部分；西部为洗毛及整染部分；中部为动力、机修和办公部分。

光绪六年（1880年）9月16日，二十架织布机首批十架安置完毕。石德洛米负责总局监督，下令正式开工生产。一台织布机器分两架，分别以二十四匹马力与三十二匹马力蒸汽机带动，每台日生产量为八匹。左宗棠向朝廷乐观汇报，待全部机器开动，年产量可达六千匹。

|三|

甘肃织呢总局是"中国第一家机器国货工厂"（李鸿章语）。它是中国机器毛纺织工业的开端，中国近代轻工业从这里艰难起步。

在左宗棠的影响下，光绪八年（1882年），李鸿章紧跟着创办了上海机器织布局。

因为创办目的侧重在增加朝廷收入，李鸿章极力将军工与民用结合，为朝廷创收。在这样一种观念下，同治十一年（1872年）12月26日，轮船招商局正式成立。这是中国近代史上第一家轮船运输企业。

轮船招商局产生的背景是，随着大清国开放的通商口岸日益发展，不少商人购买或租雇洋船，将船只寄靠在洋商名下。随着购买与租雇的船只增多，清廷不得不开放购买或租雇洋船的禁令。在这种形势下，清廷十分担心中国航运业会完全落入外国公司手中，以致漕粮（各地方政府通过水路运往北京皇室的朝廷公粮）运输受制于人。容闳建议仿照西方公司章程，在通商口岸筹备组建新式轮船企业。总理衙门批示，轮船必须为华人所有。李鸿章顺势提出由官方出面创立轮船招商局的建议，获得批准。

如果说，创办轮船招商局的直接动机是让大清国掌握本国的漕粮运输，成立之后，它最主要的目的，则是打破外国轮船公司垄断中国沿海和长江的航运局面。

之前千余年，东南沿海一带的海上运输依靠的是沙船。沙船是中国古代用于航海的一种防沙平底木船。清朝道光年间，上海沙船约三千艘，全国当时有一万多艘。道光朝两江总督陶澍当年将糟粮改河运为海运，依靠的就是江苏的"沙船帮"。

因为沙船是木壳制作，依靠自然风帆作为动力，靠水手人工驾驶，跟铁壳的现代蒸汽轮船运货相比，完全不具备运输竞争力。由此，东南沿海一带上万艘依靠沙船运输为生的数百万船工，纷纷到了濒临破产的边缘。

轮船招商局成立之前，美商旗昌、英商太古和怡和三家轮船公司，凭借雄厚的资金实力，已经垄断了大清国的航运业务。李鸿章创办轮船招商局，通过官督商办的方式，将朝廷作为后盾与三家垄断公司竞争，在起步创立阶段，完全符合中国航运事业和民族经济发展的要求。

轮船招商局是洋务运动中第一家由军工企业转向民用的企业，李鸿章首次将曾国藩"官督官办"（如安庆内军械所）的洋务形式转向"官督商办"，无疑是一次历史的飞跃。它对洋务运动的意义，是首次从"求强"转变为"求富"。虽然轮船招商局求的是朝廷之富，跟甘肃织呢总局为带动民生富裕大有不同，但在只谈道德义理，不关心商业利益的清朝，朝廷带头求富已经是一个巨大的历史进步。

轮船招商局创办之初，一方面面临洋商的竞争，另一方面面临国内守旧势力要将其改归官办的压力，形势不容乐观。但李鸿章仍坚持"商为承办，官为维持"的原则，在经济上和政治上提供大力支援。当时沿海和长江航运已为外洋垄断，新成立的招商局简直没有"立足"之地，李鸿章为招商局奏准运送漕粮和一些官府物资的专权。此举是轮船招商局得以维持的关键。

在与洋商的激烈竞争中，双方大打价格战。这导致招商局资金一度紧张，李鸿章多次指示拨借官款，规定缓息，这些措施使招商局摆脱困境。

第一轮价格战打下来，规模最大的旗昌轮船公司亏损严重，股价大跌。当时正值美国南北战争结束，到光绪二年（1876年），旗昌公司难以为继，有了出售在华全部产业的念头。徐润得闻消息，同唐廷枢、盛宣怀商量，三人到烟台找李鸿章汇报请示，李鸿章以"费巨难筹"拒绝。不久，中间人找上门来，自愿降价。经两家商谈，最后轮船招商局以二百二十万两白银的价格收购旗昌的资产，商定先支付白银一百万两，欠款分年支付。

光绪三年（1877年），轮船招商局收购了美商旗昌公司的全部产业，包括十六艘轮船和长江各埠及上海、天津、宁波各处的码头、栈房，从而超过英商怡和、太古两家轮船公司。数据最能说明发展成就，在不到十年时间里，招商局的货轮即由初期的四艘发展到三十余艘，总装载量近二万四千吨，先后在烟台、汉口、天津、汕头、福州、广州、香港等地及日本、新加坡等国重要港口增设了分局。

轮船招商局凭借官方背景，成功达到了"分洋商利权"的成立初衷。仅同治十二年（1873年）到光绪二年（1876年），外国航运公司收入总共减少了四百九十二万两，中国商人少付给外国商人的费用在十三万六千两以上。

|四|

随着规模日大，"官督商办"模式的弊端开始凸显出来。因招商局企业人事权、财权归官府控制，凡经李鸿章奏明开设的"官督商办"企业，其用人、理财和业务经营，均需遵照李鸿章批示，由总督会同帮办经理。企业各级管理人员，又须由李鸿章委派。这样便造成一种局面：各企业所持资本虽然大部分或全部来自私股，但私人资本除了保留资本所有权和按年领取股息、负担亏抵责任外，既失去了股金的支配权，又不得过问企业大事，成了名副其实的旁观者、局外人。

有研究者指出，在李鸿章主导的"官督商办"的企业里，"官有权，商无权"，"本集自商，利散于官"。因为构成"官督商办"企业的"官"与"商"在权利上并不平等，"商民虽经入股，不啻途人"，而作为大清朝廷各级代理人的官员却处于支配地位，居然成为决定企业性质的主要力量。

一个可以说明问题的细节是，盛宣怀主持期间，每年都不得不拿出十万两白银，前去"孝敬、打点"各级管理部门，这就是今天备受世人诟病的官场潜规则。

在坚持"官督商办"的大前提下，招商局经历第一轮辉煌期过后，因"官督"气味过浓，"商办"色彩黯淡，活力日益欠缺。这导致它很快又从高位上跌落下来。史实为证，在19世纪70年代末，它的船只数目和吨位远远超过英商怡和、太古公司，但到光绪二十年（1894年），它跌落到与怡和不相上下，远远不如太古的境地。

这时再比较去看左宗棠的"商资商办"与李鸿章的"官督商办"，用历史百年的眼光去看，两者在发展方向上最根本的区别，是前者在发展民族资本主义，后者将商业逐步发展到同国家政权相结合的官僚资本主义。

官僚资本主义企业对朝廷最为有利，但对商民利益损害尤大，对商业活力损伤尤其明显，也因此，李鸿章创办的企业，经常遭到部分商民的抵制。

"官督商办"跟"商资商办"实践效果的差异，同样十分明显。

左宗棠通过"商资商办"，最主要的贡献是活跃了地方经济，让大量的普通底层商民获利，同时培养出了当时民间代表性的商人——"晚清首富"胡雪岩。胡雪岩成了晚清中国民营企业家的代表性人物。李鸿章培养出来的"亦官亦商"的盛宣怀，其本职是官员，无论财富、社会影响力还是对国家、民族的贡献，后世知名度，跟胡雪岩均有较大距离。

"官督商办"一定程度上损害了商民利益，也抑制了商业的正常发展，其对促进近代中国工业化的作用，同样有限。这同样有史实为证：从1882年（光绪八年）到1891年（光绪十七年），在李鸿章的主持下，十年之内，中国竟然没有出现一家私人资本的棉纺织厂。也就是说，官僚资本垄断了一切，民间商人没有生存的土壤。

李鸿章选择"官督商办"，是因为它符合清廷利益。只要朝廷满意，他的官位便有望升迁。对"拼命做官"的李鸿章而言，在商业领域全面迎合朝廷，也就顺理成章。

|五|

但李鸿章并非无功可表。在这场轰轰烈烈的洋务大潮中，李鸿章真正超

过左宗棠的地方，在于李鸿章创办企业涉及的行业广度比左宗棠多。除了轮船招商局外，李鸿章先后还创办了河北磁州煤铁矿、江西兴国煤矿、湖北广济煤矿、开平矿务局、上海机器织布局、山东峄县煤矿、天津电报总局、唐胥铁路、上海电报总局、津沽铁路、漠河金矿、热河四道沟铜矿及三山铅银矿、上海华盛纺织总厂等一系列民用企业，涉及矿业、铁路、纺织、电信等各行各业。虽然"官督商办"的模式在企业壮大后问题诸多，但在创立之初，在商业布点阶段，它的优势还是十分明显，其历史进步作用不容抹杀。正是通过李鸿章的全面布点，晚清在全国范围内初具规模的工业化转型得以出现，应该说，在洋务运动的器物层面，李鸿章当仁不让占据开创首功。

对历史有距离感的读者已经很难想象，在西方人侵入大清国已几十年之后，依然沉浸在农耕文明时代的清朝人对现代科技有多么隔膜。

轶史记载，为了验证英国人发明的电报确有其事，而不是一场用来蒙骗耳目的骗术，李鸿章借筹建大沽炮台之机，让英国人在天津和大沽之间尝试铺设电线。辛苦忙碌半个月，电报接通。李鸿章人在大沽，离天津约八十里路，快马一天能跑四个来回。为了亲身验证，李鸿章挥笔写下"密鸿巧辰"（密，保密；鸿，李鸿章；巧，每月十八日；辰，辰时）四个字，让英国人发报到天津，同时派亲信快马以最快速度赶到天津。亲信下午回来报告，天津确实在辰时左右就收到了"密鸿巧辰"四个字，由于自己不敢耽搁，路上换了六匹马，累死了三匹。

李鸿章将信将疑，他怀疑亲信被英国人收买，提前泄露了这四个字。为谨慎起见，第二天，他约定再做测试。这次他安排自己最信任的部将张树声去天津发报处蹲点，事先写给他一张字条，让他不要打开，约定明日巳时他会按照纸上的文字发过去，让张树声将字条和电报内容对照，如果内容一样，立即在天津发一个回文。

次日巳时，李鸿章如约发去一条电报，还没等他喝上一口茶，就收到了张树声回复的两个字："瞬准！"

李鸿章这才相信电报不是"奇技淫巧"的耳目骗术，是真的高科技。他奏请慈禧太后批准，在全国主要城市安装电报，用于朝廷公文传达。

光绪三年（1877年），李鸿章在其天津直隶总督衙门与天津机器局间架设了十余里电线，并于6月27日用购置的莫尔斯电报机发出了中国第一封电报，这封电报只有六个字"行辕正午一刻"。

史实是，光绪六年（1880年）9月，李鸿章上奏《南北洋请设电报》，首次提出创办津沪电报线。申请从天津沿运河越长江，从镇江到上海铺设电线。这年10月，天津成立津沪电报总局（后改名"中国电报总局"），同时开办电报学堂。光绪七年（1881年）12月，长达一千五百公里的津沪电报线试运行，沿途设有紫竹林、大沽口、临清（1882年撤销）、济宁、清江浦（今淮阴市）、镇江、苏州、上海八个分局。到光绪九年（1883年），江苏、浙江、福建、广东四省电报线全部贯通。其后，在左宗棠、郑观应等洋务先驱的推动下，从镇江到汉口长达八百多公里的长江线也于光绪十年（1884年）建成，中国创办电报初期的三条长途干线至此形成。

尽一己之力，在晚清的中国全面推动牛耕犁种的农耕文明向以工业化为目标的工商业文明转型，布局谋篇卓有成效，这是李鸿章在后世最没有争议的地方，也是今天仍有不少人极力推崇他的地方。他为朝廷"求富"的观念，虽然有着明显的历史局限，但在当时仍值得充分肯定。

但随着左宗棠故去，李鸿章也迈过了花甲之年。这位青年时代英气勃发、豪情万丈的英才，也在逐渐老去。颇富戏剧性的是，跟左宗棠中年之前逆境不断，中年之后全是顺境也刚好相反，花甲之前一路顺境的李鸿章，晚年走过的每一步路，都是逆境。

在秋风萧瑟、洪波涌起的清末，李鸿章前面历年为官种下的因，终于迎来风霜刀剑的果。

他除了直面现实，坚持逆风飞扬，别无选择。

秋风孤臣

|一|

光绪十年（1884年）4月8日，慈禧突然发布懿旨，将以恭亲王奕䜣为首的军机处大臣全班罢免，因这一年是农历甲申年，史称"甲申易枢"。慈禧通过甲申易枢再度将朝政大权牢牢控制。她之前倚仗左、李为左右臂膀，如今只依靠李鸿章一人。

李鸿章这场独角戏一唱就是十年。

李鸿章一生在官场顺逆的转折点，发生在前述的光绪二十一年（1895年）。

中日甲午海战，北洋海军全军覆没，梁启超总结李鸿章有十二条罪责。在笔者看来，大清朝"外重内轻"导致朝廷权力涣散，慈禧作为全国最高军事领袖，每每以情绪意气命令军事统帅，既无体系，也无章法，总以"制衡重臣"为基本战略，是大清国在军事上致败的根本原因。

甲午海战结束后，曾闹过一则笑话，可以看出朝廷军权已经涣散到何等程度：守在刘公岛的北洋海军投降日本后，给日军写去一信，请求放还广丙舰，理由是，此舰属广东水师，甲午海战系北洋水师对日作战，与广东没有关系。这件事被当成国际笑话广为传播。

基于此，当时就有人不无同情地说，甲午海战是李鸿章一人与日本一国作战，虽败犹荣。毕竟，地方军力各抱地势，光绪皇帝积极主战，慈禧太后思图求和，朝廷内部始终战和不定，朝堂意见根本就没有统一过。何况，皇帝、太后在战败之后不发布"罪己诏"，却要李鸿章个人承担主责，推他出面当替罪羊，未免有失公允。战败第一责任人，当归罪于慈禧太后。

战场失败是对战败国最大的惩罚。李鸿章作为北洋海军统帅，代表战败的大清国远赴日本签订丧权辱国的《马关条约》，他在日本遭遇的屈辱，固然是代慈禧受辱，但多少可以看作自作自受。既然早知会有今日，当初又何必曲意逢迎，不惜误导太后，将三千万两北洋军费挪作颐和园的修建费呢？

回国后，为平息滔滔舆论，朝廷借故象征性地革去了他的直隶总督、北洋大臣官职，只保留文华殿大学士（内阁宰相）虚衔，闲居北京东安门外贤良寺内。

从乾隆五十八年（1793年）英国使者马戛尔尼率团来到中国，转眼过去了一百年。百年间，中国人经历了从"奇技淫巧"到"师夷长技"的心态转变，一开始认为洋人"不必学"，到后来又认为"不能学"，东西异方，从人种到文化，差异太大，无论西方弱小还是强大，不具备可比性，所以很少有国人着急。大清国败于同为亚洲人的日本国，严重刺激到国人的神经。日本文化得益于中国，其儒学文化，主要是在唐朝与明朝由中国传入，真正是"青山一道同云雨，明月何曾是两乡"。清朝落后因此显然不是文化与人种方面的原因，官绅开始反思朝廷体制弊病，在这样一种时势下，慈禧太后萌生让李鸿章出国考察，一探西方富强的想法。

光绪二十二年（1896年）5月26日，是俄国沙皇尼古拉二世举行加冕典礼的日子，慈禧太后委派李鸿章出席参加。因为李鸿章当年跟左宗棠争论"海塞之防"时曾明确主张"联俄制日"，俄国对李鸿章怀有好感。

慈禧太后任命李鸿章为全权特使，并在加冕典礼之后顺道出访欧美诸国。

李鸿章此行有一项重要外交任务，争取与以英国为代表的欧洲各商贸大国关税展开谈判，将西方国家的商品进口税从原来的百分之五提高到百分之七点五，中国将增加的收入部分用于偿还《马关条约》赔款。

是年3月28日，李鸿章携子李经方、李经述及随员离开上海，以中国特使身份，乘一艘法国邮轮，先后游历俄国、德国、荷兰、比利时、法国、英国、加拿大和美国，时长一百九十天，横跨三大洋，行程九万里。

4月30日，李鸿章一行乘坐专列，先行抵达圣彼得堡。

5月4日，他乘坐由沙皇派出的金马车，前往红村行宫觐见。沙皇尼古拉二世和皇后在这里隆重接见了他。

沙皇加冕庆典期间，尼古拉二世定于5月18日莅临霍顿卡广场的游艺大会，活动有一个重要环节是沙皇向群众分发馈赠点心及礼品。为了亲睹皇帝陛下的尊容并得到礼品，小广场聚集了至少一百万人。因人员过于密集，发生严重踩踏事故，当场被踩死者约四千八百人，重伤者三千多人，受伤致残者约五万人。

事发突然，朝臣不知如何上报。李鸿章根据自己多年来应付慈禧的办法，当场向俄国高官传授哄瞒沙皇的"经验"。此举赢得大臣们一致好感，评价他是"卓越的政治家"，"善解人意，乐于为人出谋划策"。

在俄期间，李鸿章借考察为名，与俄国暗中商议，签署了同意俄国在满洲"借地修铁路"的《中俄密约》。这份密约沿袭和戎外交思路，将中国东北铁路主权让与俄国。传闻李鸿章本人私下收受了俄国五十万卢布的贿赂。

6月25日，李鸿章到达德国，他专程前往汉堡，拜访德国前首相俾斯麦，并应邀出席俾斯麦家宴。席间，李鸿章向俾斯麦请教中国富强之方。俾斯麦告诉他：中国需要训练一支五万人的有现代化装备的精锐部队。

李鸿章沉默不语。

淮军早在成立之初，便已实现装备、训练现代化，人马也超过五万。甲午海战让北洋海军全军覆没，李鸿章的军事自信同时被摧毁了。中国真正拥有五万精锐部队的是左宗棠的楚军，这支军队不但曾经让俄国在伊犁知难而退，而且让法军首领孤拔在台海成为手下败将。如果李鸿章此时提起左宗棠，"铁血宰相"俾斯麦也许会惺惺相惜。

"和戎"的李鸿章在德国备受欢迎，政要人物赞誉他是"东方俾斯麦"。

与俾斯麦会谈期间，李鸿章向他求教了一个他想了很久的问题："作为国家的大臣，想要为国家出力办事，但朝内文武百官都与自己意见不合，大家群起而攻之，想方设法拖后腿，大臣仍想按自己的意愿为国家做点事，请问有什么办法？"

俾斯麦答："首先要取得君主的支持，君主信任，实心支持，大臣没有办不成的事。"

李鸿章再问："如果君主本人毫无主见，听了任何人的话都觉得有道理，而他身边的官员跟侍从都是一些无耻小人，成事不足败事有余，平日里狐假虎威，操弄国家权柄，大臣处于这样的情势中，又该怎么办呢？"

俾斯麦考虑了很久，回答说："如果大臣真正是实心忧国忧民，不可能不知道君主的心意，因此不用担心君主不能信任自己，给予实心支持。但如果大臣必须听从老太太的命令，则我也不知道该怎么办了。"

李鸿章不再提问，沉默以对。

他大概联想到了慈禧老太太。同时想到一句中国老话："牝鸡司晨，惟家之索。"中国古人认为，母鸡在清晨打鸣，这个家庭就要走到尽头；妇女老太太干预主持政事，国运会走向衰败。这只是古人的经验之谈，到底有什么科学依据呢？不知道。但无法用科学解释的经验还多。历年来，李鸿章每次曲意逢迎她，内心未尝没有憋屈感，但在凌厉强悍的太后面前，他只能信奉曾国藩老师的"挺经"，打落牙齿和血吞，将委屈吞进肚子里，不敢丝毫形于脸色。

在俾斯麦面前，李鸿章也许会想，甲午战败，固然因自己多年来曲意逢迎，但碰上慈禧这个内心凌厉且胸无定见的老太太，自己还有什么更好的应对办法呢？想不出来。

随后英国一行，让搞了半生洋务的李鸿章第一次大开眼界。

在英国人的陪同下，李鸿章参观了英国工厂、银行、邮政局。李鸿章对英国发达的工业和繁荣的商业赞叹不已，英国强大的军事工业更是让他艳羡不已。

李鸿章参观英国电报公司时，发报人员当场将六十八字的电报发到上海轮船招商局，二十五分钟后，他收到了盛宣怀的回电。

在英国期间，李鸿章还参加了英国举行的阅兵式。停泊在港口的"维多利亚"号战舰发射了十九种声音的炮弹，向前来参观的李鸿章致敬。强大的英国军舰密密麻麻停泊在港口附近的海面上，一眼望不到尽头。李鸿章才发现，他曾经引以为豪的北洋海军，根本无法相提并论。

此外，李鸿章还参观了朴茨茅斯皇家海军造船厂，造船厂里的各种船只，给他留下了极深的印象。

英国之行也让李鸿章此行的主要目的——请求沿途访问的西方国家将入中国商品的进口税提高的计划——彻底破产。跟俄国沙皇面商时，沙皇满口答应；德国与法国也表示同意，但表示要跟英国保持一致。李鸿章与英国首相沙士勃雷提议，沙士勃雷不冷不热地问起《中俄密约》，怀疑中俄之间有阴谋，借口说要去信跟在上海等地的英商商量，便送客。这事就此搁浅，不了了之。

但这次欧洲考察之行，让李鸿章第一次大开了眼界。地球辽阔，天空蔚蓝，海风吹拂，心潮波涌。有那么一刻，他感到未来还是大有可为。在蓝天碧水之间旅行，他感觉又回到了二十岁那年，少年不识愁滋味，爱上层楼，梦想此生建功立业，拜相封侯，做一个鹤立鸡群的人间伟丈夫。

半个世纪过去了，他现在已经拜相，距离封侯，也仅有一步之遥，但他恍惚之间竟然觉得，个人奋斗的道路不应该是这样的，自己以前耽搁与虚度得太多，此生应该重新来过。

往事联翩浮现，他可能已经感觉到，来日无多了。

8月24日，离开英国之际，李鸿章这样表达自己的心愿：

> 泰西格物之功效，致力之材能，某皆默而识之，学而不厌。他日身归故国，后半生无涯之大事，将重整其旗鼓，忝颜而将中军；且较诸前半生之仅效微劳者，冀于中国尤有裨益。然华人难于图始，欲假数年之心力，遽奏万祀之肤功，不得不求助于大英，而望化难为易也。

从这段自述可以看出，他决定吸取之前三十年军事洋务失败的教训，总结军事失败的经验，老当益壮，重整旗鼓，将后半生放到专门学习英国商业、军事上，期望在这两点上能有重大突破，为未来中国千秋万代开出新局面。他终于像左宗棠一样，考虑国家百年大计，不再像二十四年前那样，认为左宗棠坚持创办船政是迂腐之举。

"桑榆虽已晚，为霞尚满天。"这句古诗，最切合李鸿章此时的心境。

回国海路需经过日本。但甲午海战的惨败对李鸿章的刺激实在过深。尤其是，在日本签订《马关条约》期间，日本愤青打在他眼下侧脸的那颗子弹，创巨痛深，深入骨髓。光绪二十一年（1895年）离开日本时，他发过"终生不再履日本领土"的誓言。这位已经七十三岁的老人，一定要兑现自己的诺言，在日本海港换船之际，他让人在两只摇摇摆摆的船之间，一路颠簸着抱上自己迈

272

过踏板。他的脚始终未触碰到日本陆地，就这样顺利上到回国的邮轮。

| 二 |

重新回到"以孝治国"的大清国，两种完全不同的氛围，让他再度感到恍惚。

这是他多么熟悉的国家。一草一木，一人一物，亭台楼阁，宫殿庙宇，事无遗细，闭上眼睛也全部知道。熟悉的农耕文明传统，凌厉强悍的太后，很快又熄灭了他在英国燃起的那点现代化的蔚蓝火焰。

随后发生的一件极小的事，让他再度惊悚于皇权威严。

光绪二十二年（1896年）10月18日，结束欧洲之行的李鸿章在向光绪、慈禧汇报外交成果的路上，借路过圆明园的机会，去看重修进展。此举犯了"误逛圆明园"的禁忌。

自咸丰十年（1860年）圆明园被英法联军焚毁后，此地已成为大清国脸面上最为敏感的一块疮疤，被列为"皇家禁地"。慈禧太后批示李鸿章"罚俸银一年"，仍以闲差在总理衙门行走。

回想出行欧洲时，贵以中国宰相之尊，李鸿章与西方政要共享万民瞻仰。在荷兰访问时，荷兰王室在海牙库尔豪斯大酒店的水物凝思宫为他专门举行欢迎宴，席间他心意盎然，当场赋诗一首：

出入承明五十年，忽来海外地行仙。

盛筵高会娱丝竹，千岁灯花喜报传。

回国后他又发现，自己仍是太后手下的一个奴才。甚至连奴才也不是，那是满洲贵族见太后的谦称，他只是大清国的一介臣民，地位低于奴才。

慈禧敲在李鸿章头顶上的这当头一棒，跟同治四年（1865年）正春风得意的恭亲王奕诉被痛贬后从此一蹶不振的功效相当。此后，李鸿章有意远离紫禁城，他想方设法，申请外放去古代用作流放官员的广东省避事，有五岭阻隔，山高皇帝远，至少不再那么压抑。

再被起用做两广总督的李鸿章，完全没有了激情意气。年轻时代的激情，出访欧美时的意气，全都耗散不见了。他从大清国的"裱糊匠"，进一步沦丧成慈禧太后手中的提线木偶。

善于以权术控制百官却对政治愿景全然不懂的慈禧太后，依然在按照她的情绪，根据农耕传统治理大清国。

光绪二十六年（1900 年），因为支持光绪皇帝的改革维新的"帝党"跟慈禧太后牢牢掌控的顽固守旧的"后党"在最高权力争夺上发生激烈冲突，而西方列强纷纷倒向"帝党"，令凌厉强悍的慈禧太后恼羞成怒，她亲自以三军统帅身份，不顾一切后果发动义和团，同时向英、美、俄、法、德、意、日、奥、比、西、荷十一国宣战。八国联军乘胜攻入北京。慈禧太后再次携带皇室，慌不择路逃往西安避难。这距离她第一次跟从丈夫咸丰皇帝仓皇逃往承德避暑山庄，刚好过去四十年。

慈禧终于被自己折腾得暂时没脾气了。待冷静下来，她始终想不通，自己为什么每逢大寿总有大难？五十岁庆典，被中法战争搅局；六十岁大典，被中日战争砸碎。自己不就是想像乾隆皇帝一样，花大清国几年的财政收入，风风光光办一场庆典，让历年为国事辛苦的自己风光一回，当作自我犒赏吗？难道这有什么错吗？国家都是自己的，花自己的钱为自己祝寿，到底招谁惹谁了？

为什么乾隆皇帝一生办寿典从来没事，自己老是出事？她理解为运气太差，西方国家有意跟自己过不去。

为了报复总给自己带来霉运的列强，她以歇斯底里的勇气开战，谁能料到这会是一场更大的霉运呢？

带着光绪皇帝从紫禁城急溜，一路慌乱逃到西安，为了避免被八国联军捉住，她化装成农村老太婆。路上吃苦的日子真不好受，最困顿的时候，她甚至吃不上一个鸡蛋。八国联军要求将主动发起战争的慈禧太后杀头，内心坚强如她，仍不免心惊肉跳。

慈禧让军机大臣传话，只要不杀太后的头，什么都好说，大清国可以保证"量中华之物力，结与国之欢心"。意思是，慈禧太后可以充当列强在中国的利益代理人。

联军总司令瓦德西答应了慈禧的请求，提出展开谈判。两广总督李鸿章躲无可躲，再一次被慈禧太后从边远的广州拎了出来，代表大清国与西方列强谈判。

光绪二十七年（1901年）9月7日，李鸿章代表慈禧太后，在北京签订《辛丑条约》，赔偿战胜国白银本息共计九亿八千万两。

回忆大清国财力极盛之时，在康熙中后期、雍正中后期、乾隆前期与中期，朝廷每年的财政收入，在六千万至八千万两白银之间（其中，雍正在位十三年，财政收入增加了七倍，朝廷年财政收入扩充六千多万两白银）。到左宗棠出兵新疆那年，大清国的年财政收入锐减到六百万两白银（1875年，慈禧太后向左宗棠私透国库家底，仅存六百万两白银）。

垂暮之年的李鸿章，夹在"帝党"（维新运动期间民间称"小孩班"）与"后党"（维新运动期间民间称"老母班"）之间，无从作为，被动受辱，他终于尝到了三十一年前恩师曾国藩被天津教案弄得身败名裂的滋味。那次由曾老师领去全部骂名，自己虽处激流旋涡，但属迎风飞扬，一路凯歌，风光无限，所以虽同是历史当事人，他完全感受不到彻底挫败的滋味。如今身陷同境，细细体味，百感交集。

人一旦能够切身体会到彻骨的挫败跟委屈感，说什么都迟了。人生如果是先苦后甜，晚年还留回味；先甜后苦的滋味，哪里是日暮途穷的老人能够承受得了的？

无限悔恨之中，李鸿章深有反思。他即使以前一度沉迷于升官晋爵，为了升迁不择手段，不像左宗棠那样谋虑深远、志虑忠纯，但在去世的前夜，仍然看出了中国将被列强肢解的三千年未有之大变局，不禁满怀亡国忧虑。

"少年科第，壮年戎马，中年封疆，晚年洋务。"时间过隙无影，历史错误已经浇铸，一切无法重来。回顾行将终结的一生，李鸿章忧心如疾，颤抖着手，在病榻前写下一首沉雄中饱含凄凉的《临终诗》，用以警示后人：

> 劳劳车马未离鞍，临事方知一死难。
>
> 三百年来伤国步，八千里外吊民残。
>
> 秋风宝剑孤臣泪，落日旌旗大将坛。

海外尘氛犹未息，诸君莫作等闲看。

据守护在李鸿章身边的人回忆，李鸿章临终之际仍牵挂国事，死不瞑目。

周馥有一段记录李鸿章最后一刻的文字，为我们部分还原了病榻前最后的场景：

> 比至，相国已著殓衣，呼之犹应，不能语。延至次日午刻，目犹瞠视不瞑，我抚之，哭曰："老夫子有何心思放不下，不忍去耶？公所经手未了事，我辈可以办了，请放心去罢。"忽目张口动，欲语泪流。余以手抹其目，且抹且呼，须臾绝。

李鸿章一生如此丰富复杂，盖棺一时仍然难以论定。

照应本书开头部分，回看左、李青年时代学问与立志的差别，是一根导引左、李不同人生路径的主线。

在晚清大变局的背景里，对比左、李，高官的个人学问修养与志趣节操，可以看出对国家、民族的历史，会有着怎样深刻的影响？

第九章

不同的志节，不同的人生

左宗棠以孔孟儒学立身，李鸿章以纵横术应世。左宗棠将才气、学识、阅历、血性融会一体，李鸿章凭才气、阅历两把撒手锏拼杀于官场、商场、洋场。左宗棠全部遗产仅三万五千两白银，李鸿章身后资财超过千万两。个人终有死，千秋留节名。

学问何处

左宗棠、李鸿章这对因时势、机缘而日益走近的晚清名臣，私交始终停留在普通朋友，两人没有知己之间的真诚无私，没有诤友之间的刚正互助，也没有义友之间的慷慨互励，在国家公事面前，两人绝大多数时候针尖对麦芒，针锋相对，观点基本对立，是公事公办的"政敌"。因此，要用一个词概括两人毕生的交情，或许可以考虑用"敌友"。

作为"敌友"的左、李，两人争夺半生，既夹杂有朋友间的"意气之争"，亦见同僚间"派系之争"的痕迹，但两人主要还是针对内政、外交的"政见之争"。虽然在淮系方面存在利益共同体，但湘系方面利益团体过于松散，加之左宗棠本人未存私心，无论是左宗棠生前还是身后，都没有形成一个明显代表左宗棠与李鸿章在政治上对立、利益方面对抗的集团，所以两人最终并没有真正升级为"朋党之争"。

这是一个颇为耐人寻味的现象。按常理推断，左宗棠晚年两次入值军机，官拜东阁大学士，位高权重，亟须用人，于公于私，构建一个以自己为核心的官僚集团都属正常。而且，将持相同政见的同僚团结起来，为一个共同的政治理想而精诚合作，也是官员实现政治抱负必不可缺的途径。

左宗棠历年来始终没有经营出"利益集团"，原因诸多，除了他没有心生此念，一定程度上也因为他缺乏"朋党党员"。其中一个不可忽视的原因，左宗棠所提携部将如刘典、蒋益澧、刘锦棠等人，武强而文弱，指挥军事能力有余而领袖群伦才华欠缺，即使他在甘肃兰州栽培的学生安维峻等人，性情也失之刚烈，适合做御史而不宜任治民之官。这批部下、门生，刚正有余而文气不足，难以团聚到一起。

因此，与科班出身，依靠恩师曾国藩过硬的政治资源与现成的军事基础得以迅速发迹的李鸿章比较，左宗棠更像一个民间隐士抓住时机趁势而起，将各种社会资源迅速整合聚拢，在中国大地上轰轰烈烈大干一场的孤胆英雄。

左宗棠由民间草野书生入仕，儒学的忠孝廉节，是他十分明显的一根信仰主线。左宗棠迟至四十岁才出山办事，中年后又迅速发迹平步青云，朝廷待他的恩荣、典赏，每每逾越常规，这让他感恩戴德，竭力思图回报，当然不愿再利用名位、声望来谋求个人利益。同时，非科班出身的经历，让他既缺少官场"同年"，也没有官场"利益共同体"，自然没有大员可以稳固结盟，平时只能公事公办。

作为先秦儒学的忠实信仰者，左宗棠在童年时习得儒学的诚意、正心，将忠、孝、廉、节作为信奉，规牢了他毕生的忠心。他为官办事的手段、方法，依靠的是孔孟儒家加申韩法家。前者是他的理想主义，后者是他的现实主义。

左宗棠如此总结他这种融理想与现实为一体的人生心经："造物所忌者巧，万类相感以诚。"

崇朴、尚诚、明强，左宗棠对事业、对朝廷的忠心，某些时候达到近似愚忠的程度。

当一个人对一门学说忠诚到完全无我的程度，便可以称为信仰。左宗棠忠于儒学大于忠于朝廷。这从他同治十二年（1873年）大胆冒犯慈禧太后的心意，不惜将慈禧太后安插的亲信、乌鲁木齐提督成禄拉下马可以看出来。

如果说，左宗棠办事的动力源在儒学信仰，李鸿章办事的动力源，则在官阶势利。

跟草野民间成长的举人左宗棠不同，李鸿章早年考中进士，仕途虽然也遇到一些艰阻，但在同龄人中已算最为顺畅。

学问优长的李鸿章，跟曾国藩、左宗棠最醒目的不同，偏偏就是他最不相信道德文章，他因而最终成为一名"不学无术"的权臣。这大概跟李鸿章早年科场十分顺畅存在一定关系。从心理学角度看，人往往缺什么才补什么，越是拥有，越不珍惜，李鸿章后来的经历，能充分印证这点。

回看早年在京师、安徽两地为官，李鸿章见惯了晚清官场的套路加忽悠，内心对那些写在书本上的道义，其实是已经不信了的。在现实无数次的血与火的考验面前，他看懂了，也看破了，他相信成功唯一需要依靠的是实力。一旦事权到手，他不惜打破传统，大胆起用清一色的大老粗，所有行军打仗，治国安民，办理外交，根本没将学问、道德放到眼里。

这种心理，也是绝大多数在世俗人生取得事业成功的人的通病。人在得势与辉煌时期，最不容易相信的一是道德，二是学问，除非在风光的路上遭遇了一次极大的挫折，提早看清人生除了成功之外，还有更多更重要的价值，才能够从迷醉的成功中跳脱出来。作为晚清最年轻的巡抚，李鸿章直到甲午海战失败之前，可以说是人生事业最为顺利的命运宠儿，善于把握每一次晋升机会的他，没有机会体验到什么是真正的大挫折。

实用至上的李鸿章，为官的心路转折，发生在知天命之年。

二十岁到五十岁，怀满腹学问的李鸿章还只是看不上"书呆子"，除了迷信官阶势利，他什么也不相信；但到五十岁那年，他连封赏给自己官阶势利的朝廷，也都发自内心地不相信了。

这一心态的产生，跟恩师曾国藩的事业遭遇应该有着较大的关系。曾国藩无疑是晚清最为杰出的政治家、学问家。作为跟随曾国藩多年的"政治秘书"，没有人比李鸿章更了解曾国藩的政治运作手腕；在二十二岁时便拜曾国藩为师，大概也没有人比李鸿章更知道恩师理学"诚"字的内涵。

担任江苏巡抚后，李鸿章的政治手腕事实上已经胜出曾国藩一筹，无论是他杀太平军降将让曾国藩惊叹式地点赞，还是他通过收拾天津教案残局而实权居于恩师之上，都能够充分说明这一点。这让他不再毕恭毕敬相信老师。真正让李鸿章纠结甚至有所鄙夷的，很可能正是曾国藩学问中的"诚"字。曾国藩用"诚"字办理天津教案，非但没能如愿成功，反而令自己千夫所指，"外惭清议，内疚神明"。事实胜于言传，精明如李鸿章，即使不在内心嘲笑老师迂腐，至少觉得以"诚"为官的学问绝不可取，这就是他为什么不惜当着老师的面回应以"痞子腔"办外交。他事实上是有意用叛逆的姿态否定理学的作用。

政治手腕只有工具价值，道德学问没有实用价值，在内心深处，背师而行的李鸿章，开始去确定什么是真正能够让自己放心的价值。

年轻时"以诗言志"，梦想"拜相封侯"的李鸿章，毕生有一种强烈的出人头地的冲动欲望。在官场上钩斗，在战场上厮杀，积半辈子生命经验，李鸿章认为自己找到了价值归宿，人生不过是及时享用，什么道德、学问，都是教育别人时才用的，人生的真相，只有势与利是真的。而权势与利益似乎对李鸿章格外垂青，三十九岁出任江苏巡抚时，曾国藩便请他在富得流油的上海、苏州征税，用以支援湘军军饷，真是要风得风，要雨得雨。一旦势利兼具，天资豪迈的李鸿章骨子里免不了有一种鹤立鸡群之后沐猴而冠的心理。因为内心没有义理的归宿，他特别在意外界眼光，每以世俗的标准为标准，势、利两方面的条件一旦具备，他开始迷醉于漫无节制的虚荣，似乎这是作为生命体的人唯一实在且靠得住的东西。

事实为例，同治十年（1871年），四十八岁的李鸿章担任直隶总督。这年，直隶地区暴雨成灾，河道决口，农田被淹。就在这种"饥黎满目，生计毫无"的情势下，李鸿章却开始不合时宜地筹备"铺张陈设为一时之盛"的五十寿辰庆典。

同治十一年（1872年）2月13日，李鸿章五十寿辰正日（虚岁），部属亲朋、同僚故旧纷至沓来，众人送寿联、致颂词，极尽阿谀，有人吹捧他"武功吏治与畿辅澹灾之政，人争道之"，他明知是一派奉承，却并不觉得肉麻，一并笑纳。

祝寿当天，排场可谓贵宾满座，冠盖如云。李鸿章在保定接受属员、亲友谒贺迎寿，筑台演戏、大摆宴席。据目睹现场盛况的曾国藩幕僚赵烈文记录：当时总督衙门内外"宾客盈门，烛爆如山，组绣成队"，"无虑千人，人气如烟云，声如闷雷，目为之炫，耳为之震"。观摩之后，赵烈文在当天的日记里不忘加上一句感叹："噫！繁盛至于极矣！"

在乱世残阳照壁的时代布景里，这种酒池肉林的盛景，同饥民蔽野的惨相，形成鲜明对照。

对比去看，左宗棠一生没有过大办寿筵的记载。唯六十岁那年，次子孝宽在长沙司马桥老家装修房子以迎寿诞，花去两千两银子，遭父亲反对，被痛骂一顿。左宗棠一妻一妾，四子四女，每年家庭饭食费用限二百两白银，这是真正的"享下等福"的家庭生活标准。左宗棠每年数万养廉银，百分之九十五以上都捐赠给了社会，或者用于急需的国事开支。在没有任何回报，且无人监督、无人点赞的前提下，这是私德中的"慎独"。

轶史称左宗棠在西北期间，每餐只吃窝窝头，舍不得吃肉，这种过于廉洁的说法，未免有点过于夸张。左宗棠年轻时爱喝酒，喜欢吃鱼，平时真正该花钱的地方，也从不吝惜，包括该有的用于显摆的排场。他以"享下等福"的标准规定生活，应该是多年养成的习惯，以及学问修养驻心之后的自律。左宗棠在西北期间发明了"宫保袖"，则是多年农村生活养成的朴素习惯，他从这种生活习惯中得到一种满足感，而不是压抑自己的本性，以适应社会心理的期待。左宗棠担任浙江巡抚之初，曾一次性个人捐款七千两白银，但他反对手下官员学样。在个人私德领域，他主张因人而异，尤其注意不对他人"道德绑架"。因为这是圣贤教导儒家士大夫在义理上应有的情怀，左宗棠不能违背。

李鸿章不同。入军旅办事后，因为不愿意身体力行曾国藩理学的"诚"字，李鸿章为人修养方面远不如其师。他的自我克制力经常被意气冲激，平日里的自我修饰能力，比一个普通山民甚至不会更好。官阶势利、虚荣炫耀，这些都属于普通人性中的贪婪跟欲望，儒家士大夫用道德、义理自我克制住了，但李鸿章一样也没有落下。经元善有两句话评价李鸿章，可谓意味深长："前半生勋业，后半截世故"；"未来之事不思，既往之事不追，当境付物。"

随着年齿日增，权势日益煊赫，不信朝廷、不信老师、不信书本的李鸿章，耽逸习气和虚荣心暴露无遗，这为他成为晚清衰世的"裱糊匠"铺垫好了最后一级台阶。

也正是为政生涯中表现出来的上述截然差异，让后世如此总结评价曾、左、李三人："曾国藩拼命做学问，左宗棠拼命办事，李鸿章拼命做官。"

|二|

李鸿章的中年至晚年，官本位的"实用主义"既然取代一切，头顶没有信仰，内心没有自律，带来的后果，自然需要他内心慢慢消化。

梁启超作《李鸿章传》时，绪论中称"吾敬李鸿章之才，吾惜李鸿章之识，吾悲李鸿章之遇"，正文里仍忍不住要批评他"不学无术"。

这里的"学"，指儒学的道德、义理，是李鸿章考举人、进士时在考卷上作答的内容，李鸿章当然不是不再懂得，是他在修养身心时没有按照圣贤的教导去做，在办事时没有遵循圣贤说过的道理，导致人与经典割裂，书本是书本，人是人，也就是说，道德、义理没有内化于心，变作自觉的行为，只在应付考试时才用。

梁启超敬重李鸿章的才，指的是办事才能。李鸿章办事才能确实不凡，尤其是在洋务商业布局方面。军事上也可以与左宗棠比肩，甚至在左、李合作剿捻期间，他已经胜出左宗棠一筹。梁启超这样评价他，基于这样一个事实，左宗棠身后十六年里，没有第二个人在办事能力上超过他。后世可以说李鸿章有各种欠缺，也可以说清末万马齐喑，但无法否定的是，晚年的李鸿章，仍是在他所处时代才干最为杰出的人。

梁启超惋惜李鸿章见识不到，指李鸿章不懂"国民之原理，世界之大势，政治之本原"，这似乎有点苛求。李鸿章是办事之人，不是传教之人。他比较日本与大清国政体差别，已经看见了国民，也指出了官员代理皇权导致朝廷与群众隔膜的问题，只是他提出解决问题的方法是朝廷整顿吏治，实行开明君主专制。作为最早发现晚清处在三千年未有之大变局的李鸿章，无论为官办事的见识，还是洞察历史的识见，事实上都超过了同时代大多数人。只是，他宁愿选择咸与维新，不愿以一种历史的担当与开拓者的勇气，在思想层面上推进时代罢了。他之所以不愿意做，或许用得着他自己一句意味深长的话，"一代人只能干一代人的事"。我们可以说李鸿章缺乏士人的弘毅精神，缺少"知其不可而为之"的勇气，但很难否定他比同时代绝大多数人更有见识。

梁启超悲叹李鸿章的"遇"，主要是指遭遇。也就是说，李鸿章不幸遭遇了甲午海战、向八国联军开战等一系列国家重大灾难，内忧外患，声名被毁。但笔者更倾向于理解成境遇。处在凌厉强悍的慈禧太后垂帘听政的政治大环境里，李鸿章后期主要在为皇室的错误决策当替罪羊。

梁启超曾跟晚年的李鸿章当面接触过，传闻梁还游说李取代朝廷做总统。知人论世，梁启超下笔虽偶有偏袒，但总体趋于客观。

李鸿章在生时曾自诩"生平不解空言高论，只知以实心办实事"。意思是自己不尚空谈，只知埋头实干。他的办事能力确实不输左宗棠。但他并没有看到，"实用主义"的办事手段之外，人还需要有超越实用的理想情怀。

曾国藩办事有学问道德与义理准绳，他信奉"禹墨为体，黄老为用"。禹墨即大禹、墨子。大禹治水，三过家门而不入；墨子助人，摩顶放踵而为之。也就是不怕辛劳。黄帝、老子是道家开创者，道家以阴制阳，以弱胜强，以柔克刚，守清净，顺自然，以无为而治天下，也就是尊重规律。

左宗棠办事也时刻以古人的义理、道德做自我对照，信奉"孔孟为体，申韩为用"。孔孟一体，孔子主张仁爱，孟子主张仁义，仁爱者有善心善念，仁义者追求公平正义。申韩并用，申不害讲势、韩非子讲法，法势并用，可以治军，可以外交。孔孟让人"内圣"，申韩让人"外王"，"内圣"用作王道治民，"外王"用于霸道治军，毕生践行"内圣外王"，自己可以名垂青史，丹心永照汗青。

李鸿章呢？"义理、考据、辞章、经济"，全被一句"以实心办实事"概括，只有路径，不见方向，在大变局的时代里，他的才干、见识，全用于具体的事情，一切根据时势与现实计算而定，单个去看，可圈可点，一旦整体观照，便显得散乱无章，自我冲突，缺乏一根一以贯之的主线，个人历史形象因此既丰富，又复杂。

令人不无惋惜的是，李鸿章直到晚年才自省到这点。他拿自己跟恩师曾国藩比较，不无惭愧地说：

> 我老师道德功业，固不待言，即文章学问，亦自卓绝一世；然读书写字，至老不倦。我却愧一分传受不得，自悔盛年不学，全恃一股虚矫之气，任意胡为，其实没有根底。现在真实学问，已用功不进，看《通鉴》稍知古人成败之迹，与自己生平行事，互相印证，借以镜其得失，亦尚觉得有点意趣。

这种桑榆已晚的自愧，并不是他真心实意的悔改，只是以自悔求得心安而已。

曾国藩晚年时，曾以自身多年阅历、心得多次提醒李鸿章，要他切记：

即数十年办事之难，难在人心不正、世风不淳，而要正人心，淳世风，实赖一二人默运于渊深微漠之中，使其后来者为之应和。

这等于给他指明了儒家士大夫肩任变局的道路与方向，一二个仰望头顶星空的人，凭借自己的学理洞见，可以为自己的国家、民族找到出路，让千百个应和者呼应跟从，实现个人的时代使命。

曾国藩这句话在后世事实上完全得到应验。梁启超受湖南巡抚陈宝箴聘请担任长沙时务学堂中文总教习，通过长沙向全国播下维新的火种；二十年后，毛泽东在湖南省立第一师范学校创办新民学会；毛泽东通过新民学会，将陈独秀创办的《新青年》杂志的新思潮带进湖南，他与赴法留学的蔡和森并肩合作，成为发起成立中国共产党组织最早的核心骨干成员。毛泽东在第一师范就读时，以梁启超为文章榜样，系统读过曾国藩的著述，他在比较无政府主义等一系列思想后，最终为自己的国家、民族找来了共产主义。

将清末民初的历史贯通起来看，三千年未有之大变局的时代，急切需要透彻学问之"大本大源"的精英来引领国家与民族的未来。李鸿章显然达不到这个高度，无论是青年翰林、中年戎马，还是晚年外交时期，他都接近于办事人的形象，缺少思想层面的思考。以曾国藩身后三十年李鸿章的经历作为对照，他似乎完全忘记了恩师的嘱托。

李鸿章一生可悲、可叹、可惜、可怜，根源不在别处，恰恰在这里。梁启超评价李鸿章生平只有"小智小术"，而无"大本大源"，笔者以为道出了关键：

史家之论霍光，惜其不学无术。吾以为李鸿章所以不能为非常之英雄者。亦坐此四字而已。李鸿章不识国民之原理，不通世界之大势，不知政治之本原，当此十九世纪竞争进化之世，而惟弥缝补苴，偷一时之安，不务扩养国民实力，置其国于威德完盛之域，而仅撷拾泰西皮毛，汲流忘源，遂乃自足，更挟小智小术，欲与地球著名之大政治家相角，让其大者，而争其小者，非不尽瘁，庸有济乎？

换成白话，历史学家评价霍光，确实是一代英雄，可惜不学无术，最终缺乏境界，我以为李鸿章不能成为晚清超凡脱俗的大英雄，也是受限于不学无术的原因。李鸿章不懂国民的原理，不通世界的大势，不知政治的本原，更不知道19世纪是一个国家在竞争中求发展的世界，他只知道做裱糊匠，苟且偷安，不去培育国民的智识才干，将国家引向实力强大、道德完善的高度，只从西方学来一点器物的皮毛，对大本大源视而不见，听而不闻，遂自我陶醉其中。他凭借和戎的痞子手段跟纵横之术，试图跟世界一流的大政治家比试高下，这种捡了芝麻丢了西瓜的做法，方向错了，不是李鸿章为国家不尽力，而是方向错了，再努力也没用。

梁启超所谓的"大本大源"，是大变局酝酿新旧转型之际的新思想，新学说。不说这点李鸿章完全不具备，但即使考以传统儒释道三家的现代传承，李鸿章也一鳞半爪，一团乱麻。李鸿章学问新旧驳杂，道德漂浮游移，成色不纯。他个人在晚清大变局历史演进中的作用，也用得着梁启超那句评价："是为时势所造之英雄，非造时势之英雄。"

凭借机灵"智术"在官场内扶摇直上的李鸿章，因学问道德与义理缺失，在用人方面对家国造成的耽误，连他的女婿张佩纶（民国著名作家张爱玲的祖父）也看不下去了。一次，张佩纶在致朋友的书信中说："合肥（李鸿章）素仁厚，止以喜用小人之有才者，晚年为贪诈所使，七颠八倒，一误再误。"

左宗棠身后，为大清国承担无数艰难的李鸿章，事实上也为自己"学问不到"付出了代价。朝廷对他成色不纯的"智术"，事实上也始终清醒。所以他晚年在实权上始终无法再上台阶，在官品上也无法提升境界。

李鸿章事实上也为自己的机灵"智术"承担了声名的代价。直到光绪二十七年（1901年）11月7日李鸿章去世，朝廷才"诏赠太傅，予谥文忠，晋封一等侯爵，入祀贤良祠"。对比去看，左宗棠在六十五岁时便晋升二等侯爵，六十八岁便入值军机，这些生前的实权与官品，是李鸿章所不具备的。说明慈禧对李鸿章的认识始终还是清醒的。李鸿章死后的一等侯爵，更多是象征意义，有身后弥补的意味，含金量打了折扣。

当然，左宗棠也为自己统一事权而不惜多次顶撞甚至逼迫慈禧太后付出了代价，他以足以分封王公爵位的功业，最终只获得二等侯爵地位。但民间对他的高度评价足以掩盖朝廷封赏的克扣。其中的曲折原委十分复杂，笔者在下部作品《左宗棠与曾国藩》中，会用上万字的篇幅详细陈述。为了不枝蔓主题，这里暂且简略。

血性学识

比较之下，左宗棠完全不同：四十八岁前，左宗棠因乘太平天国运动时势而起，属"时势造就的英雄"；四十八岁到七十三岁，左宗棠主动谋国，事实上变身成了"造就时势的英雄"。

虽然历史从来不容假设，但我们可以依照逻辑做出合情合理的推断：中国如果从咸丰三年（1853年）到光绪二十七年（1901年）没有李鸿章，他所承担的职事，一定有能力大致相当的人替代；中国如果从咸丰二年（1852年）到光绪十一年（1885年）没有左宗棠，他所选择的事业将不见于历史，因为没有第二个人可以替代。

但左宗棠同样存在自己的问题，这在他崛起的起点上已经决定。作为草野民间成长出来的独立士人，他独有的"清气"与个人素质中的"明澈"，让他的家国事业理想能够取得空前绝后的大成功，却很难有第二个人能够跟进与延续。因为，能有他那样的天资禀赋，又同时遭逢崛起机遇的人，万中无一。

左宗棠四十岁前潜居民间，结识了不少奇人异士，加之他本人童年时性格孤异，导致他日后所赏识或提携的人才中，办事能力超强是共同的，但个性大都失之偏狭。这也是他用人的一个瓶颈。

以史实辅证，他所赏识的甘肃文人吴可读，是一个为了让慈禧还政光绪而不惜"尸谏"的人，吴氏其人，让人多少感觉失之迂腐；左宗棠在甘肃贡院四千考生中发掘、栽培的解元安维峻，其人霹雳正义，时人议论失之刚烈。

因此，虽然左宗棠与李鸿章在生时栽培、提携起来的各地督抚级官员同为十二人，但在影响身后人才，尤其是改善官场生态环境方面，与曾国藩比较，左宗棠与李鸿章一样，都存在程度上的不足。因为左宗棠门生政治才干普遍短缺，他们为官清正廉明，却不懂得把握国家权力，李鸿章的门生袁世凯便乘势而上，袁世凯秀才出身，其功利实用之心，比老师李鸿章有过之而无不及。李鸿章去世当天，清廷即发布任命书，袁世凯出任代理直隶总督，兼充北洋大臣。此后，宣统皇帝退位这样的国家大事，也由袁世凯一手操持了。

左宗棠在培养人才方面政治运筹能力存在程度不足，时人已有议论。光绪五年（1879年），张佩纶与张之洞一次聊天后，在《涧于日记》中以陶澍身后影响为例，专门论及晚清人才，其中有两段评述，值得今人参照。

其一：

> 道光以来人才，当以陶文毅为第一。其源约分三派：讲求吏事，考订掌故，得之在上者则贺耦耕，在下则魏默深诸子，而曾文正总其成；综核名实，坚卓不回，得之者林文忠、蒋砺堂相国，而琦善窃其绪以自矜；以天下为己任，包罗万象，则胡（林翼）、曾（国藩）、左（宗棠）直凑单微。而陶（澍）黄河之昆仑、大江之岷也。

其二：

> （左宗棠）虽大功告成，而计才太刻，相度不宏，绝无传衍衣钵者。

放进中国大历史中对比观照，左宗棠主要事功在军政，在用官、治民方面，他虽然也取得诸多成功，但跟历史上的改革家王安石、张居正作为类似，一代而终。

今天去探求左宗棠改变后世学问、陶冶风俗人情，其最见现实功效的地方，在于他开启了中国近代理工技术"实学"风气之先。左宗棠为官理政后，将中国传统"实学"与西方的科学技术结合起来交替运用，为中国从传统农耕文明向现代工业文明过渡，奠定了第一块基石。无论是他同治五年（1866年）在闽浙总督任上创立福州船政局，还是其后督办陕甘军务期间创办兰州制造局、甘肃织呢总局，均起到开风气之先的作用，而甘肃织呢总局作为中国首家民族轻工业企业，试图通过工业化来解决民生困境的方向，事实上成为此后中国工业发展方向的参照，历史意义更为深远。

同时，左宗棠将英国的公园第一个引进到甘肃，在兰州总督府边创建"节园"。其现代理念与民生意义，到今天依然没有过时。

左宗棠去世二十年后，八股取士取消。他当年所习的理工技术知识，成为所有新式学堂传授的主课。对三千年来一直缺乏科学知识与科学精神的中国人，左宗棠无疑抓准了晚清大变局的历史走向，在知识与技术的层面，无意中起到了先知与拓荒者的作用。

比较去看李鸿章，在中国由农耕文明向工业文明艰难转型的三千年未有之大变局的时代里，李鸿章通过"洋枪队"将西方现代武器装备的军队学来，用于改造大刀长矛的旧式军队，对促进中国传统军队全面向现代化军队转型，起到了先驱作用。他在洋务运动中不限于军事工业，诸如铁路、电报、矿务、银行、股票，全面引进，为农耕中国向工业中国迈进，打下了扎实的基础，作为词工文臣出身的官员，他能够突破自身固有的局限，准确把握"师夷长技以制夷"的方向，在器物与社会的层面，无疑也起到了引领与推进的作用。

左、李相似的性格特点，均才高气大、目标远大。对于这点，《清史稿》作者赵尔巽曾有过写实的评述：

李鸿章"惟才气自喜，好以利禄驱众，志节之士多不乐为用，缓急莫恃"。

左宗棠少年时代"喜为壮语惊众，名在公卿间。尝以诸葛亮自比，人目其狂也"；中年以后"锋颖凛凛向敌矣，士论以此益附之，然好自矜伐"。

就个人特质而言，两人不同之处在于：

李鸿章生平自负于才气，将自己看得高人一头，对部下习惯以金钱、官爵之类利益刺激加以笼络，事实上并没有真正得到他们的心。因此，那些自持风骨、自重操守的人才，均不乐意附从他，替他出力办事。

左宗棠同样自负于才气，少年时代曾被人看作"狂生"；待中年出山办事后，他的才气转化成进取的锐气，刚毅过人，身先垂范，部属对他都发自内心地敬佩，自愿鞍前马后跟从他，效死疆场，建功立业。待左宗棠位高权重、声名显赫之后，也免不了顾盼自雄，以"天下第一"自居，虽然"惕励"如他，内心仍能保持足够的清醒与克制，但多少给后世留下一些话资。

通过比较左、李这点，大约可以得出一个结论：少年自负式的意气，是成大事者需要具备的一种强烈自信的资质。毕竟，成年后事业道路无论顺逆，事实上都充满了坎坷，遍布着荆棘。少年意气是一个人建功立业的朦胧初心，是出人头地的原始动力，它可以支撑着人在事业的道路上不畏艰巨、义无反顾。

在个体修养气质上，左、李最根本的不同，可以借梁启超评价李鸿章的一句话做参照："李鸿章有才气而无学识之人也，有阅历而无血性之人也。"

以才气、学识、阅历、血性为标尺度量，李鸿章缺少学识、血性；左宗棠四点同时备于一身，每一点都达到相当的程度，确如他早年的自励联："养天地正气，法古今完人"。

左宗棠童年与少年阶段接受"忠、孝、廉、节"的文化浸染，这一文化对人核心的影响，在保养了人天性中的羞恶之心。

孟子说：

> 恻隐之心，仁之端也；羞恶之心，义之端也；辞让之心，礼之端也；是非之心，智之端也。

每个人良知中的大义情怀、正义品格，不来自别处，正来源于天性中的羞恶之心。即是说，羞恶之心是激发个人血性的源泉。

性格刚直、大义行世的左宗棠，称得上是三千年来湖南最具血性的代表人物之一。他二十一岁会试时作诗关切新疆安危，二十四岁时题写"身无半亩，心忧天下"，便是内心血性激荡的结果。他四十岁出山，以民间人士身份毅然担当湖南一省安危，六十三岁时不畏艰巨率师收复新疆，直至抬棺出征，也是血性激励下的大义表现。

回看本书开头，就才气而论，李鸿章二十岁那年表现的诗文才气，已经高出左宗棠。他的办事才气，在合作剿捻时也表现得至少不输于左宗棠。李鸿章独立领军虽然比左宗棠晚出两年，但他的军事阅历也几乎可以跟左宗棠比肩，他悠游官场、周旋洋场的阅历，似乎比左宗棠更为丰富。尤其是，左宗棠晋升东阁大学士一年之后，李鸿章顺利晋升文华殿大学士，两人同处在内阁宰相的显赫位置上，李鸿章在最高权力中枢内长袖善舞的能力，也似乎要比左宗棠胜出一筹。

但令人惊异的是，跟左宗棠创始中国近代海军、收复新疆、护卫台湾、开创"中国第一家机器国货工厂"等无数功勋卓著的事功标签不同，李鸿章身后，很难找出一个明确的代表性功业来代表自己。即使抛开他签订的近三十个丧权辱国的条约不看，李鸿章也几乎很难找出令后世口口流传的功业以供传颂。

李鸿章身后形象如此驳杂，他的个性特征同样令人难以概括。

比较去看，左宗棠的性格特征十分鲜明，时人概括为"刚直"，他自认为是"忠介"。

本书中以"机灵"称谓李鸿章，只是他性格中的一面。曾国藩当年称他"性情高傲，心高气盛，急躁、傲慢"，说的也都符合后世观感。

李鸿章擅长政治手腕，毕生不乏政治投机，却很难说他"圆滑"，因为关键时刻他能担事；李鸿章以"痞子法"办外交，以"纵横术"应对列强，劳心劳生，疲于奔忙，却又很难称得上是卓越的外交家。民间有一种戏称，说他是卓越的"斡旋家"，姑妄言之。

站在心理学的角度说，一个人的性格、学识与他的行事作为，往往具备逻辑一致的贯通性。也就是说，我们知道一个人是怎样的性格，具备怎样的学识，基本就可以判断他会做什么事。至于事功大小，全凭个人才气高低。

伟人之所以为伟人，在于他性格、学识、行为全部贯通，三者配合天衣无缝，且将之发挥到一个相当的高度，有时甚至达到炉火纯青、出神入化的地步。

君主能达到这个境界，是一代圣主；重臣能达到这个高度，是一代名臣。

普通人之所以是普通人，固然是因为才气有所缺乏，但最根本的原因，还在于性格、学识、行为混杂，内部逻辑彼此冲撞，自我损耗掉了。

以李鸿章"八千里外觅封侯"的浩荡才气，"性情高傲，心高气盛"的性格，以理学"诚"字立身的学识，却有着"痞子法""纵横术"的作为，其内部不但逻辑混乱，而且剧烈冲突，有如一架正翱翔万里的飞机，一边油门加到最大，一边刹车踩到底，在高空翻滚跌宕。

这时再回看前面说的"曾国藩拼命做学问，左宗棠拼命办事，李鸿章拼命做官"，左、李各自得失，我们或许又会有新的发现。

血性于人虽然有强弱之分，但对每个人而言都不可缺失，因为有血性的人才有信念，甚至信仰。信念与信仰一以贯之，有如纲举目张，可以让人自我理顺性格、学识、行为三者的关系，而不至于逻辑混乱，自我冲突。

作为身处三千年未有之大变局的重臣、名臣，缺学识又少血性，这大概正是李鸿章身后受世人诟病的修养气质方面的根源，也是他进入中年后一度由重臣滑向权臣的个人素质方面的原因。前述李鸿章个人的诸多问题，大都可以在这里找到答案。

我们此时回头再对照看本书开头，导致这些差异的原因，在两人求学与立志的起点阶段，事实上已经基本确定了后来的方向。

同为晚清官员，衡量左、李官品、官德，最重要的一条标准，是清廉。

最后，我们比较去看，左、李生平清廉程度及身后子女状况。

李肥左瘦

先看左宗棠，他身后到底留下多少遗产？

可供查证的有以下几笔：

给每个儿子五千两遗产，自己留备五千两，合计二万五千两。

长沙司马桥住宅，当年由骆秉章、胡林翼各出五百两买下赠送，孝宽又花去二千两装修，合计三千两。

孝宽买下邻居戴敬堂的房子，同时购得长沙府城隍庙地基一块，花三百两。

在湘阴有柳庄田屋、石湖田屋、板桥田屋各一处，价值合计一千两。

在湘阴板石坳为夫人周诒端买下墓地、田亩，花去一千两。

在天鹅池为长子孝威夫妇买下墓地，在河西买下墓田，价值一千两。

出山前自建柳庄，花去白银九百两。

左氏全部遗产加起来，约合三万五千两白银。

这笔财产，对普通农家，仍是巨产；对乡绅家庭，只能叫中产；对封疆大吏而言，已属至清至廉。

与同时期人物比较，便一目了然。

曾国藩一生也至清至廉，生前财产亦多数散去，死后仅余下一万多两白银供办丧事。曾国藩虽然表里如一，但曾国荃贪财，他在湘乡为兄长建造一座富厚堂、买下一千亩田产，遗产价值过五万两，比左宗棠还是要多一些。

李鸿章遗产之巨，超出想象：容闳说达四千万两白银；李鸿章相关传记说，他的家产超千万两，家族兄弟财产也有千万两，两相合计在两千万两。笔者首先通过外围核对，发现李鸿章的兄长李瀚章积遗产达七十万两。所带淮军部将，积遗产多者是郭松林，达四百万两白银。

因为李鸿章没有像左宗棠那样，亲手培养出类似"晚清首富"胡雪岩这样的商人，加之其创办的企业均属于官督商办性质，利润无论高低，全部属于朝廷财产，其私人所得钱财，可以确定不是来自合理合法的商业收入，从这个意义上说，除了出任督抚期间每年所得的四万两白银的年薪，多出来的部分属于贪污受贿。也正是李鸿章在生时过于打眼的不合法收入，时人多有议论，后世因此流传一句话："宰相合肥天下瘦。"

李鸿章无疑是爱财的。

有轶史记称，李鸿章晚年去欧洲考察，有个习惯性的爱好，逢人喜欢问人家年龄多大，家里存款多少。

随行秘书告诉他，年龄、存款在西方国家属于个人隐私，当面问人有失礼貌。李鸿章听了不以为然，根本不当回事。

考察英国期间，某工头带李鸿章参观大工厂，观摩完毕，李鸿章跟工头私下聊天，突然问，你统领这么大一家工厂，年薪是多少？工头愣愣地站着，想了一会儿，回答说，他除了正规的工资，再没有其他收入。李鸿章死死地盯着他的手指，伸出食指指着笑道：你确定没有说谎？你手上戴的这颗钻石是怎么得来的？

这段故事传播出去，欧洲媒体一时间传为奇谈。

梁启超这样分析：

> 世人竞传李鸿章富甲天下，此其事殆不入信，大约数百万金之产业，意中事也。招商局、电报局、开平煤矿、中国通商银行，其股份皆不少。或言南京、上海各地之当铺银号，多属其管业云。

意思是说，时人纷纷传言李鸿章是大清国的"首富"，梁启超认为这种猜测过于夸张，不可取信。说李鸿章有几百万两银子的产业，这是可以确定的。他为什么有这么多钱呢？因为招商局、电报局、开平煤矿、中国通商银行，这些富得流油的企业，李鸿章都私人入了股，另外还有一些私人开在南京、上海等商业繁华地段的当铺、钱庄。梁启超这里依然缺乏确切史料，只是凭传言、观感作出推测，结论照旧模糊。而且，朝廷高官在官督商办的国有企业里私人入股，可以确定是违背大清政策法规的暗箱操作。

要最大限度估算李鸿章最真实的遗产，还得借助其他材料。

笔者查得其孙辈李国超保留的一份《分家合同》，为我们揭开了李鸿章部分财产之谜。

这份《分家合同》共有十一条，合同主旨，是将房屋、田产等不动产分配给三个儿子继承，主要条目如下：

一、房产：省城安庆十四处房产；庐州府、巢县、柘皂村、六安州、霍山县等地至少每地一处房产；上海一处房产（洋房），价值四万五千两；江宁二处房产（包括江宁学馆）、扬州三处房产。

二、田产：庄田十二块、坟田一块、堰堤一道；合肥县撮城庄田一处；合肥县田产二处，庄田三处，墓地一处；合肥县、巢县、六安州、霍山县田产；合肥县东乡墓地及祭田。

三、产业：安徽桐城产业四处；扬州当铺一处。

将这些产业统计出来，加上李鸿章在安徽省内拥有过百万亩的田产换算成银两，其身后遗产在二千万两左右。

但民国学者沃丘仲子（费行简，1871年—1954年）评价李鸿章的一段信息，推测的数目又有所不同：

> 其所荐拔官吏，如周馥、龚照玙、盛宣怀之流，非庸碌即贪劣。创举实业，则官私糅杂，无复条理，而招商轮船、开平煤矿皆有鸿章虚股甚多，及殁，家资逾千万。

这里估算的是超过一千万两。看来，要完整精确地统计出李鸿章全部真实的遗产，还有待李鸿章研究专家了。

左、李子女境况也不相同。

与李鸿章本人投资商业，鼓励后人经商不同，左宗棠虽然毕生大力推动社会发展商业，但不许子孙后代经商，其理由是，文化人的专业是读书明理，能够做好学问已经不容易，根本分不出精力去经商。

左、李后辈受言传身教的影响，职业方向也大异其趣。

李鸿章有三个儿子：李经方、李经述、李经迈。李经方在江苏、浙江等地做过按察使，后担任驻英大使；李经迈担任过驻奥地利大使；李经述虽然过世较早，但也曾跟随李鸿章出使外国。2019年秋，笔者在安徽合肥李鸿章故居观摩时看到，李鸿章子孙后代至今过百，以经商者居多，大多成为时代商贾，富甲一方。今天所看到的李氏故居，据说仅是他当年送给四个兄弟的一处，还是被大量拆迁后保留的一小部分。当地流传一种说法，当年的李宅占据半个合肥城。笔者当时想起李鸿章当年私下反对左宗棠收复新疆之时，在朋友书信中称是"豪举"。李宅当年应该动用了上万民工，热气蒸腾的修建场面，或许也可以称作"豪举"。

左宗棠生有四子：左孝威、左孝宽、左孝勋、左孝同。左孝威跟随左宗棠在兰州军营做过见习生，因感染风寒，引发旧疾，于二十八岁英年早逝，身后留下三个儿子；二子左孝宽选择了学医，成为湖南地方乡医；三子左孝勋做过兵部主事；左孝同入仕做官，在左宗棠身后做过江苏提法使、布政使等职。左宗棠子孙后代至今近五百人，多从事科学技术研究，以教授、医生、工程师、作家居多，其中不乏政要、名人，但多数持身严谨，为人低调。

左宗棠故居柳庄，是他三十一岁前用三年教书所得的九百两银子修建，典型的乡下秀才民居。曾国藩故居富厚堂系曾国荃在打下天京后帮大哥所建，花去六千串钱，相当于六千两银子。巧合的是，左宗棠在楚军副统帅刘典去世后，因其家贫无以安葬，私人赠送给刘典家人六千两银子，以示友情关怀。左宗棠晚年仍以柳庄的自然淳朴为乐，不愿再修建侯府。只是最近几年，柳庄被巨资修葺一新，开始颇显富豪之气，跟昔日秀才风味日见距离。

笔者因长年研究左宗棠的机缘，与左氏嫡长玄孙左文龙有过较多接触交流，老人家如今已经年过八十岁，精神依然健旺。2017年端午节，笔者应邀去甘肃兰州"金城讲堂"做《左宗棠百年家教家风》的讲座，特邀左文龙同行。沙龙对话结束后，老人家只身一人去黄河坐羊皮筏，胆气大概为多数同龄人所不敢。羊皮筏里的左文龙的头顶上，是横跨黄河修建的中山桥。此桥是用左宗棠担任陕甘茶马使期间个人所得的三十八万两白银修建的。今天依然还在使用的这座纯钢铁大桥，建桥的钢材全部购自德国，仅钢材就花去十六万五千两白银，用去左宗棠捐款的一半。百年前，此桥名左公桥，又名黄河大铁桥。

尾　声

　　身处古近之交，作为跟随曾国藩最早一道通过洋务运动开启中国近代化之路的晚清名臣左宗棠、李鸿章，两人一生的事迹已经定格于三千年未有之大变局的大转型历史之中。千秋功过，各人已有己见；是非得失，依然引人思索。

　　本书以两人毕生的交集故事为主线，虽然还不足以全面概括两人一生的行迹与心迹，但可以看出一个半世纪以前中国艰难行进的近代化道路。

　　中国近代化内容涵盖甚多，在笔者看来，我们今天所说的"近代化"，首先是指国家的工业化。近三百年来，西方率先引领了三次工业革命，中国觉醒后多年处于努力追赶的状态。左、李在晚清其时，补的其实是第一次工业革命的课。补课的原因，是直到道光皇帝执政时，历任皇帝已经多次错过了学习西方、将农耕中国转型为工业中国的机会。

　　西方近代对中国的优势，核心依托是工业化成果的优势。但西方世界不恰当地将工业优势放大为"文化优势"，进而引申为"人种优势"，让数代中国人自我怀疑，陷于自卑。在中国现代工业正迎头赶上并部分超过西方世界的今天，我们已经比较清楚地看出其中的谬误。

　　左、李当年交出的答卷，应该说起到了开启近代化先声与奠定基础的作用。这从以下一组数据可以看出来：从同治元年（1861年）到光绪二十年（1894年），清朝一共经营了二十一家军用工厂。军用工业与社会经济发展的联系虽不太密切，但它促进了19世纪70年代民用工业的兴起。据不完全统计，到甲午海战前夕，由中国人自办的工业企业有船舶机器修造厂二十七家，机器缲丝厂一百一十三家，机器棉纺织厂八家，轻工业工厂四十七家，共计达一百九十五家。

　　本书称左宗棠为重臣，而将晚年李鸿章名之为"权臣"，取其"揽权之臣"的含义，与中国历史上惯于"操弄权势"的"权臣"，在内涵上已经有所不同。清朝真正"操弄权势"的臣僚，仔细说来只有两位，一是康熙早年的辅政大臣鳌拜，二是宣统幼年的军机大臣袁世凯。

清朝入关二百六十七年，之所以极少出现"操弄权势"的臣僚，根本原因在清朝十二任皇帝虽然才能各不相同，其中不乏治国平庸者，但没有出现一位昏君，而且全部勤于政事。这不但避免了历朝屡见不鲜的外戚干政、宦官专权，也让才干超拔的重臣，无法通过揽权而操控朝廷。即使湘军崛起之后，大清事实上已经严重"外重内轻"，仍是如此。

作为"揽权之臣"的李鸿章，其"揽权"的个人目的，是为了官阶声名；用于为官，则是为了集中力量办大事。李鸿章与左宗棠为官完全相同的地方，都能办事，且敢于任事。左宗棠身后十六年，朝野上下论应对大变局能力且敢于挺身担当家国重任的大臣，李鸿章用事实证明他是敢于任事的第一人。

评价历史人物，最重要的标尺，莫过于当下的历史方位与时代大势。孟子说："此一时也，彼一时也。"当年，曾国藩的老师，曾做过同治皇帝师傅的大学士倭仁在晚清积弱之时仍坚持"立国之道，尚礼仪不尚权谋，根本之图，在人心不在技艺"，主张"以忠信为甲胄，礼仪为干橹"，抵御外侮，被时人嘲作迂腐。在那样一种时代大势里，李鸿章办理外交凭"权谋、技艺"应对西方，有不得已的时代苦衷。只有在时移世易的新时代历史方位里，在工业化足以承载中国的强盛与富足后，我们才会自发向往传统"尚礼仪、重人心"的美好生活，这是历史在经历否定之否定后的螺旋式递进发展。

站在当下回望，左、李当年尽个人之智，聚上下之力，激时代之勇，为将历史的航船驶出凶险莫测的三峡而投身大变局的洪流。无论其人是非得失，成败利钝，都足以让我们在历史接力的路上感受到一种力量。

清史稿·左宗棠传

左宗棠，字季高，湖南湘阴人。父观澜，廪生，有学行。宗棠，道光十二年举人，三试礼部不第，遂绝意仕进，究心舆地、兵法。喜为壮语惊众，名在公卿间。尝以诸葛亮自比，人目其狂也。胡林翼亟称之，谓横览九州，更无才出其右者。年且四十，顾谓所亲曰："非梦卜夐求，殆无幸矣！"

咸丰初，广西盗起，张亮基巡抚湖南，礼辟不就。林翼敦劝之，乃出。叙守长沙功，由知县擢同知直隶州。亮基移抚山东，宗棠归隐梓木洞。骆秉章至湖南，复以计劫之出佐军幕，倚之如左右手。僚属白事，辄问："季高先生云何？"由是忌者日众，谤议四起，而名日闻。

同里郭嵩焘官编修，一日，文宗召问："若识举人左宗棠乎？何久不出也？年几何矣？过此精力已衰，汝可为书谕吾意，当及时出为吾办贼。"林翼闻而喜曰："梦卜夐求时至矣！"

六年，曾国藩克武昌，奏陈宗棠济师、济饷功，诏以兵部郎中用，俄加四品卿衔。会秉章劾罢总兵樊燮，燮构于总督官文，为蜚语上闻，召宗棠对簿武昌，秉章疏争之不得。林翼、国藩皆言宗棠无罪，且荐其才可大用。詹事潘祖荫亦诵言总督惑于浮辞，故得不逮。俄而朝旨下，命以四品京堂从国藩治军。

初，国藩创立湘军，诸军遵其营制，独王鑫不用。宗棠募五千人，参用鑫法，号曰"楚军"。十年八月，宗棠既成军而东，伪翼王石达开窜四川，诏移师讨蜀。国藩、林翼以江、皖事急，合疏留之。

时国藩进兵皖南，驻祁门，伪侍王李世贤、忠王李秀成纠众数十万围祁门。宗棠率楚军道江西，转战而前，遂克德兴、婺源。贼趋浮梁景德镇，断祁门饷道。宗棠还师击之，大战于乐平、鄱阳，僵尸十余万，世贤易服逃，而徽州贼亦遁浙江。自是江、皖军势始振。

十一年，诏授太常寺卿，襄办江南军务，乃率楚军八千人东援浙。朝命国藩节制浙江，国藩荐宗棠足任浙事。宗棠部将名者，刘典、王开来、王文瑞、王沐，数军单薄，不足资战守；乃奏调蒋益澧于广西，刘培元、魏喻义于湖南，皆未至，而宗棠以数千人策应七百余里，指挥若定，国藩服其整暇。已而杭州陷，复疏荐之，遂授浙江巡抚。

时浙地唯湖、衢二州未陷贼，国藩与宗棠计，以保徽州，固饶、广为根本。奏以三府属县赋供其军，设婺源、景德、河口三税局裨之，三府防军悉隶宗棠。贼大举犯婺源，亲督军败之。

同治元年正月，诏促自衢规浙。宗棠奏言："行军之法，必避长围，防后路。臣军入衢，则徽、婺疏虞，又成粮尽援绝之势。今由婺源攻开化，分军扼华埠，收遂安，使饶、广相庇以安，然后可以制贼而不为贼制。"二月，克遂安。世贤自金华犯衢州，连击败之。而皖南贼复陷宁国，遣文瑞往援，克绩溪。十一月，喻义克严州。二年正月，益澧及高连升、熊建益、王德榜、余佩玉等克金华、绍兴，浙东诸郡县皆定。

杭州贼震怖，悉众拒富阳。时诸军争议乘胜取杭城，宗棠不喜攻坚，谓皖南贼势犹盛，治寇以殄灭为期，勿贪近功。乃自金华进军严州，令刘典将八千人会文瑞防徽州，以培元、德榜驻淳安、开化，而益澧攻富阳。劾罢道府及失守将吏十七人，举浙士吴观礼等赈荒招垦，足裕军食。四月，授浙闽总督，兼巡抚事。刘典军既至皖南，遂留屯。益澧攻富阳，军仅万余人，皆病疫，宗棠亦患疟困惫，富阳围久不下，乃简练旧浙军，兼募外国军助之攻。七月，李鸿章江苏军入浙攻嘉善，嘉兴寇北援，于是水陆大举攻富阳，克之。

益澧等长驱捣杭州，魏喻义、康国器攻余杭。宗棠以杭贼恃余杭为犄角，非先下余杭，收海宁，不能断嘉、湖援济，躬至余杭视师。是时皖贼古隆贤反正，官军连下建平、高淳诸邑。金陵贼呼秀成入谋他窜，独世贤踞溧阳，与广德贼比，中梗官军。鸿章既克嘉善，上言当益军攻嘉兴。会浙师取常州，而广德贼已由宁国窜浙。宗棠虑贼分扰江西、福建，乃檄张运兰率所部趋福建，召

302

刘典防江西。海宁贼蔡元隆以城降，更名元吉，后遂为骁将。三年二月，元吉会江苏军克嘉兴。杭州贼陈炳文势蹙约降，犹虑计中变，乘雨急攻之，夜启门遁，杭州复，余杭贼汪海洋亦东走。捷闻，加太子少保衔，赐黄马褂。

移驻省城，申军禁，招商开市，停杭关税，减杭、嘉、湖税三之一。益澧为布政使，亦轻财致士，一时翕然称之。群贼聚湖州，乃移军合围，先攻菱湖。三月，江苏军克常州，贼败窜徽、婺，趋江西。世贤踞崇仁，海洋踞东乡，宗棠以贼入江西为腹心患，奏请杨岳斌督江西、皖南军，以刘典副，从之。六月，曾国荃克江宁，洪秀全子福瑱奔湖州，俄复溃走，磔于南昌。七月，克湖州，尽定浙地。论功，封一等恪靖伯。

余贼散走徽、宁、江西、广东，折入汀州，福建大震。乃奏请之总督任，以益澧护巡抚，增调德榜军至闽。四年三月，江苏军郭松林来会师，贼弃漳州出大埔。五月，进攻永定。世贤、海洋既屡败，伤精锐过半，归诚者三万。宗棠进屯漳州，蹑贼武平。于是贼窜广东之镇平，而福建亦定。

乃檄康国器、关镇平两军入粤，王开琳一军入赣防江西，刘典军趋南安防湖南，留高连升、黄少春军武平，伺贼进退。六月，贼大举犯武平，力战却之。世贤投海洋，为所戕，贼党益猜贰。诏以宗棠节制三省诸军。十月，贼陷嘉应，宗棠移屯和平琯溪。德榜虑帅屯孤悬，自请当中路。刘典闻德榜军趋前，亦引军疾进。猝遇贼，败，贼追典，掠德榜屯而过，枪环击之，辄反走。是夜降者逾四万，言海洋中炮死矣，士气愈奋。时鲍超军亦至，贼出拒，又大败之。合闽、浙、江、粤军围嘉应。十二月，贼开城遁，扼诸屯不得走，跪乞免者六万余，俘斩贼将七百三十四，首级可计数者万六千，诏赐双眼花翎。

五年正月，凯旋。宗棠以粤寇既平，首议减兵并饷，加给练兵。又以海禁开，非制备船械不能图自强，乃创船厂马尾山下，荐起沈葆桢主其事。会王师征西陲回乱久无功，诏宗棠移督陕、甘。十月，简所部三千人西发，令刘典别募三千人期会汉口，中途以西捻张总愚窜陕西，命先入秦剿贼。

陕、甘回众数至百万，与捻合。宗棠行次武昌，上奏曰："臣维东南战事利在舟，西北战事利在马。捻、回马队驰骋平原，官军以步队当之，必无幸矣。以马力言，西产不若北产之健。捻马多北产，故捻之战悍于回。臣军止

303

六千，今拟购口北良马习练马队，兼制双轮炮车。由襄、邓出紫荆关，径商州以赴陕西。经营屯田，为久远之规。是故进兵陕西，必先清关外之贼；进兵甘肃，必先清陕西之贼；驻兵兰州，必先清各路之贼：然后馈运常通，师行无阻。至于进止久速，随机赴势，伏乞假臣便宜，宽其岁月，俾得从容规画，以要其成。"

六年春，提兵万二千以西。议以炮车制贼马，而以马队当步贼。捻倏见炮车，皆不战狂奔。时陕西巡抚刘蓉已解任，总督杨岳斌请归益急。诏宁夏将军穆图善署总督，宗棠以钦差大臣督军务。分军三道入关，而皖南镇总兵刘松山率老湘军九千人援陕，山西按察使陈湜主河防，其军皆属焉。松山既屡败捻，又合蜀军将黄鼎、皖军将郭宝昌，大破之富平。捻掠三原，沿渭北东趋，回则分党西犯，麇集北山。宗棠以捻强于回，当先制捻。檄诸军凭河结营，期蹙而歼之泾、洛间。捻乘军未集，又折而西渡泾、渭，窥豫、鄂。已而大军进逼，势不复能南，乃趋白水。乘大风雨，铤走入北山。宗棠防捻、回合势，且北山荒瘠，师行粮不继，因急扼耀州。十月，捻败走宜川，别党果窜耀州，合回匪攻同官。留防军不能御，典、连升军驰救，大破之。

诸军将虽屡败捻，终牵于回，师行滞；而捻大众在宜川者益北扰延长，掠绥德，趋葭州，回亦自延安出陷绥德。宗棠自以延、绥迭失，上书请罪，部议革职。时北山及扶、岐、汧、陇、邠、凤诸回，所在响应。捻自南而北，千有余里，回自西而东，亦千有余里。陕西主客军能战者不及五万，然回当之辄败。松山等克绥德，回走米脂，捻复分道南窜。于是刘厚基出东北追回，松山等循西岸要捻。师抵宜川，回大出遮官军，留战一日，破之；而捻遂取间道逾山至壶口，乘冰桥渡河。宗棠奉朝旨，山右毗连畿辅，令自率五千人赴援，以刘典代督陕甘军。

是年十二月，捻自垣曲入河南，益北趋定州，游骑犯保定，京师戒严。诏切责督兵大臣，自宗棠、鸿章及河南巡抚李鹤年、直隶总督官文，皆夺职。宗棠至保定，松山等连破贼深、祁、饶、晋。当是时，捻驰骛数百里间，由直隶窜河南、山东，已复渡运越吴桥，犯天津。鸿章议筑长围制贼；宗棠谓当且防且剿，西岸固守，必东路有追剿之师，乃可掣其狂奔之势：上两从其议。于是勤王师大集，宗棠驻军吴桥，捻徘徊陵邑、济阳，合淮、豫军迭败之，总愚走河滨以死，西捻平。

入觐，天语褒嘉，且询西陲师期。宗棠对以五年，后卒如其言焉。

七年十月，率师还陕，抵西安。时东北土寇董福祥等众十余万，扰延安、绥德，西南陕回白彦虎等号二十万，踞甘肃董志原。松山至，破土寇，降福祥；而回益四出剿掠，其西南窜出者，并力扰秦川，黄鼎破之。宗棠进军乾州，谍报回巢将徙金积堡，分军击之，遂下董志原，连复镇原、庆阳，回死者至三万。督丁壮耕作，教以区田、代田法。择硗荒地，发帑金巨万，悉取所收饥民及降众十七万居焉。遂以八年五月进驻泾州。

甘回最著者，西曰马朵三，踞西宁；南曰马占鳌，踞河川；北曰马化隆，踞宁夏、灵州。化隆以金积堡为老巢，堡当秦、汉两渠间，扼黄河之险，擅盐、马、茶大利。环堡五百余寨，党众啸聚。掠取汉民产业子女。陕回时时与通市，相为首尾。化隆以新教煽回民，购马造军械，而阳输诚绐穆图善。董志原既平，陕回窜灵州，化隆上书为陕回乞抚。宗棠察其诈，备三月粮，先攻金积堡，以为收功全陇之基。及松山追陕回至灵州，扼永灵洞。化隆惧，仍代陕回乞抚，谋缓兵，穆图善信之，日言抚，绥远城将军至劾松山滥杀激变。然化隆实无意降也，密召诸回并出劫军饷。十一月，宗棠进驻平凉。九年，松山阵殁，以其兄子锦棠代之，战屡捷，而中路、南路军亦所向有功，陕回受抚者数千人。及夺秦坝关，化隆益窘，诣军门乞降，诛之，夷其城堡。迁甘回固原、平凉，陕回化平，而编管钤束之，宁、灵悉定。奏言进规河湟，而是时有伊犁之变，诏宗棠分兵屯肃州，乃遣徐占彪将六千人往。

十年七月，自率大军由平凉移驻静宁。八月，至安定。寇聚河州，其东出，必绕洮河三甲集，集西太子寺，再西大东乡，皆险要。诸将分击，悉破平之。时回酋朵三已死，占鳌见官军深入，西宁回已归顺，去路绝，遂亦受抚。河州平。

十一年七月，移驻兰州。占彪前以伊犁之变率师而西也，于时肃州阻乱，回酋马文禄先已就抚，闻关外兵事急，复据城叛。及占彪军至，乃婴城固守，而乞援西宁。陕回白彦虎、禹得彦亦潜应文禄。会锦棠率军至，西宁土回及陕回俱变，推马本源为元帅。西宁东北阻湟水，两山对峙，古所称湟中也。贼据险而屯，俄败走，遗弃马骡满山谷，窜巴燕戎格。大通都司马寿复嗾向阳堡回杀汉民以叛。

十二年正月，锦棠攻向阳堡，夺门入，斩马寿，遂破大通，捣巴燕戎格，诛本源，河东、西诸回堡皆降。文禄踞肃州，诡词求抚，益招致边外回助城守，连攻未能下。八月，宗棠来视师，文禄登城见帅旗，夺气。请出关讨贼自效，不许。金顺、锦棠军大集，文禄穷蹙出降，磔之。白彦虎窜遁关外，肃州平。以陕甘总督协办大学士，加一等轻车都尉。奏请甘肃分闱乡试，设学政。

十三年，晋东阁大学士，留治所。自咸丰初，天下大乱，粤盗最剧，次者捻逆，次者回。宗棠既手戡定之，至是陕、甘悉靖，而塞外平回，朝廷尤矜宠焉。

塞外回酋曰帕夏，本安集延部之和硕伯克也。安集延故属敖罕，敖罕为俄罗斯所灭，安集延独存。帕夏畏俄逼，阑入边。据喀什噶尔，稍蚕食南八城，又攻败乌鲁木齐所踞回妥明。妥明者，西宁回也，初以新教游关外。同治初，乘陕甘汉、回构变倡乱，据乌城。帕夏既攻败妥明降之，遂并有北路伊犁诸城，收其赋入。妥明旋被逐，走死，而白彦虎窜处乌城，仍隶帕夏。帕夏能属役回众，通使结援英、俄，购兵械自备。英人阴助之，欲令别立为国，用捍蔽俄。当是时，俄以回数扰其边境，遽引兵逐回，取伊犁，且言将代取乌鲁木齐。

光绪元年，宗棠既平关陇，将出关，而海防议起。论者多言自高宗定新疆，岁糜数百万，此漏卮也。今至竭天下力赡西军，无以待不虞，尤失计。宜徇英人议，许帕夏自立为国称藩，罢西征，专力海防。鸿章言之尤力。宗棠曰："关陇新平，不及时规还国家旧所没地，而割弃使别为国，此坐自遗患。万一帕夏不能有，不西为英并，即北折而入俄耳。吾地坐缩，边要尽失，防边兵不可减，糜饷自若。无益海防而挫国威，且长乱。此必不可。"军机大臣文祥独善宗棠议，遂决策出塞，不罢兵。授宗棠钦差大臣，督军事，金顺副之。

二年三月，次肃州。五月，锦棠北逾天山，会金顺军先攻乌鲁木齐，克之。白彦虎遁走托克逊。九月，克玛纳斯南城，北路平，乃规南路。令曰：

306

"回部为安酋驱迫，厌乱久矣。大军所至，勿淫掠，勿残杀。王者之师如时雨，此其时也。"三年三月，锦棠攻克达坂城，悉释所擒缠回，纵之归。南路恟惧，翼日，收托克逊城，而占彪及孙金彪两军亦连破诸城隘，合罗长祜等军收吐鲁番，降缠回万余。帕夏饮药死，其子伯克胡里戕其弟，走喀什噶尔。

白彦虎走开都河，宗棠欲遂擒之，奏未上，适库伦大臣上言西事宜画定疆界，而廷臣亦谓西征费巨，今乌城、吐鲁番既得，可休兵。宗棠叹曰："今时有可乘，乃为画地缩守之策乎？"抗疏争之，上以为然。时俄方与土耳其战，金顺请乘虚袭伊犁。宗棠曰："不可。师不以正，彼有辞矣。"八月，锦棠会师曲会，遂由大道向开都河为正兵，余虎恩等奇兵出库尔。白彦虎走库车，趋阿克苏，锦棠遮击之，转遁喀什噶尔。大军还定乌什，遂收南疆东四城，何步云以喀什汉城降。伯克胡里既纳白彦虎，乃效力攻汉城。大军至，复遁走俄。西四城相继下，宗棠露布以闻，诏晋二等侯。布鲁特十四部争内附。

四年正月，条上新疆建行省事宜，并请与俄议还伊犁、交叛人二事。诏遣全权大臣崇厚使俄。俄以通商、分界、偿款三端相要。崇厚遽定约，为朝士所纠，议久不决。宗棠奏曰："自俄踞伊犁，蚕食不已，新疆乃有日蹙百里之势。俄视伊犁为外府，及我索地，则索偿卢布五百万元。是俄还伊犁，于俄无损，我得伊犁，仅一荒郊。今崇厚又议界俄陶尔果斯河及帖克斯河，是划伊犁西南之地归俄也。武事不竞之秋，有割地求和者矣。兹一矢未加，遽捐要地，此界务之不可许者也。俄商志在贸易，其政府即广设领事，欲藉通商深入腹地，此商务之不可许者也。臣维俄人包藏祸心，妄忖吾国或厌用兵，遂以全权之使臣牵制疆臣。为今之计，当先之以议论，委婉而用机，次决之以战阵，坚忍而求胜。臣虽衰惫无似，敢不勉旃。"上壮其言，嘉许之。崇厚得罪去，命曾纪泽使俄，更前约。于是宗棠乃自请出屯哈密，规复伊犁。以金顺出精河为东路，张曜沿特克斯河为中路，锦棠经布鲁特游牧为西路；而分遣谭上连等分屯喀什噶尔、阿克苏、哈密为后路声援：合马步卒四万余人。

六年四月，宗棠舆榇发肃州，五月，抵哈密。俄闻王师大出，增兵守伊犁、纳林河，别以兵船翔海上，用震撼京师，同时天津、奉天、山东皆警。七月，诏宗棠入都备顾问，以锦棠代之。而俄亦慑我兵威，恐事遂决裂。明年正月，和议成，交还伊犁，防海军皆罢。

宗棠用兵善审机，不常其方略。筹西事，尤以节兵裕饷为本谋。始西征，虑各行省协助饷不时至，请一借贷外国。沈葆桢尼其议，诏曰："宗棠以西事自任，国家何惜千万金。为拨款五百万，敕自借外国债五百万。"出塞凡二十月，而新疆南北城尽复者，馈运饶给之力也。初议西事，主兴屯田，闻者迂之；及观宗棠奏论关内外旧屯之弊，以谓挂名兵籍，不得更事农，宜画兵农为二，简精壮为兵，散愿弱使屯垦，然后人服其老谋。既入觐，赐紫禁城骑马，使内侍二人扶掖上殿，授军机大臣，兼值译署。国家承平久，武备弛不振，而海外诸国争言富强，虽中国屡平大难，彼犹私议以为脆弱也。及宗棠平帕夏，外国乃稍稍传说之。其初入京师，内城有教堂高楼，俯瞰宫殿，民间讙（huān，喧哗，通"欢"。）言左侯至，楼即毁矣，为示谕晓，乃止。其威望在人如此。然值军机、译署，同列颇厌苦之。宗棠亦自不乐居内，引疾乞退。九月，出为两江总督、南洋通商大臣。尝出巡吴淞，过上海，西人为建龙旗，声炮，迎导之维谨。

九年，法人攻越南，自请赴滇督师。檄故吏王德榜募军永州，号"恪靖定边军"，法旋议和，止其行。

十年，滇、越边军溃，召入都，再直军机。法大举内犯，诏宗棠视师福建，檄王鑫子诗正潜军渡台湾，号"恪靖援台军"。诗正至台南，为法兵所阻，而德榜会诸军大捷于谅山。和议成，再引疾乞退。七月，卒于福州，年七十三，赠太傅，谥文襄。祀京师昭忠祠、贤良祠，并建专祠于湖南及立功诸省。

宗棠为人多智略，内行甚笃，刚峻自天性。穆宗尝戒其褊衷。始未出，与国藩、林翼交，气陵二人出其上。中兴诸将帅，大率国藩所荐起，虽贵，皆尊事国藩。宗棠独与抗行，不少屈，趣舍时合时不合。国藩以学问自敛抑，议外交常持和节；宗棠锋颖凛凛向敌矣，士论以此益附之。然好自矜伐，故出其门者，成德达材不及国藩之盛云。子四人：孝威，举人，以荫为主事，先卒，旌表孝行；孝宽，郎中；孝勋，兵部主事；孝同，江苏提法使。孙念谦，袭侯爵，通政司副使。

308

论曰：宗棠事功著矣，其志行忠介，亦有过人。廉不言贫，勤不言劳。待将士以诚信相感。善于治民，每克一地，招徕抚绥，众至如归。论者谓宗棠有霸才，而治民则以王道行之，信哉。宗棠初出治军，胡林翼为书告湖南曰："左公不顾家，请岁筹三百六十金以赡其私。"曾国藩见其所居幕狭小，为别制二幕贻之，其廉俭若此。初与国藩论事不洽，及闻其薨，乃曰："谋国之忠，知人之明，自愧不如。"志益远矣。

清史稿·李鸿章传

李鸿章，字少荃，安徽合肥人。父文安，刑部郎中。其先本许姓。鸿章，道光二十七年进士，改庶吉士，授编修。从曾国藩游，讲求经世之学。

洪秀全据金陵，侍郎吕贤基为安徽团练大臣，奏鸿章自助。咸丰三年，庐州陷，鸿章建议先取含山、巢县图规复。巡抚福济授以兵，连克二县，逾年复庐州。累功，用道员，赏花翎。久之，以将兵淮甸遭众忌，无所就，乃弃去。从国藩于江西，授福建延建邵道，仍留军。

十一年，国藩既克安庆，谋大举东伐。会江苏缺帅，奏荐鸿章可大用，江、浙士绅亦来乞师。同治元年，遂命鸿章召募淮勇七千人，率旧部将刘铭传、周盛波、张树声、吴长庆，会军将程学启，湘军将郭松林，霆军将杨鼎勋，以行。又奏调举人潘鼎新、编修刘秉璋，檄弟鹤章总全军营务。时沿江贼屯林立，乃赁西国汽舟八，穿贼道二千余里，抵上海，特起一军，是为淮军。外国人见其衣装朴陋，辄笑之，鸿章曰："军贵能战，非徒饰观美。迨吾一试，笑未晚也。"旋诏署江苏巡抚。是时上海有英、法二国军。美国华尔募洋兵数千，攻克松江、嘉定、青浦、奉贤，号南路军；学启等将湘、淮人攻南汇，号北路军。四月，贼悉众战败南路军，嘉定、奉贤再陷，华尔弃青浦走保松江。学启将千五百人屯新桥，贼围之数十重，践尸进。学启开壁突击，贼骇却。鸿章亲督军来援，贼大奔，乘胜攻泗泾，解松江围。外国军见其战，皆惊叹。自此湘、淮军威始振。诏促移师镇江，鸿章请先图沪而后出江。既定浦东厅县，伪慕王谭绍光来援，败之北新泾，贼走嘉定。九月，进克其城。谭绍光率数十万众，连营江口，犯黄渡。诸将分攻，简精卒逾壕伏而前，毙数人，贼阵动，学启乘之，裹创噪而进，贼大溃。捷入，授江苏巡抚。

初，美人华尔所将兵名常胜军，慈溪之役，殁于阵，其副白齐文怀异志，闭松江城索饷。鸿章裁其军，易以英将戈登，常胜军始复听节制，命出海攻福山，不克而还。二年正月，兼署五口通商大臣。初，常熟守贼骆国忠、董正勤举城降，福山诸海口俱下。伪忠王李秀成悉众围常熟，江阴援贼复陷福山。鸿章牒谕国忠固守待援，而檄鼎新、铭传攻福山，夺石城。国忠知援至，开城猛击，俘斩殆尽，遂解常熟围，进复太仓、昆山。因疏陈贼情地势，建三路进军之策：学启由昆山攻苏州；鹤章、铭传由江阴进无锡，淮、扬水军辅之；太湖水军将李朝斌由吴江进太湖，鼎新等分屯松江，常胜军屯昆山为前军援。李秀成纠合伪纳王郜云官等水陆十万，逼大桥角而营，鹤章击之，败走，九月，复集，连营互进。鹤章立八营于大桥角，与之持。鸿章以贼麕集西路，志在保无锡，援苏州。乃令鹤章、铭传守后路，抽锐卒会学启合破贼屯，苏、锡之贼皆大困。贼陷江宁、苏、杭为三大窟，而苏则其脊膂也，故李秀成百计援之。谭绍光尤凶狡，誓死守，附城筑长墙石垒，坚不可猝拔。十月，鸿章亲视师，以炮毁之，城贼争权相猜，谋反正，刺杀谭绍光，开门纳军。时降酋八人皆拥重兵，号十万，歃血誓共生死，要显秩。学启言不杀八人，后必为患。鸿章意难之，学启拂衣出，鸿章笑语为解。明日，八人出城受赏，留饮，即坐上数其罪，斩之。学启入城谕定其众，搜杀悍党二千余人。捷闻，赏太子太保衔、黄马褂。十一月，鹤章等复无锡，进攻常州，以应江宁围军。学启出太湖，图嘉兴，以应浙军。鼎新等军先入浙，收平湖、海盐，贼争应官军，所至辄下。

三年二月，学启急攻嘉兴，亲搏战，登城，克之，中弹死。四月，克常州，擒斩伪护王陈坤书，赏骑都尉世职。常胜军惭无功，戈登辞归国，乃撤其军。廷议江宁久未下，促鸿章会攻，鸿章以金陵破在旦夕，托辞延师。六月，曾军克江宁，捷书至。鸿章遂分军令铭传、盛波由东坝取广德，鼎新、秉璋由松江攻湖州，松林、鼎勋由沪航海援闽。贼平，封一等肃毅伯，赏戴双眼花翎。

四年四月，科尔沁亲王僧格林沁战殁曹州，以曾国藩为钦差大臣，督其军。鸿章署两江总督，命率所部驰防豫西，兼备剿京东马贼、甘肃回匪。鸿章言："兵势不能远分，且筹饷造械，臣离江南，皆无可委托。为今日计，必

311

先图捻而后图回。赴豫之师，必须多练马队，广置车骡，非可猝办。"诏寝其行。时曾国藩督军剿捻久无功，命回两江，而以鸿章署钦差代之，败东捻任柱、赖文光于湖北。

六年正月，授湖广总督。贼窜河南，渡运河，济南戒严。初，曾国藩议凭河筑墙，遏贼奔窜。鸿章守其策，而注重运西。饬豫军提督宋庆、张曜及周盛波、刘秉璋分守山东东平以上，自靳口至济宁；杨鼎勋分守赵村、石佛至南阳湖；李昭庆分守滩上、黄林庄至韩庄、八牌；皖军黄秉钧等分守宿迁、运河上下游：互为策应，使贼不得出运。六月，抵济宁，贼由潍县趋窜登、莱。鸿章复议逼入海隅聚歼之，乃创胶莱河防策，令铭传、鼎新筑长墙二百八十余里，会合豫军、东军分汛设守。时贼集莱阳、即墨间，屡扑堤墙不得出。七月，贼由海神庙潜渡潍河，山东守将王心安不及御，胶莱防溃。朝旨切责，将罢防，鸿章抗疏言："运河东南北三面贼氛蹂躏，其受害者不过数府州县，若驱过运西，则江、皖、东、豫、楚数省之地，流毒无穷。"乃坚持前议，严扼运防。令铭传、松林、鼎勋三军往来蹑击。十月，追至赣榆，降酋潘贵升毙任柱于阵，捻势渐衰。

赖文光挈众窜山东，战屡败，遁入海滨，官军围击之，斩获三万。赖文光走死扬州。东捻平，赏加一骑都尉世职。

七年正月，西捻张总愚由山右渡河，北窜定州，京师大震。诏夺职，鸿章督军入直，疏言："剿办流寇，以坚壁清野为上策。东捻流窜豫东、淮北，所至民筑圩寨，深沟高垒以御之。贼往往不得一饱，故其畏圩寨甚于畏兵。河北平原千里，无险可守。截此则窜彼，迎左则趋右，纵横驰突，无处不流。且自渡黄入晋，沿途掳获骡马愈众，步贼多改为骑，趋避捷，肆扰尤易。自古办贼，必以彼此强弱饥饱为定衡。贼未必强于官军，但彼骑多而我骑少。今欲绝贼粮、断贼骑，惟有严谕绅民坚筑圩寨。一闻警信，即收粮草牲畜老弱壮丁于内。贼至无所掠食，兵至转可买食。贼虽流而其计渐穷，或可刻期扑灭也。"二月，鸿章督军进德州，败贼安平、饶阳。三月，贼窜晋州，渡滹沱河，南入豫，复折窜直隶，扑山东东昌；四月，趋茌平、德平，出德州，西奔吴桥、东光，逼天津。下部议处，命总统北路军务，限一月殄灭。

　　鸿章以捻骑久成流寇，非就地圈围，终不足制贼之命。三口通商大臣崇厚及左宗棠皆以为言，而直隶地平旷，无可圈围；欲就东海南河形势，必先扼西北运河，尤以东北至津、沽，西南至东昌、张秋为锁钥。乃掘沧州迤南捷地坝，泄运水入减河。河东筑长墙，断贼窜津之路。东昌运防，则淮军自城南守至张秋，东、皖诸军自城北守至临清，并集民团协防。闰四月，以剿贼逾限，予严议。时贼为官军所逼，奔突不常。以北路军势重，锐意南行，回翔陵县、临邑间，旁扰荏平、德平，犯临清运防。鸿章虑久晴河涸，民团不可恃，且昼夜追奔疲士卒，议乘黄河伏汛，缩地扎圈。以运河为外围，以马颊河为里围。其时官军大败贼于德州扬丁庄，又追败之商河。张总愚率悍党遁济阳，沿河北出德州犯运防，上窜盐山、沧州。官军扼截之，不得出，转趋博平、清平。适黄、运暨徒骇交涨，东昌、临清、张秋、闸河水深不可越。河西北岸长墙绵亘，贼窜地迫狭，势益困。鸿章增调刘铭传军，期会前敌。分屯荏平之桃桥、南镇，至博平、东昌，圈贼徒骇、黄、运之内，而令马队周回兜逐，贼无一生者，张总愚投水死。西捻平，诏复原官，加太子太保衔，以湖广总督协办大学士。八月入觐，赐紫禁城内骑马。

　　八年二月，兼署湖北巡抚。十二月，诏援黔，未行，改援陕。九年七月，剿平北山土匪。值天津教堂滋事，命移军北上。案结，调直隶总督兼北洋通商事务大臣。十月，日本请通商，授全权大臣，与定约。十二年五月，授大学士，仍留总督任。六月，授武英殿大学士。十三年，调文华殿大学士。

　　国家旧制，相权在枢府。鸿章与国藩为相，皆总督兼官，非真相。然中外系望，声出政府上，政府亦倚以为重。其所经画，皆防海交邻大计。思以西国新法导中国以求自强，先急兵备，尤加意育才。初，与国藩合疏选幼童送往美国就学，岁百二十人。期以二十年学成岁归为国效用，乃未及终学而中辍。

　　鸿章争之不能得，随分遣生徒至英、德、法诸国留学。及建海军，将校尽取才诸生中。初在上海奏设外国学馆，及莅天津，奏设武备海陆军，又各立学堂，是为中国讲求兵学之始。尝议制造轮船，疏言："西人专恃其炮轮之精利，横行中土。于此而曰攘夷，固虚妄之论。即欲保和局，守疆土，亦非无具而能保守之也。士大夫囿于章句之学，苟安目前，遂有停止轮船之议。臣愚以为国

313

家诸费皆可省，惟养兵设防、练习枪炮、制造兵轮之费万不可省。求省费则必屏除一切，国无与立，终无自强之一日矣 。"

光绪元年，台湾事变，王大臣奏筹善后海防六策。鸿章议曰 ："历代备边多在西北，其强弱之事，主客之形，皆适相埒，且犹有中外界限。今则东南海疆万余里，各国通商传教，往来自如。阳托和好，阴怀吞噬，一国生事，诸国构煽，实为数千年来未有之变局。轮船电报，瞬息千里，军火机器，工力百倍，又为数千年来未有之强敌。而环顾当世，饷力人才，实有未逮，虽欲振奋而莫由。易曰 ：'穷则变，变则通 。'盖不变通，则战守皆不足恃，而和亦不可久也。近时拘谨之儒，多以交涉洋务为耻，巧者又以引避自便。若非朝廷力开风气，破拘挛之故习，求制胜之实际，天下危局，终不可支；日后乏才，且有甚于今日者。以中国之大，而无自强自立之时，非惟可忧，抑亦可耻。"

鸿章持国事，力排众议。在畿疆三十年，晏然无事。独究讨外国政学、法制、兵备、财用、工商、艺业。闻欧美出一新器，必百方营购以备不虞。尝设广方言馆、机器制造局、轮船招商局；开磁州、开平煤铁矿、漠河金矿；广建铁路、电线及织布局、医学堂；购铁甲兵舰；筑大沽、旅顺、威海船炮台垒；遴武弁送德国学水陆军械技艺；筹通商日本，派员往驻；创设公司船赴英贸易。凡所营造，皆前此所未有也。初，鸿章办海防，政府岁给四百万。其后不能照拨，而户部又奏立限制，不令购船械。鸿章虽屡言，而事权不属，盖终不能竟厥功焉。三年，晋、豫旱灾，鸿章力筹赈济。时直隶亦患水，永定河居五大河之一，累年漫决，害尤甚。鸿章修复金门闸及南、上、北三灰坝。卢沟桥以下二百余里，改河筑堤，缓其溜势。别浚大清河、滹沱河、北运河、减河，以资宣泄，自是水患稍纾。

五年，命题穆宗毅皇帝、孝哲毅皇后神主，赏加太子太傅衔。六年，巴西通商，以全权大臣定约。八年，丁母忧，谕俟百日后以大学士署理直隶总督，鸿章累辞，始开缺，仍驻天津督练各军，并署通商大臣。朝鲜内乱，鸿章时在籍，趣赴天津，代督张树声饬提督吴长庆率淮军定其乱，鸿章策定朝鲜善后事宜。九年，复命署总督，累乞终制，不允。

十年，法越构兵，云贵总督岑毓英督师援越。法乃自请讲解，鸿章与法总兵福禄诺议订条款,既竣,而法人伺隙陷越谅山,薄镇南关,兵舰驰入南洋,分扰闽、浙、台湾,边事大棘。北洋口岸,南始烟台,北迄山海关,延袤几三千里,而旅顺口实为首冲。乃檄提督宋庆、水师统领提督丁汝昌守旅顺,副将罗荣光守大沽,提督唐仁廉守北塘,提督曹克忠、总兵叶志超守山海关内外,总兵全祖凯守烟台,首尾联络,海疆屹然。十一年,法大败于谅山。计穷,复寻成。授全权大臣,与法使巴德纳增减前约。事平,下部议叙。是年朝鲜乱党入王宫,戕执政大臣六人。提督吴兆有以兵入护,诛乱党,伤及日本兵。日人要索议统将罪,鸿章严拒之,而允以撤兵寝其事。九月,命会同醇亲王办理海军。

十二年,以全权大臣定法国通商滇粤边界章程。十三年,会订葡萄牙通商约。十四年,海军成船二十八,檄饬海军提督丁汝昌统率全队,周历南北印度各海面,习风涛,练阵技,岁率为常。十五年,太后归政,赏用紫缰。十七年,平热河教匪,议叙。十九年正月,鸿章年七十,两宫赐"寿"。二十年,赏戴三眼花翎,而日朝变起。

初,鸿章筹海防十余年,练军简器,外人震其名,谓非用师逾十万,不能攻旅顺,取天津、威海。故俄、法之警,皆知有备而退。至是,中兴诸臣及湘淮军名将皆老死,鲜有存者。鸿章深知将士多不可恃,器械缺乏不应用,方设谋解纷难,而国人以为北洋海军信可恃,争起言战,廷议遂锐意用兵。初败于牙山,继败于平壤,日本乘胜内侵,连陷九连、凤凰诸城,大连、旅顺相继失。复据威海卫、刘公岛,夺我兵舰,海军覆丧殆尽。于是议者交咎鸿章,褫其职,以王文韶代督直隶,命鸿章往日本议和。二十一年二月,抵马关,与日本全权大臣伊藤博文、陆奥宗光议,多要挟。鸿章遇刺伤面,创甚,而言论自若,气不少衰。日皇遣使慰问谢罪,卒以此结约解兵。会订条款十二,割台湾界之,日本悉交还侵地。七月,回京,入阁办事。十二月,俄皇加冕,充专使致贺,兼聘德、法、英、美诸国。二十二年正月,陛辞,上念垂老远行,命其子经方、经述侍行。外人凤仰鸿章威望,所至礼遇逾等,至称为"东方毕士马克"(俾斯麦)。与俄议新约,由俄使经总署订定,世传"中俄密约"。七阅月,回京复命。两宫召见,慰劳有加,命直总理各国事务衙门。

二十三年，充武英殿总裁。二十四年，命往山东查勘黄河工程。疏称迁民筑堤，成工匪易，惟择要加修两岸堤埝，疏通海口尾闾，为救急治标之策。下其奏，核议施行。

十月，出督两广。二十六年，赏用方龙补服。拳匪肇乱，八国联军入京，两宫西狩。诏鸿章入朝，充议和全权大臣，兼督直隶，有"此行为安危存亡所系，勉为其难"之语。鸿章闻警兼程进，先以兵剿畿甸匪，孑身入京，左右前后皆敌军，日与其使臣将帅争盟约，卒定和约十二款。二十七年七月，讲成，相率退军。

大乱之后，公私荡然。鸿章奏陈善后诸务。开市肆，通有无，施粥散米，中外帖然。并奉诏行新政，设政务处，充督办大臣，旋署总理外务部事。积劳呕血薨，年七十有九。事闻，两宫震悼，锡祭葬，赠太傅，晋封一等侯，谥文忠。入祀贤良祠，安徽、浙江、江苏、上海、江宁、天津各建祠以祀，并命于京师特建专祠。汉臣祀京师，盖异数也。

鸿章长躯疏髯，性恢廓，处荣悴显晦及事之成败，不易常度，时以诙笑解纷难。尤善外交，阴阳开阖，风采凛然。外国与共事者，皆一时伟人。及八国定盟，其使臣大将多后进，视鸿章皆丈人行也，故兵虽胜，未敢轻中国。闻其薨，咸集吊唁，曰："公所定约不敢渝。"其任事持大体，不为小廉曲谨。自壮至老，未尝一日言退，尝以曾国藩晚年求退为无益之请，受国大任，死而后已。马关定约还，论者未已，或劝之归。鸿章则言："于国实有不能恝然之谊，今事败求退，更谁赖乎？"其忠勤皆类此。居恒好整以暇，案上置宋拓兰亭，日临摹百字，饮食起居皆有恒晷。长于奏牍，时以曾、李并称云。鸿章初以兄子经方为子，后生子经述，赏四品京堂，袭侯爵；经迈，侍郎。

论曰：中兴名臣，与兵事相终始，其勋业往往为武功所掩。鸿章既平大难，独主国事数十年，内政外交，常以一身当其冲，国家倚为重轻，名满全球，中外震仰，近世所未有也。生平以天下为己任，忍辱负重，庶不愧社稷之臣；惟才气自喜，好以利禄驱众，志节之士多不乐为用，缓急莫恃，卒致败误。疑谤之起，抑岂无因哉？

人到中年论"左、李"

一

本书是我步入四十五岁之年写成的一部作品，也是"左宗棠"系列的第四部。

渺渺茫茫之际，我已人到中年。

"中年感"是从奶奶去世那年（2017年）萌芽的。其后半年，父亲突然被查出得了胃癌，是危险度最烈的低分化腺癌。辗转接来长沙，换了四家医院，最终确诊。那段时间，我每天像上班一样去医院陪同、办手续、做决定。2018年春节过后，我送他去西双版纳疗养。疗养不过半年多，父亲还是永远离开了我们。

父亲去世不到两个月，我突感下腹胀痛。去医院检查，尿道结石。因为石子只有五六毫米见方，医生说太小，可以通过排石药物配合大量喝水自行排出，无须做手术。这样折腾了一个月，最后仍不得不伏在台上，接受声波碎石。

2019年，我终于步进"中年危机"。是年盛夏季节，一天接一天，我独自躺在床上，整夜毫无睡意，眼睁睁陪着地球绕太阳日复一日做枯燥无聊的循环圆周运动。这种失眠，心态焦虑，头脑沉闷，精神抑郁，无语到几乎让人"生无可恋"。

身陷"中年危机"的我，右边是儿子一天天地在长大；而左边是长辈们一位位相继老故。

送奶奶上山入土时，生死予我还只是哀痛；待亲手安葬父亲，生死予我已是体验。

回想这两年来，不只是家庭跟身体发生变故、遭遇哀荣；更意料不到的还是之前孜孜以求的兴趣，也悄然改换节奏、改变主题。

我青年时代的文学偶像是巴尔扎克。恩格斯论巴尔扎克，有一句名言：他"汇集了法国社会的全部历史，我从这里，甚至在经济细节方面所学到的东西，也要比从当时所有职业的历史学家、经济学家和统计学家那里学到的全部东西还要多"。

回看2003年出版的处女作《被透视的我们》的后记，我曾与自己立下一个约定："踏着社会与人生的实际说话。"十七年过去，经过的人、历过的事、读过的书，走过的路，超过预期。

人到中年，观过沧海，见过巫山，能刺激人生兴趣的事情越来越少。山间日长，荷香风善，在宁静中看世界与时光一起变化，光阴的故事别有一种悠远意境。

老子说："道曰大，大曰逝，逝曰远，远曰返。"在社会的江湖里走得辽远，一路的风沙随岁月历历消逝，只剩返璞归真的心灵感受。

人间经历，无非人事；生命成长，不外书路。古人说："精神到处文章老，学问深时意气平。"我出生于僻静、偏远的湘南小山冲里的一个普通农民家庭，幼无三徙教，不闻过庭语，少年时代只在乡村自然的天地里感受过淳朴天然的人情冷暖，并没有经历曾、左一代严格的私塾修身，"童子功"自然不及，因此精神难到。至于学问，不敢说深，但中年意气渐平，倒是真的。

记得李鸿章有句至简至深的名言："一代人有一代人的事。"

诚然是如此。一代人同样有一代人不同的遭遇跟生命体验。

我的爷爷出生在民国六年（1917年）。生于连年刀兵的乱世，爷爷在抗日的战场上曾负过五处重伤，左眼被打瞎，肋骨被打断一根，小腿被子弹打穿，留下一处枪疤。返乡后，他以平民之身解甲归田。在我的记忆里，爷爷一生脾气火爆，谈笑风生，根本没拿旧时战伤当过一回事。对照他的态度，我陷入"中年危机"后的遭遇跟感受，全都是些不好意思与人一提的小事。

儿子生于2009年，他三四个月大时，躺在沙发上不能翻身，因此不用担心会掉到地上。他一个人看着天花板的时候，表达内心快乐的方式，是手舞足蹈、咿呀学语。这时，如有大人用一个小指轻轻按过去，他便动弹不得，呆若木鸡。我想，地无分南北，人不分老幼，婴儿遭遇大人的一指之压，跟我的爷爷身披一处战伤内心感受大概是一样的。

人事有大小之别，感受无年代之分。谭嗣同在《报邹岳生书》中曾这样说：

> 人生世间，天必有以困之：以天下事困圣贤困英雄；以道德文章困士人；以功名困仕宦；以货利困商贾；以衣食困庸夫。天必欲困之，我必不为所困，是在居中人自悟耳。夫不为所困，岂必舍天下事与夫道德文章、功名、货利、衣食而不顾哉？亦惟尽所当为。

每一代人遭遇的事情大为不同，但就生命历程所体验的滋味，大约并没有多少差别。放进时间轴里看，王船山在湘西草堂潜心著述期间，曾遭遇六位亲人离世；罗泽南在湘乡习理学、办团练期间，曾有十三位亲人接连故去。他们都有自己承受亲人离去的方式，但那个时代的平头百姓，遭遇类似的情形，何尝不也可以在麻木中自行度过。

岂止在不同的人之间，即使同一个人，在不同的年龄段，也有不同的"自我平衡"方法。

四十岁那年，在写作《左宗棠的正面与背面》的空隙里，我无意间翻开惠能的《六祖坛经》。

因自小偏爱哲学思考，到了这个年龄，我突然生出一种感悟。

2019年，我又翻开当年令惠能开悟的《金刚经》。

《金刚经》跟《六祖坛经》同为中国禅宗的开端，是宋明理学的源头。两者的区别，《金刚经》教人"离相"，《六祖坛经》教人"明心见性"。显然，前者朝向广漠无垠的外部世界探问，后者隐向烛洞见微的内心世界探求。

作为哲学意义上的《金刚经》，讲的主要是"心之力"，它其实说透彻了一个最为简单也至为朴素的道理："盖天地唯动而已。"

明白"运动"跟"变化"是世界永恒不变的主题，人对"不变"的许多"执念"便会自然放下，隐约之间仿佛进入"无我"状态。

"我"既然是一切问题的根源，那么，世间大小事情，如果"有我"，且执着于事，心存挂碍，意存怨怼，则现实世界里哪怕是一粒灰，落在你头上也是一座山。电视剧《雍正王朝》里有过类似这样一句台词。

雍正悟《金刚经》得到大启发，以"破尘居士""圆明居士"自称，承前启后、继往开来，以最大的勇气跟毅力推进大清帝国全面改革；一个半世纪后，革命先驱黄兴从《金刚经》里同样悟得做人、做事的道理，将"无我""笃实"定为人生信条。

我从《金刚经》得到的帮助，是逐渐不被"中年危机"困扰，从此安心于睡眠。

父亲去世之后，我清晰看见人之"住世"，是确定只住在时间里。百代三千年，我只住其中数十年。停与不停，我不过是历史"运动"跟"变化"中的一道轨迹而已。"人如秋鸿来有信，事如春梦了无痕。"水面波涛涌起，天空苍鹰飞过，一切皆在时间里生灭，虽然空杳无痕，却已存于空杳。

人到中年，既然已经不辨人生滋味，也不知道明天的风往哪个方向吹，便干脆以闭目塞听来自我"降服其心"：眼睛不去看"中年危机"，心中不去想"中年危机"，让自己逐渐坐忘于一种"无我"的状态中去。

我开始动笔来写这部作品。

二

作这部书的最初的直接动因，起于比较李鸿章与左宗棠二人。

写完"曾左彭胡"书信评述之后，我顺路将与左宗棠有关联的几位历史人物都进行了一番比较研究，如江忠源、张亮基、骆秉章其人。因为他们的交集短促，内容不多，篇章不足以支撑起一部书的内容，所以只用于平时邀约的讲座稿，在成书之前就予以舍弃了。

左、李则不然。两人年龄上虽然相差十一岁，但属于同时代人，而且，两人的起步几乎在同时，交集生平为多。作为主宰晚清政局近半个世纪的两位重臣、名臣，左、李无论性格气质，还是为人处世，从价值观到方法论，没有多少相同，且大多是反着来的，就像《三国演义》中刘备自我比较曹操那样："每与操反，事乃可成耳。"

左、李同处在传统的国家制度与文化制度双双遭遇大变革的三千年未有之大变局的大时代，两人在军事、洋务、内政、外交诸多方面的分歧，遗响至今远未结束，它甚至在今后的几百年里，仍将被后人单列出来，作为从历史中吸取经验、总结教训的前朝故事。也因此，比较写作左、李的分歧对后世的启迪，文章不会毫无意义。

写完左、李比较，自然会再来做一次全面的曾、左比较。不只是曾国藩是左宗棠与李鸿章发迹的共同渊薮，谈左、李离不开论曾，还因为曾、左作为"湖南先民"，第一次联手开创楚地有历史以来的人才全盛局面，两人并列进入清朝二十位名臣，曾、左一生家国交谊，其内藏的渊深微漠，值得后世深入探微发幽。也因此，比较曾、左文字的历史价值跟启迪意义，肯定不会比比较左、李小。

因为在以前的"左宗棠"系列四部中已多处将曾、左行迹、心迹做过对比性的、片段性的评述，所以，曾、左主题一下笔便面临一个困惑，难免与之前书中的内容、观点出现重合、交叉。如果要完全规避，只能不断转引、假注，一旦真正这样做，阅读起来会变得无比烦琐。尤其是对于没有通读过"左宗棠"系列的读者，会经常遭遇"断片"。

考虑到"左宗棠"系列全部是单独成书，同时很可能有部分读者只阅读过其中的部分，我干脆将以前散见诸书的单篇全部整理出来，将新得的素材全部融会贯通一番，写成一篇最全面的左、李交往评述，这样既可以保证图书内容整体的完整性，又不影响到其他书具体情景跟语境里的单篇解读。只是，重合、交叉的部分虽根据主题需要已经作了一些增删，一些史料读者朋友如果两次读到，权当是一次巩固跟温习，取"读书百遍，其义自现"之意。

从左宗棠1812年出生，到李鸿章1901年去世，两人在晚清苍黄翻覆的大时代里生活了九十年。本书将左、李二人的大事年谱与当时的国内外大事做一个对比呈现，这是我们尝试的一种新的编排方法。阅读效果也一目了然，尤其是作为普及版的大众读物。

我第一次近距离接触李鸿章遗迹，缘于2011年8月去他在合肥市的故居李府。参观后印象较深之处，李鸿章如何通过曾国藩的提携，将淮军迅速发展壮大，并逐步从湘军中脱胎出来，最终壮大成北洋集团。

记得在故居陈列中，有一处引用了毛泽东在湖南第一师范期间笔记中的评价，引起我的格外留意："且夫水之积也不厚，则其负大舟也无力。覆杯水于坳堂之上，则芥为之舟，置杯焉则胶，水浅而舟大也。"这句话的原始出处在庄子的《逍遥游》。毛泽东用"水浅而舟大"的比喻来评价晚清李鸿章，大约是受到过他青年时代偶像梁启超的启发。作为《李鸿章传》一书的作者，梁启超在书中明确评价李鸿章"不学无术"。

首次得以去李府参观，缘于安徽省湖南商会换届，我作为湘商文化核心人物应邀出席，会后顺道前行。从李鸿章故居出来后，朋友伍继延再邀我去到陈独秀墓园游览。站在新文化运动先驱的埋骨之地，我自然想到李鸿章身后的安徽同乡胡适。胡适被人评价为"新文化中旧道德的楷模，旧伦理中新思想的师表"，这种新旧交织、矛盾地同存于一己之身的特点，与李鸿章确实不无相似之处。

最近一次去李鸿章故居参观，缘起2019年11月，我应安徽省图书馆《新安百姓讲堂》的邀请，前去讲座"曾左比较"。因为对李鸿章其人一生已经比较熟悉，这次观摩后最鲜明的印象，是李鸿章一生骤然发迹与迅速跌落的轨迹，以1894年由他指挥的中日甲午海战为分界线。两段人生，像极一根急升骤降的抛物线。

李府至今仍留有李鸿章当年抄写的《心经》，从书法看其人心气，隐约见出一种飞扬浮躁气脉，这多少印证梁启超所言"不学无术"非诬。这跟一贯推崇"敬、勤、慎"的曾国藩老师所散发出来的优容、恬静之气，恰好形成一种强烈的对照。

孟子言"知人论世"。两次参观李鸿章故居，虽然时间匆促，不免走马观花，但李鸿章其人在世时所处地理、气候，没有变化，何况，遗珠散玉于身后者，总会让人在一鳞半爪中有意想不到的发现。这些作为比较评论人物的一手素材，我已将它融合进本书之中，读者朋友对照不难看出。

三

岁末年初，正值奋笔疾书曾、左、李书稿之际，突然遭遇前所未见的新冠肺炎疫情。

己亥猪年的最后一天，我陪同67岁的母亲从长沙出发，坐高铁去北海旅游过年。待庚子鼠年正月初三返回长沙，全国新冠肺炎确诊病例迅速增加，武汉保卫战、湖北保卫战全面打响，长沙城严阵以待，白天街道冷清幽光，有如置身钢筋水泥的高山深林。

回家后，出门所过之处，从小区到菜市场，全部设置了体温检查站点。因妻儿都还在悉尼留学，我每天与母亲大门不出，固守家中。我的日常工作成了买菜、做菜，经常一次性买回三四天的菜。

那段被网友自嘲为"下床是城市周边游，卧室散步是省内游，去客厅是国内游，出门是出境游"的日子，我每天用大量的时间用来刷屏，通过新闻跟微信看疫情蔓延跟防控进度，心绪进入比"中年危机"雪上加霜的更令人难过的漂浮不定之中。卧室灯光既然已经同时肩任太阳跟月亮的职事，我在不分白夜的日子里逐渐以一种习惯了的心态不闻不睹世事，再次打开电脑来专心写作这部书稿。

但只有短短两个月，新冠肺炎疫情在中国便已经基本得到控制。遭逢其时的绝大多数人，大概都经历了一次生死之间的生命体验。俗话说："慷慨赴死易，从容就义难。"跟病毒做斗争，如入"无人之阵"，从容心态决定成败。今天跟二十年前已经大不相同，在科技发达的今天，人的肉身已成心灵的载体，或者说附庸。人心主导一切，通过电波、磁场在空中飞扬、传播，但我们什么也看不见，世界又真真切切地变化了。

历史书写的作用，是为了给世人看，影响读者的内心。新冠肺炎疫情不但将人作为人的尊严外衣无情脱掉，而且直接威胁到作为"万物之灵长"的人的生命。如果没有了尊严、没有了人，则一切书写都将变得失去意义。

年届不惑，作家大约不致因疫情而心神慌乱，但会为价值而心绪难定。

我们的古人教我们从小正心、诚意，他们那里，早已有应对一切困难的方法，只是今天大多数人皆不知道罢了。中国古人的儒、释、道三家智慧，《南华经》《金刚经》和四书五经，其实各司其职、各有其用，人到中年后我更喜欢庄子。

庄子让你无论置身何处，不论面前是火焰山还是清凉地，都始终能保有一份自由的心灵。这份自由带来的舒适、惬意，如做一回藐姑射之山的神人："肌肤若冰雪，绰约如处子，不食五谷，吸风饮露，乘云气，御飞龙，而游乎四海之外。"

在《金刚经》中，也同样有关于心灵自由的对话。

释迦牟尼问："以三千大千世界碎为微尘，于意云何？"

须菩提答："佛说微尘众，即非微尘众，是名微尘众。"

释迦牟尼给出这样说的理由："凡所有相，皆是虚妄；若见诸相非相，即见如来。"

禅理洞悉宇宙，观古今于须臾，渺沧海之一粟，真是琼楼玉宇，高处不胜寒，何似在人间。

关于儒学的智慧，后世则流传这样一则掌故：刘邦驻守陈留县，当地文化人郦食其前去投奔，刘邦听说来者是儒生，拒不接见。郦食其气得将手按在剑上，对报信人说："你回去告诉刘邦，老子哪里是什么儒生？老子是高阳酒徒！"刘邦一听，赶忙安排接见。此事见于司马迁《史记·郦生陆贾列传》。

记得李鸿章早年感于"高阳酒徒"郦食其的故事，曾自命"书剑飘零旧酒徒"。

徐志频于广漠书屋

2020 年 8 月 3 日

补　记

2021年初春，现代出版社编辑、朋友邓翊跟我电话沟通，问我是否考虑将原本写好的曾国藩、左宗棠、李鸿章三人比较研究的合集定稿分开再来写，将"左宗棠与李鸿章""左宗棠与曾国藩"分别作为主体研究对象，独立分册写作成书出版？

之后，她给了我详细的修改与增订意见。在原来重比较、偏学术的文字基础上，我按照十年前写作《左宗棠：帝国最后的"鹰派"》的方法，在晚清时代场景跟人物细节情景上作了大幅度的增加，在故事的可读性上下了一番笨功夫，于是有了读者朋友手头正捧到的这部作品。

写下上述文字时，盛夏窗外的阳光十分炽烈，知了在看不见的地方，单调高歌。原来已经进入三伏天了。极端的炎热不会长久，三伏过后迎来秋凉。

在宜人的季节里翻开这本书，也是笔者的盼望。

徐志频于广漠书屋

2021年7月13日

图书在版编目（CIP）数据

左宗棠与李鸿章 / 徐志频著 . -- 北京：现代出版
社，2022.1
ISBN 978-7-5143-9610-2

Ⅰ.①左… Ⅱ.①徐… Ⅲ.①左宗棠（1812—1885）
—传记②李鸿章（1823—1901）—传记 Ⅳ.①K827=52

中国版本图书馆 CIP 数据核字（2021）第212774号

左宗棠与李鸿章

作　　者：徐志频
责任编辑：邓　翊
出版发行：现代出版社
通信地址：北京市安定门外安华里504号
邮政编码：100011
电　　话：010-64267325　64245264（传真）
网　　址：www.1980xd.com
电子信箱：xiandai@vip.sina.com
印　　刷：固安兰星球彩色印刷有限公司

开　　本：710mm×1000mm　1/16
印　　张：21.25　　　　　　　字　　数：320千字
版　　次：2022年1月第1版　　印　　次：2024年1月第5次印刷
书　　号：ISBN 978-7-5143-9610-2
定　　价：59.80元